KB270399

마음 혁명

마음 혁명

김형효 철학 산책

# 마음혁명

살림

# 머리말

이 글들은 2006년도에 서울신문에 일 년 동안 52주로 연재했던 것을 출판할 목적으로 다시 정리한 것이다. 신문에 철학적 사유를 펼치는 글이 장기적으로 실린다는 것은 매우 파격적인 일이라서 놀랍기도 하고 한편으론 반갑기도 해서, 나는 독자들을 위해 아주 정성을 다해서 알뜰하게 쓰려고 애를 썼다. 그래서 일반인도 철학에 대해 친근감을 갖게끔 노력했으나, 너무 쉬우면 철학적 사유의 재미가 사라질 우려 또한 있어서, 나는 매번 글을 쓰고 나서 다시 검토하고 또 검토하면서 중도의 길을 가려고 다짐했다. 얼마나 이 글이 성공했는지는 독자들의 몫이지 내가 언급할 일은 아니다. 그런데 이 글이 출판되어 나오기를 바라는 독자들의 전화가 가끔 있었다는 것은 이 글을 재미있게 읽은 독자들이 있었음을 알려주는 것이 아니겠는가?

이 글을 쓰는 와중에 나는 철학이라는 학문이 사유학思惟學이라는 것을 여러 번 암시했다. 그렇다. 철학이 과학과 다른 점은 철학은 지식을 얻는 데 목적이 있지 않고, 세상과 인간을 어떻게 사유하고 바라보아야 할 것인가를 깨달으려는 데 있다고 주장하고 싶다. 철학 공부는 세상 읽기의 학문이므로 세상을 읽는 마음의 차원을 무시하고 철학의 본질을 설명할 수 없다. 과학은 세계에 관한 지식을 얻는 학문이기에 해당 분야의 지식을 얻기 위한 지식론으로 끝난다고 볼 수 있다. 그래서 과학적 지식이 모자라면 우리는 무식하다고 말한다. 그러나 철학은 그런 지식을 얻는 학문이 아니라서, 철학사적인 지식을 나열하거나 문제를 설정한 지성적 가정들만 펼쳐 놓으면 철학은 죽은 학문이 되고 만다. 그래서 철학은 서서히 종말을 고하게 된다. 20세기 독일의 철학 사상가인 하이데거가 "철학의 종말"이라는 말을 썼다. 이 표현은 우연히 나온 것이 아니다.

　하이데거가 볼 때, 독일 대학의 철학 교육도 무미건조한 논리학이나 인식론, 구태의연한 형이상학만을 가르치고, 철학적 사유를 시체 토막 내듯이 전문 분과학으로 나누어 철학이 그런 일만 하는 것으로 여겼던 것 같다. 이런 느낌을 토해 낸 하이데거의 글을 여러 번 읽은 적이 있다. 철학이 대학의 철학과 교수자리를 만들어 주는 기능을 하는 것으로 여기는 정도라는 것이다. 이런 철학 교육을 반대하면서 "철학의 종말"을 선언한 셈이다.

　오늘날 한국의 대학에도 철학의 위기가 들이닥쳤다. 대학의 철학과가 전공과목의 개진開陳으로 운영되고, 인생과 세상에 관한 높은 지혜의 눈을 익히는 것을 등한히 한다. 철학이 과학적 지식도 되지 못하고, 지혜의 눈도 키우지 못하는 이런 판국에서 철학의 조종弔鐘을 울릴 수밖에 없지 않겠는가? 이런 형세에서 서울신문사가 전무후무하게 사유하는 철학 산책의 읽을거리를 부탁하기에 나는 무척 긴장했고, 동시에 철학의 새 전기를 마련하고 싶었다. 그러나 나의 학문적 능력이 부족해 그 큰 짐을 감당하기 어려웠다. 하지만 나는 도전하기로 했고, 신중에 신중을 기하기 위해 몇 가지 원칙을 세웠다.

먼저, 인문학으로서의 철학은 글을 쓰는 나 자신의 수준이 문제가 된다고 생각하지 않을 수 없었다. 조금 전에 설명한 것처럼 철학은 세상과 인생을 읽는 사유학이므로, 그 사유학은 사유를 하는 사람의 수준과 차원이 문제되지 않을 수 없다. 사유하는 사람의 차원이 철학 공부에서는 중요한 문제로 등록된다. 과학 연구에서는 과학자의 개인적 사유 차원은 별로 문제 삼지 않는다. 단지 과학자가 객관적인 방법에 철저하면, 과학자의 마음의 지평과 차원은 별로 고려의 대상이 되지 않는 것이다. 그러나 철학 공부에서는 사유하는 자의 수준과 지평과 방향이 매우 중요하다. 나는 이 글에서 그것을 은폐하지 않고 현시하기로 결심했다. 그래서 사람들이 내가 어떤 지평과 차원으로 글을 쓰려고 하는지 행간에서 충분히 짐작할 수 있게끔 나의 소신을 드러냈다.

둘째로 그런 내 자신의 사유의 지평과 수준은 바로 내가 서술한 철학의 관점들을 어떻게 내 것으로 소화했는지 하는 결과와 밀접한 연관성을 맺는다. 나는 이 글에서 적어도 수준의 높낮이를 떠나서 내가 주체적으로 소화한 것만을 말하려고 애썼다. 나는 철학 사상을 중계방송하듯이 이야기하려고 하지는 않았다. 철학 공부는 동서고금의 모든 사상을 적어도 자기의 관점에서 유액화乳液化하는 데서 시작한다고 생각한다.

셋째로 나는 동서고금의 철학 사상이 우리의 역사적 운명과 어떤 연관을 지니고 있고, 그것이 어떤 의미로 한국인의 사유 지평에 와 닿는지 은근히 생각하기를 시도했다. 이것은 철학 사상 일반이 한국의 역사적 경험과 조우할 가능성을 늘 염두에 두었다는 것을 말하려는 것이다. 그래서 하이데거가 역사(Geschichte)를 공동운명(Geschick)이라고 보는 견해에 나는 깊이 귀를 기울였다.

나는 우리나라의 일반적 사유 수준이 당위적이고 감상적이며 낭만적 수준에서 맴돌고 있다고 생각해 왔다. 나의 사유가 그 수준에서 어느 정도 벗어났는지는 여기서 말할 처지가 아니다. 그러나 분명한 것은 나는 그런 감상적이고 낭만적 차원에 호감을 느끼지 않는다는 것이다. 그리고 나는 이 짧은 글들에서 도덕주의적 차원을 벗어나서 존재론적 사유의 길을 한국사회에서 펼치는 것이 중요하다고 여겼다. 보통 존재론적 사유라고 하면, 대학의 어려운 철학 강의시간에만 듣는 것으로 여겨서, 존재론적 사유를 생활화하는 것은 상상도 할 수 없는 먼 길이다. 그러나 나는 우리 사회가 도덕주의적 판단시비의

격을 높여서 존재론적 사유로 우리의 세상을 보고 인생을 음미할 것을 주장했다. 도덕주의적 사유로는 우리 사회가 화쟁和諍의 길에서 요원해지고, 늘 아상我相중심적인 옳음의 악쓰기만을 강요하는 사회로 전락할 것이 자명하다.

이제 한국의 인문학으로서의 철학은 칸막이 전공 의식의 좁은 테두리를 벗어나야 한다. 그런 학문의 분업주의는 미래 한국의 인문학과 철학을 담당하기 어렵다. 인문학으로서의 철학은 전문학으로 과학화하기 이전의 세상과 인생, 나라를 사유하고, '삶의 전체적 지혜를 어떻게 하면 깨달을 수 있을 것인가'라는 화두로 나아가야 한다. 그렇다고 그 삶의 지혜가 이른바 일부 야인적 도사의 입장을 가지라는 것은 결코 아니다. 내가 그동안 경험한 몇 가지에 의하면, 이른바 일부 야인들의 말씀은 너무도 사제적私製的 수준의 주문과 같았다. 나는 그동안 대학의 이른바 아카데미 차원의 학문에 실망을 느껴서, 도사와 같은 분들의 이야기를 경청했으나 결과적으로 너무 사제적이어서 그 말을 학문적으로 수용하기 어려웠다. 그래서 나는 그 세계에도 실망했다.

한국의 아카데미즘적 철학은 너무 무미건조하다. 우리는 새로운 사유의 길을 가야 한다. 사제적이지도 않고 무미건조하지도 않은 사유의 비옥한 풍토를 일구어야 한다. 이 책은 그런 원력을 담고 있는 생각의 출발점이 되기를 갈망하면서, 한국적 철학하기의 사유가 세계의 수준으로 승화되기를 바라마지 않는다. 우리가 지금의 한국보다 한 차원 높아지기 위해 지금의 감상적이고 낭만적인 생각의 수준을 한 단계 향상시키지 않으면 안 된다는 것을 강조하고 싶다.

끝으로 이 책의 출판에 애를 써주신 살림출판사 여러분들과 특히 임중혁 인문팀장의 노고에 깊은 사의를 드린다.

2007년 5월에 心遠 씀.

# 차례

## "세상 속에서만 인간은 스스로를 인식한다"

"삼계는 오직 마음이요, 마음은 오직 아는 것에 있음을"

## "죽음은 삶의 가장 높은 행위일 수 있다"

"철학의 의무는 고유한 의미에서의 지능적인 습관들과
형식들에서 벗어나서, 그리고 실천적 효용성의 숨은 생각을
가짐이 없이, 살아 있는 것을 검토하고,
능동적으로 세상사에 참여하는 것이다.
철학에 속하는 대상은 사유하고 보는 것이다.
살아 있는 것을 마주하는 철학의 태도는
행동하기만을 겨냥하고,
무기력한 물질의 매개에 의해서만 행동할 수 있고,
오직 이런 관점에서만 현실의 나머지를 바라보려고만 하는
과학의 태도일 수는 없다."

앙리 베르그송Henri Bergson의
『창조적 진화』에서

# 존재론적 혁명

자연세계의 모든 것들은 서로 관계를 지으려는 욕망으로 가득
차 있는 것 같다. 물리학적으로 모든 것들은 만유인력의 법칙
으로 서로 잡아당기고 있다. 생물학적으로는 상생하거나 상극
한다. 만물의 존재 방식은 일방통행은 없고 모두 쌍방의 관계
로 이루어진다. 상생과 상극은 서로 별개의 다른 것이 아니고,
하나의 사실이 이중적으로 작용한다. 예컨대 내륙으로 옮기려
고 활어탱크에 넣어 둔 물고기들은 이동하다가 지쳐서 거의 다
죽는다고 한다. 그런데 거기에 그 물고기들을 잡아먹는 천적
을 넣어 두면, 한두 마리는 먹히지만 나머지 물고기들은 싱싱
하게 살아 있다고 한다. 이처럼 상생의 삶과 상극의 죽음이 서
로 별개의 다른 사실들이 아니고, 동전의 양면처럼 한 사실의
이중성인 셈이다.

　자연계에서 생물만 그런 것이 아니라 무생물 역시 이중성

의 법칙으로 상호관계를 맺는다. 예컨대 물과 불은 서로 상극인데, 그 물과 불이 서로 보완하면서 지구상의 모든 생명의 에너지원이 된다. 죽음이 빈자리를 만들어 주지 않으면 새로운 생명이 태어날 여지가 없다. 죽음은 새 생명의 탄생을 도와준다. 산꼭대기에 솟은 거대한 암벽도 주위의 지질을 안정시켜 주는 역할을 한다고 한다.

이와 같이 자연의 모든 것은 서로 상생과 상극 작용을 동시에 수행한다. 자연의 존재 방식은 상생과 상극이란 상관관계의 얽힘이다. 이런 얽힘을 우리는 자연의 존재론적 욕망이라 부른다. 왜냐하면 그 욕망은 사회생활을 하는 인간처럼 무엇을 소유하기 위한 탐욕이 아니기 때문이다. 그 욕망은 상생의 아름다움과 상극의 처절함을 동시에 지니고 있다. 우리는 자연을 소박한 낭만주의적 심정으로 너무 아름답게만 표상하는데, 그 아름다움의 이면에는 처절한 죽음의 장송곡이 흐르고 있다.

자연이 죽음을 연출하지만, 그 죽음은 자연의 새로운 삶을 가능케 하는 자기 정화 작용을 포함한다. 자연은 인간이 가한 외적 사고사事故死가 아니라면 죽는 모습을 거의 보이지 않는다. 자연은 스스로 정화한다. 이것이 곧 자연의 완전 교환 방식을 암시하는 것이다. 상생과 상극의 얽힘 관계도 자연의 완전 교환하는 존재 방식의 다른 이름이다. 모든 생명은 죽기 싫어하지만, 죽더라도 그 시체를 타자에게 준다.

노자老子는 이런 자연의 완전 교환하는 존재 방식을 여러 가지 비유로 표현했다. 그 가운데 몇 가지만 열거하면 요儆(오고 감), 혼이위일混而爲一(뒤섞여 하나로 존재함), 승승繩繩(새끼 꼬이듯이 이어짐), 만물병작萬物竝作(만물은 자타가 함께 지음) 등이 있다.

인간은 이러한 자연생활에서 떨어져 나오면서 사회생활을 시작했다. 사회생활은 곧 인간의 생존 방식이다. 그러한 인간의 생존 방식은 존재론적 욕망 방식에서 소유론적 욕망 방식으로 미끄러진 결과이다. 사회생활도 인간들의 상관관계의 얽힘이므로 욕망이 그 전부라고 해도 지나친 말이 아니다. 그런데 인간들의 사회적 욕망은 소유론적 욕망으로 얼룩져 있기에, 여기에서 모든 인간사의 드라마가 생긴다.

시장은 인간사회의 욕망을 교환하는 상징이다. 그러한 시장의 교환은 자기 이익을 더 많이 남기기 위한 교환이므로 불완전한 교환이라고 하지 않을 수 없다. 시장은 자연의 존재론적 교환과 다른 소유론적 교환의 탁월한 양식이다. 사회주의적 도덕론자들은 이 시장의 소유론적 교환법칙들을 이기심의 타락 현상으로 규탄한다. 하지만 그것은 단순히 도덕적으로 판단할 문제는 아니고, 더 근원적으로 인간 욕망의 운명과 직결되어 있다. 잠깐 인류학적으로 이 운명을 생각해 보자.

20세기 프랑스의 구조주의 사상가인 인류학자 레비스트로스Lévi-Strauss의 이론에 따르면, 교환은 인간 집단의 생존 방식이다. 아득한 옛날 인류는 이 교환의 생존 방식을 토템totem제도로 시행했다. 토템은 원시인들의 유치한 종교 신앙의 형태가 아니라, 종족 집단 사이에 차이를 표시하여 서로 물물교환하기 위한 방편이다. 자연의 만물이 서로 다르기에 상생과 상극의 교환을 이루듯이, 인간 집단도 서로 차이를 띠어야 교환이 이루어진다. 그래서 곰 토템은 곰이 아닌 호랑이를 잡고, 호랑이 토템은 호랑이를 보호하는 대신 곰을 잡는다. 이것이 상호 교환 제도이다. 이 토템 제도는 노자가 갈파한 완전한 상호 교환 제도인 요나 만물병작의 의미와도 상통한다.

그런데 이런 완전 교환 방식의 토템 제도가 어느 날 불현듯 불완전한 교환 방식인 카스트caste로 미끄러졌다. 카스트제도는 집단 사이에 우열을 비교하게 되었음을 말한다. 그래서 우수 집단이 열등 집단을 지배하고, 불평등한 거래 관계가 형성되면서 집단이기심이 생기하게 되었다. 이 때문에 토템의 존재론적 교환 양식이 카스트의 소유론적 교환 양식으로 방향을 틀었다. 이것이 레비스트로스가 말한 인류의 역사적 운명이다.

이 운명을 알려주는 신화가 구약의 창세기에 나오는 금단의 열매를 먹은 원죄다. 금단의 열매를 먹었기에 인류는 원죄를 지었고, 그 대가로 선악과 호오好惡를 분별하는 지능을 얻었다. 이런 원죄의 신화는 불교에도 있다. 아득한 옛날에는 모든 것이 하나로 서로 회통했는데, 어느 날 문득 인간에게 지능으로 분별하는 무명無明이 생기면서 이 세상을 하나로 보는 마음이 산산조각 났다는 이야기다. 기독교와 불교는 서로 같은 내용을 약간 다르게 표현했을 뿐이다.

소유론적 욕망의 등장은 인간에게 선악과 호오를 구별하는 마음이 등장한 것과 궤적을 같이 한다. 여기서 선악과 호오의 개념들은 서로 같은 차원이다. 싫고 좋은 것을 구별하는 마음과 개인적 또는 집단적 이기심은 함께 등장한다. 이 이기심이 사회생활에서 남들보다 비교 우위를 쟁취하도록 만든다. 그 결과 역사에서 주인과 노예의 계급이 생겼고, 그들의 계급 싸움이 인류사에서 희비극의 드라마를 낳았다. 이것이 마르크스Karl Marx의 통찰이다. 동시에 그 이기심의 드라마는 인류 문명에서 과학 기술의 진보와 경제 성장을 촉진시킨 원동력이 되었다. 18세기 독일의 대철학자 칸트Immanuel Kant는 이 이기심의 드라마인 소유론적 욕망을 인류사에서 불을 발견한 것과 같다고 보았다.

위에서 언급한 금단의 열매를 먹은 사건이나 또는 인간의 마음에 홀연히 호오의 분별력이 생긴 사건은 모두 인간이 지능을 소유하게 된 경위를 설명한다. 이 지능이 문제다. 이것이 인간의 문명을 있게 한 원동력이자, 인간 세상을 추악하게 만든 원흉인 셈이다. 칸트는 전자를 중심으로 보아 지능을 찬양했고, 마르크스는 후자에 강조점을 두어 지능의 이기심을 저주했다.

이러한 지능이 생물적 본능을 대신하여 등장한 이유는 이렇다. 동식물은 본능적으로 자신의 생존 방식을 펼쳐 나간다. 그러나 인간은 이런 본능이 아주 미약하여 본능만으로는 생존할 수 없다. 이것이 인간의 역사적 운명이다. 그래서 인간은 모자라는 본능 대신에 지능을 개발해야만 했다. 이 지능이 과학 기술을 불러왔다. 따라서 과학 기술은 소유론적 욕망의 표현이다.

그런데 동식물의 본능은 존재론적 상생과 상극 이외에 다른 것은 모르지만, 인간의 지능은 이기심에 근거한 소유욕을 아울러 진행시켰다. 이 지능이 인류사의 모든 것을 설명해 준다. 인류사는 개인과 종족의 이기심에 근거한 소유욕을 만족시키기 위한 투쟁과 다르지 않다. 그래서 사람들은 노자가 말한 자연의 존재론적 욕망을 실제 역사 현실에는 맞지 않는다고 생각하여, 그것을 도피적이고 둔세遁世적인 사상이라고 오해했다. 그러나 우리는 앞으로 이어갈 전개를 통해 노자의 도道가 그렇게 현실을 도피하는 철학이 아님을 살펴볼 것이다. 아무튼 마르크스나 도덕적 이상주의자들은 이 이기심의 해악을 알았기에 이를 뿌리 뽑기 위한 도덕정치적 투쟁을 벌였다.


정신문화에 초점을 맞추어 인류사를 개관해 보면, 인류사는 경제 기술의 소유적 편리와 사회도덕의 반反이기적 정의 사이의 투쟁처럼 보인다. 인류사의 진리는 편리와 정의라는 두 가지 상반된 요소가 시소게임하는 것처럼 보인다. 사회도덕의 반이기적 정의의 진리는 소유론에 반하기 때문에 토템의 자연스런 교환과 비슷해 보인다. 토템의 교환 양식은 마르크스가 본 원시 공산사회의 유형과 유사하다. 그러나 지능의 등장으로 그 사회는 잃어버린 낙원이 되었다.

마르크시즘과 도덕이상주의자들의 착각은 크게 두 가지다. 하나는 능위적(능동적·인위적)으로 노력하면 이기심을 뿌리채 뽑을 수 있다는 생각이다. 그래서 저들은 이기심의 상징인 사유재산제도를 억압하거나 철폐하여, 인간사회에서 이기심이 발붙이지 못하게 했다. 그러나 이 주장은 거짓이다. 성욕으로 종교 수행에 방해받은 이가 자신의 성기를 자른다고 해서 성욕이 사라지지 않는다. 성욕의 소유욕은 그보다 더 깊은 무의식의 차원이기에 도덕의식적 각오와 그 수준에서는 해결할 수 없다.

다른 하나는 그들은 반이기적 정의론을 주장하여, 이것이 현실에서 반소유론적 존재론의 토템적 교환을 부활시킨다고 주장했다. 그러나 이 또한 거짓이다. 그들의 반이기적 정의론도 다른 형태의 소유론적 욕망의 주장일 뿐이다. 왜냐하면 소유론적 욕망에는 경제 기술의 물질적 소유욕 말고도 정신의 형이상학적 지배욕도 포함되기 때문이다. 반이기적 도덕이란 덮개로 사회를 포장하겠다는 어떠한 의지라도 사회를 도덕적으로 장악하겠다는 소유론의 결의와 다르지 않다. 거기에는 이미 토템에서와 같은 자연적 교환의 자유는 없다. 그래서 사회도덕주의는 시장경제뿐만 아니라, 모든 경제적 기제機制마저도 파괴한다.

말하자면 인류가 경험한 두 가지 큰 혁명인 산업혁명과 사회주의혁명은 모두 소유론적 혁명의 세상보기인 것이다. 그래도 저 혁명들은 인류에게 두 가지 가르침을 주었다. 하나는 경제 기술적으로 편리한 세상을 만들었다는 점이고, 다른 하나는 이기심의 독성을 일러주었다는 점이다. 이제 인류는 제3의 혁명을 모색해야 할 그런 시절인연에 이르렀다. 그것은 편리와 정의가 상충하지 않는 존재론적 혁명의 길이다. 존재론적 혁명의 길은 이전의 소유론적 혁명과는 매우 다르다. 그것은 세상이 아니라 세상을 보는 우리의 마음을 혁명하는 일이다. 앞으로 우리는 계속 이 길을 걸어갈 것이다.

# 이기주의와 도덕주의를 넘어서

동물의 본능은 생존하는 방법을 기막히게 가르쳐준다. 2005년 말 동남아시아에 쓰나미가 밀려왔을 때 사람은 15만 가량이 떼죽음을 당했지만, 동물은 오직 고양이 한 마리만 죽었다고 한다. 그만큼 동물은 거의 본능적으로 생존의 길을 찾는다. 동물의 본능은 신기神技에 가까울 정도다. 하지만 인간은 그러한 동물의 생존 본능이 희미하여 그에 의존해서는 살아갈 수 없다. 그래서 자연은 인간에게 지능이라는 도구를 대신 주었다.

여기서 잠깐 동물의 본능과 인간의 지능을 비교해 보자. 둘 다 살아가는 생존술生存術을 공급하는 원천이라는 점에서는 공통적이다. 그러나 본능과 지능은 서로 다른 것이다. 본능의 기능은 선천적이고 예지적이지만, 닫힌 기능이다. 본능은 태어날 때부터 부여받은 능력이다. 그 능력은 대단히 예지적이어서 천재지변의 위기도 미리 감지하여 대피할 수 있는 신통력을 지

니고 있다. 그러나 동물은 선천적으로 물려받은 본능의 생존술
이란 울타리만 벗어나면 바보처럼 아무 것도 모른다. 그래서
본능의 능력은 닫힌 체계에 갇혀 있다고 하는 것이다. 비록 동
물들은 본능이 허락하는 선천적 생존술을 후천적 학습을 통해
보충하지만, 그 학습도 선천적 기제가 정한 틀을 결코 벗어나
지 않는다.

그에 비하여 인간의 지능은 후천적 학습으로 내용을 채워
나간다. 그리고 위기를 예감하는 예지력은 부족하지만 학습으
로 익힌 과학적 데이터에 의존해서 미래를 예측할 수 있다. 하
지만 인간의 지능은 동물의 본능에 비하면 매우 부정확하고,
생존술도 간접적이다. 동물의 생존술은 거의 틀림없고 단도직
입적이다. 그런데 인간의 지능은 열려 있다는 특성이 있다. 그
때문에 비록 부정확하고 간접적이며 우회적이긴 하지만, 동물
의 본능처럼 능력의 테두리가 정해져 있지 않고 거의 무한한
변수에도 대응할 수 있는 것이 지능이다.

본능은 자연적인데, 지능은 인공적이다. 자연적 본능은 자
의식 없이 무의식적으로 자발적인 행동으로 나타나지만, 인공
적 지능은 자기중심적인 계산에 따라 인위적으로 이익을 추구
한다. 그러나 지능과 본능은 비슷한 면도 있다. 그것은 모두
자기 생명의 생존에 필요한 이익을 찾으려 한다는 점이다. 자
기중심적 계산으로 이익을 추구하는 지능은 강한 자의식을 동
반한다. 자기중심주의와 자의식은 같은 개념이기 때문이다.

이러한 자기중심적 자의식은 동물의 본능만큼 강렬한 충동이다. 그러나 동물에겐 자의식이 없다. 인간은 지능적이고 강인한 자의식 때문에 동물에서 분리되었고, 자연에 문명을 일으켰다. 따라서 문명 생활은 자의식의 소산이라고 해도 지나친 말이 아니다.

동물의 본능은 바로 그 본성과 같다. 육식동물인 사자가 얼룩말을 잡아먹고, 말똥구리가 말똥이나 쇠똥을 굴려 거기에 새끼를 기르고 먹이로 쓰는 것은 자의식이 없는 본능의 자발적 명령에 따르는 행동이다. 거기에는 도덕적 선악이 없다. 그냥 본능의 기제機制에 따라 본성이 하고 싶은 것을 할 뿐이다.

그런데 인간은 본능과 본성이 일치하지 않는다. 인간의 본성도 본능처럼 선악을 구분하기 이전의 자연적 상태라는 점에서는 공통적이다. 그러나 인간의 본성은 본능의 생존술을 잊어버려, 오로지 자기가 하고 싶은 어떤 일에 심취했을 때만 나타난다. 손재주가 좋은 이가 무엇을 만들 때나 생태계 사진작가가 사진을 찍을 때는, 자기의 이기적 이익을 의식하지 않고 오로지 그 일에만 매진한다. 그 순간 그는 '선악善惡'도, '손익損益'도 계산하지 않는다. 본성의 기호嗜好에 따라 그냥 좋아서 무심으로 일할 뿐이다.

여기서 우리는 조금 주의해야 한다. 인간의 본성도 동물의 본능처럼 무의식적으로 일에 매진한다는 점에서는 서로 비슷하다. 그러나 본능은 주로 생명을 유지하기 위한 물질적인 생존력에만 관심을 쏟지만, 본성은 정신적이다. 본성은 자연적인 자기 기호에 따라 정신적으로 자기를 성취하려는 자발성과 같다. 그러나 인간이 생존을 위해 본능에서 지능으로 방향을 전환한 이상, 지능의 이기적 방향과 본성의 목적 없는 자연적 방향은 서로 갈린다. 본성의 목적 없는 자연적 방향이란 어떤 일을 인위적인 목적의식으로 꾸미는 것이 아니라, 단지 자기 마음에 자연적으로 깃들어 있는 성향이 좋아하는 바를 그냥 따르는 것을 말한다.

지능은 인간 개인이나 종족의 생존에 도움이 되는 기술이나 경제력, 무력 등을 소유하려 한다. 지능은 철두철미하게 사회적이고 소유적이다. 사회적이라는 것은 경쟁적이라는 것과 동의어고, 소유적이라는 것은 배타적인 지배와 같은 뜻이다. 지능은 이기적 경쟁과 배타적 소유욕을 본질로서 지니고 있다. 그 때문에 인간 사회의 기술과 경제력이 엄청나게 발전하여 놀랄 만큼 편리한 세상이 되었다. 본능과 본성은 모두 무의식적이고 자연적인 성향이지만, 지능은 의식적이고 사회적인 인간의 활동 결과다. 그래서 인류는 오랜 세월 동안 의식이 모든 가치를 창출하는 보고인 양 여기며 자랑해 왔다. 그리고 그것이 인간과 동물의 다른 점이라고 부르짖었다.

그런데 인간의 의식은 이런 이기배타적인 지능의 작용 말고, 사회도덕적 요구도 지니고 있다. 이 때문에 이기적 행각을 미워하고, 개인과 집단의 이기심보다 사회 공동체의 선의지를 더 중요시하고, 반反이기적 도덕 판단을 귀하게 여겨야 한다는 의식의 자기반성이 일어난다. 이기적 생존이 본능의 사회적 연장이라면, 반이기적 공동체의 선의지는 본능과 다른 본성의 정신적 요구와 연관되어 나타난다.

그러나 도덕심은 본성보다 훨씬 투쟁적이고 적대적이다. 본성은 자연적(자발적)이다. 하지만 도덕적 선의지는 본능만큼 강인한 지능의 이기심과 싸우기 위하여 강력한 당위적 요청을 내세워야 한다. 동서고금의 모든 도덕률이 반이기적이고 당위적인 것은 우연이 아니다. "너는 거짓말을 해서는 안 된다. 왜냐하면 거짓말을 해서는 안 되는 것이 도덕적 양심에 맞기 때문이다"라는 도덕률은 당위성을 앞세운 것이다. 동서고금의 이상주의자들은 대개 이런 경향을 가지고 세계를 혁명해야 한다고 주장했다. 이상적 도덕주의자들은 선善의 세상을 만들려는 위대한 꿈으로 부풀었다.

그러나 그들은 모두 실패했다. 요순시대를 재현하겠다던 조선 선비들의 도학 혁명도 실패했고, 중국 청나라 말기 홍수전洪秀全의 태평천국 혁명도 실패했고, 마르크스와 마오쩌둥의 사회주의혁명도 실패했다. 이기적 지능의 경제주의적 논리는 실제로 세상에 편리한 문명을 이룩했고, 그것은 동물적 본능을 대신한 만큼 끈질기다. 그래서 사회생활에서 이기심을 이기기 어렵다. 도덕적 이상주의자들은 도덕적 선의지가 세상을 지배하기를 바라면서 이기심과 투쟁했다. 그러나 도덕적 당위의 투쟁은 결코 이기심을 뿌리 뽑지 못했다. 왜냐하면 이기심이 비록 자기중심적 의식의 소산이긴 하지만, 그 뿌리는 본능적인 무의식의 생존욕과 맞닿아 있기 때문에 도덕의식의 주장만으로는 없애기 힘들다. 그래서 이상적 도덕주의는 사회생활에서 늘 명분을 주장하는 의식의 영역만 점령하여 공허한 이름만 외쳤다. 이것이 선전 도구의 이념이다.

세상을 반이기적으로 바꾸고자 하는 모든 이상적 혁명이 실패한 까닭은 의식의 당위만으로는 세상을 바꿀 수 없기 때문이다. 곧 세상은 헌집을 고치듯이 그렇게 고칠 수 없다는 것이다. 세상은 우리가 객관적으로 수리하고 고칠 수 있는 대상이 아니다. 지붕이 낡았으면 다시 고치고, 기둥이 썩었으면 다시 바꾸면 된다. 그러나 세상은 그렇게 할 수 없다. 세상은 욕망이 무의식적으로 그리고 있는 그림과 같다. 즉 세상은 인간의 무의식이 그리고 있는 사이버cyber 화면과 같다. 무의식의 본능적 욕망과 무의식의 본성적 욕망이 자리바꿈을 하지 않고서는 절대로 세상은 달라지지 않는다.

앞부분에서 본성은 본능의 소유욕과 달리 우리가 어떤 일에 몰입했을 때 생기는 무심한 마음이라는 것을 지적했다. 그 무심한 마음이 왜 욕망일까? 본능은 생존을 위한 소유욕이지만, 본성은 자기의 특성을 그냥 꽃피우고 성취하고픈 욕망이

다. 우리는 이런 욕망을 존재론적 욕망이라 부른다. 왜냐하면
자기 특성을 꽃피우려는 마음은 자기의 존재를 충만케 하여,
그 존재의 열매를 만인에게 나누어 주고 싶어 하는 그런 희망
과 다르지 않기 때문이다.

그 본성의 희망은 왜 사회생활에서 잘 솟아오르지 않을까?
인간의 본능은 지능으로 사회생활화됐지만, 본성의 정신적 요
구는 쉽게 사회생활화되지 않는다. 본성의 정신적 요구는 인간
의 마음이 고요하여 출렁거리지 않고 안온할 때 소리 없이 내
마음속에서 솟아오른다. 도덕적 선의지는 사회생활에서 이기
심과 싸우고 투쟁해야 하기 때문에 도덕주의 역시 현실적 경제
주의 못지않게 소유적이다. 도덕의지는 명분으로나마 세상을
지배하기 위하여 쉽게 권력의지로 미끄러진다.

현실적 경제주의나 이상적 도덕주의가 서로 으르렁거리는
곳에서는 본성의 정신적 희망이 쉽게 일어나지 않는다. 왜냐하
면 본성의 희망은 소유적 욕망이 지배하는 사회생활에서는 주
눅이 들어 무의식에 웅크리고 있기 때문이다. 본성의 희망은
사람들이 자기중심적으로 떠들고, 악 쓰고, 잘난 체하면서 미
쳐 날뛰는 곳에서는 수줍은 듯이 잠복해 버린다. 돈에 눈이 멀
어 미쳐 날뛰고, 혁명한다고 흥분해서 선의 진군나팔을 부는
곳에서는 본성의 고요한 말소리가 들리지 않는다. 본성을 회복
하길 바라는 이들이 고요한 산이나 숲속처럼 한적한 곳에 가서
자기 자신 속으로 깊은 명상에 잠기는 것은 시끄러운 소음의

흥분을 피하기 위함이다.

이제 우리는 알아야 한다. 경제적으로도 가난하지 않고 정신적으로도 행복한 복락福樂의 사회로 가는 길은, 우리가 미쳐 열광하여 막말하면서 자기주장으로 상대방을 억누르는 펄펄 끓는 감정의 사회가 아니라, 본성이 되살아나게끔 우리의 마음을 고요하게 진정시키는 정신문화의 생활화에 있다. 자연적 본능을 약하게 하는 길은 역시 자연적 본성의 힘을 키우는 데 있다. 이상적 도덕주의는 그런 일을 못한다. 고요해지면 우리는 모두 쓸모 있는 존재가 된다. 우리는 그 길을 걸어갈 것이다.

# 선과 악을 넘어서

우리는 이기주의와 도덕주의를 넘어가는 제3의 길이 무엇일지 모색해 보았다. 사람들은 흔히 상식적으로 이기주의는 나쁘고 도덕주의는 좋다는 흑백논리에 빠져 있다. 그런 흑백논리가 당연하다고 교육받고, 그렇게 믿어 왔다. 그러나 우리는 그 일도 그렇게 단순치 않음을 살펴보았다. 세상일이 그리 쉽게 단세포적으로 판명난다면 왜 철학적인 사색이 필요하겠는가? 이번 주제도 많은 사람들의 상식에 충격을 던지리라 믿는다. 왜냐하면 선은 좋은 것이고 악은 나쁜 것이라, 악을 극복하자는 말은 쉽게 이해되나 선을 극복하자는 말은 이상하게 들리기 때문이다.

무엇이 선이고, 무엇이 악인가? 선악에 관한 윤리학적 정의가 다양하지만, 선악은 분명 사람이 좋아하고 싫어하는 것과 상관관계를 맺고 있다. 내가 좋아하는 사람은 사랑스럽고, 싫어하는 사람은 밉다. 이것이 사람들의 일반적인 심리상태다.

도덕주의자들은 이런 심리의 호오好惡가 너무 주관적이라 도덕적 선악과 같은 반열에 올릴 수 없다고 말한다. 그들은 도덕적 선악이란 개인의 주관적 심리에 좌우되어서는 안 되고, 공동체 생활을 잘 유지하기 위한 보편적 규범이어야 한다고 역설한다. 물론 옳은 말이다.

하지만 문제가 그렇게 간단히 정리되지 않기에 지금 여기서 성찰하려는 것이다. 도덕적 선악이 아무리 공동체를 위한 가치 판단이더라도, 그것은 사람들의 심리적 호오 판단과 무관하지 않다. 그동안 사람들은 선을 좋아하고 악을 미워하도록 교육받고, 선을 위해 악을 박멸하고 추방하는 일에 박수치도록 훈련받았기 때문이다. 소박한 전래동화일수록 더 이상 생각할 필요조차 없을 정도로 선악이 분명히 구분된다. 거기에는 철학적 성찰이 필요하지 않다.

사람들은 보통 선과 악은 서로 별개의 적대적인 것으로 마음 바깥에서 대립한다고 생각한다. 선의 이면이 악이라는 것은 전혀 생각하지 않고, 선과 악이 완전히 다른 종자라고만 생각한다. 연속극과 낭만적 소설들은 대개 사랑의 낭만과 아름다움만 과대 포장하여, 사랑의 달콤함을 노래하거나 기껏해야 사랑을 눈물의 씨앗 정도로만 표상한다. 그러나 사랑의 이면에는 늘 독기가 서려 있어서 사랑이란 이름으로 질투와 증오가 화산처럼 폭발한다. 프랑스의 현대 철학자 르네 지라르René Girard는 낭만주의 소설은 다 거짓말이라고 했다.

동양에서 도덕 사상의 종가는 아무래도 공자의 유교다. 공자의 사상은 여러 다양한 측면을 함의하기에 단순히 도덕주의적이라고 못 박기는 어렵다. 그러나 성인 공자는 좋은 공동체 사회를 유지하기 위하여 선악의 도덕에 남다른 관심을 보였다.

『논어』에 나오는 공자의 가르침 가운데 이런 것이 있다. 공자는 제자인 자로에게 배우지 않으면 폐단이 되는 여섯 가지를 말한다. 인仁을 좋아하면서 배우지 않으면 그 폐단은 어리석음(愚)이고, 알기(知)를 좋아하면서 배우지 않으면 그 폐단은 잘난 척하기(蕩)고, 믿음(信)을 좋아하면서 배우지 않으면 그 폐단은 남을 해침(賊)이고, 곧음(直)을 좋아하면서 배우지 않으면 그 폐단은 남을 숨 막히게 함(絞)이고, 용기(勇)를 좋아하면서 배우지 않으면 그 폐단은 난폭함(亂)이고, 굳세기(剛)를 좋아하면서 배우지 않으면 그 폐단은 광기(狂)다.

공자의 이러한 가르침은 몇 가지 점에서 매우 중요하다. 첫째로 모든 도덕적 가치가 좋은 면만 지니는 것이 아니라, 필연적으로 그 폐단을 함의하고 있다는 것이다. 즉 폐단이 없는 도덕적 가치는 없다는 것이다. 둘째로 그런 폐단이 있긴 하지만 이성적 도덕 공부로 폐단을 극복할 수 있다는 주장이다.

나는 첫째 주장에 동의하나 둘째 주장에 대해서는 동의를 유보한다. 왜냐하면 지금까지의 도덕교육이 가르친 의식의 당위적인 도덕 가치는 무의식의 이해관계와 관련된 도전을 받으면 순식간에 흔적도 없이 날아가 버리고, 통상적으로 인간은 오직 무의식의 이해관계에만 집착하는 행동만 하기 때문이다. 나는 인간의 이성적 가치가 무의식의 본능적 이해관계 앞에서 얼마나 허약하게 무너지는지 잘 보았다. 평소에 진선진미한 도덕 가치를 설교하던 사람이 세속적 출세에 지장을 주는 사람을 만나자, 자신의 본능적 악감을 심한 욕설로 표시하는 경우를 몇 번 보았다.

공자가 말한 바와 같이 폐단이라 할 수 있는 악은 운명적으로 선이라는 가치의 이면에 깃들어 있는 선의 배설물과 같다고 생각한다. 선이 있는 곳에 필연적으로 악이 공존한다. 악은 선으로 청소될 수도 없고 사라지지도 않는다. 내가 악을 미워하여 완전히 뿌리 뽑겠다고 결심하는 순간, 나의 결심은 이미 악을 동반하게 된다. 악을 미워하여 그와 대결하겠다는 그 선행의 마음에 이미 독선이란 악이 소리 없이 스며들어 있다. 선량한 지킬박사가 밤이면 하이드라는 괴물로 변하는 스티븐슨Robert Stevenson의 소설은, 선악이 별개로 분리되는 것이 아니라 야누스의 얼굴처럼 이중적이라는 것을 상징하는 것이 아닌가?

그렇다고 선악이 똑같다는 궤변을 늘어놓는 것은 결코 아니다. 선악은 분명 다르지만, 동전의 양면처럼 동거한다. 여기서 우리는 노자의 『도덕경』에 나오는 구절을 깊이 성찰할 필요가 있다. "선인善人은 불선인不善人의 스승(師)이고, 불선인은 선인의 자산(資)이다." 선인이 불선인을 가르치는 스승이라는 말은 쉽게 납득이 되지만, 불선인이 선인의 자산이라는 말은 낮설어서 잘 소화가 안 된다.

거기에는 두 가지 뜻이 숨어 있다고 생각한다. 첫째로 선인은 불선인을 반면교사反面教師로 봐서 자신의 입지를 더욱 새롭게 한다는 뜻이다. 저렇게 생각하고 행동해서는 안 되겠다는 선인의 마음은 불선인이 선인을 더욱 선인으로 키우는 자산이 된다는 뜻이다. 둘째로 불선인은 선인의 이면이므로 불선인의 마음이 선인의 마음으로 방향을 전환하면, 그가 다시 선인으로 되돌아선다는 뜻이다. 이 말은 선인도 순간적인 마음의 착각 때문에 늘 불선인으로 미끄러질 위험을 지니고 있다는 것과 같다.

앞의 글에서 본능의 이기적利己的 성향은 본성의 자리적自利的 성향처럼 무의식에 자리 잡고 있으며, 서로 다르나 비슷한 면도 있다고 말한 것을 기억하기 바란다. 그것은 무의식의 성향이 이렇게 가기도 하고, 저렇게 가기도 한다는 것이다. 인간은 자연적으로 이익을 좋아한다. 그러므로 이익은 선악을 구분하기 이전의 것이다. 그런데 인간이 바깥에 있는 이익을 남들과 싸워서 취득하여 소유하려는 본능은 불선인의 배타적인 방향으로 흐르지만, 내가 내 속에서 내가 좋아하는 마음의 기호를 꽃피워 그 열매를 남들에게 나누어주려는 이타행은 선인의 것이다. 그러므로 자리이타自利利他의 선인과 이기배타利己俳他의 불선인은 종이 한 장 차이로 동거하고 있다고 볼 수 있다.

그러면 어떻게 이기배타적 불선인이 자리이타적 선인으로 방향을 전환할 수 있을까? 노자는 여기서 마음의 고요를 들고 있다. 마음의 고요는 무심한 마음이다. 노자는 이것을 허심虛心이라고 말했다.

하루 종일 공부에 몰입하면, 나는 선악과 손익을 전혀 계산하지 않는다. 그냥 공부가 좋아서 거기에 몰입할 뿐이다. 그럴 때 마음은 한없이 고요하고 어떤 성취감에 젖는다. 그때 나는 무선무악無善無惡의 심경에 있다고 말할 수 있다. 노래 부르기와 그림 그리기에 열중하는 예술인, 자신의 손재주로 무엇인가 만드는 장인, 회사 경영에 열중하여 돈벌이에 몰입하는 기업인, 열심히 제자들을 가르치는 선생님, 자기 종목에 심혈을 기울이는 스포츠맨, 집안 살림을 잘 꾸려 나가는 데에 열중하는 가정주부들, 이런 모든 마음이 호오의 갈등과 선악의 판단과 손익계산을 넘어선 허심의 상태에서 일어나는 것이 아니겠는가? 그때의 마음은 악과 대결하면서 악을 씻기 위하여 싸우는 도덕적 결의와 다르다. 그 마음은 선악을 넘어서 있다. 그런 허심한 마음은 선인과 불선인으로 나뉘기 이전의 마음이다.

노자가 불선인을 악인이라 부르지 않은 까닭을 잘 음미해 봐야 한다. 악은 선과 대결하는 양상을 띠고 있으나, 불선인은 선인의 그림자나 선인의 배설물 같은 것이다. 사람들은 배설물을 더러워 하지만, 다른 생물에게는 양분이 된다. 사람들은 단순히 약과 독이 다르다고 생각하나, 독은 약과 다른 데에 있지 않고 약의 이면일 뿐이다. 노자의 가르침은 여기에 있다. 약을 약으로만 생각하는 것은 선을 선으로만 우상 숭배하는 것과 같다.

그러면 저 무심한 무선무악의 심정을 어떻게 이해해야 할까? 그것은 선악 이전의 마음이다. 유교의 경전인 『대학』에서는 그 경지를 지선至善이라 읊었다. 지선은 절대적 선이라는 뜻이다. 불선의 악을 스스로 분비하는 의지적 선이 아니라, 선악을 넘어서 인간의 본성이 무선무악의 무심에서 자연스럽게 깨어난 그런 상태를 가리키는 것이다. 이런 상태를 불교에서는 불성佛性이라 하고, 기독교에서는 신성神性이라 부른다. 우리 모두의 마음속에는 불성으로서 또는 신성으로서 지선이 숨어 있다. 마음이 호오와 선악과 시비와 애증에 끄달려 흥분하지 않으면, 이러한 지선이 나타난다.

우리의 마음이 불안하고 사회생활이 괴로운 까닭은, 내가 좋아하는 것이 모든 것을 이기는 소유자의 자리에 앉기를 탐욕하기 때문이다. 선을 소유하려고 탐욕하면, 그것이 나와 남을 괴롭힌다. 우리의 모든 교육과 정신문화는 마음의 고요를 되찾아 지선이 하고 싶어 하는 것을 그대로 할 수 있게 도와주도록 해야 한다. 마음의 고요는 마음이 잠자듯이 멍청한 상태가 아니라, 어떤 일에 열심히 몰입했을 때 생긴다. 그때 지선이 우리를 부처로, 또 하느님의 아이들로 만든다. 그 지선만이 우리를 복락하게 하고, 우리를 개벽시킬 것이다.

# 흑백 사고를 넘어서

앞에서 우리는 세상사가 의지적 선과 악으로 그렇게 깨끗하게
양분되는 것이 아님을 보았다. 또한 그런 세상사 앞에서 어떤
생각을 가져야 할지 음미했다. 이제는 흑백 사고와 감정적 단
세포의 위험성을 보고자 한다.

인간 세상의 온갖 양상을 복잡한 하나의 이야기로 잘 묘사
한 것이 소설 『삼국지』가 아닌가 한다. 유비, 관우, 장비, 제갈
량, 조조 등 기라성 같은 역사의 실제 인물들이 등장한다. 유
비는 그 어진 덕성으로, 관우는 불굴의 의리로, 장비는 천하
용장으로, 제갈량은 천하제일의 기재로, 조조는 지모의 전략
가로 나온다. 이런 가치 때문에 그들은 모두 역사의 한 장을
장식했다.

우리는 이들이 지닌 가치의 장점들이 그들을 실패하게 만
든 단점이라는 사실을 직시해야 한다. 유비의 어진 덕성은 어

리석은 판단을 하게 하는 장본인이고, 관우의 의리는 그가 일을 그르치게 하는 편협성을 낳고, 장비의 용감무쌍함은 그를 비명횡사케 했다. 제갈량의 명석한 두뇌는 그의 건강을 해치고 자기보다 못한 이들에게 일을 분담하지 못하게 하여 실패의 원인을 만들고, 조조의 재빠른 머리 회전은 그를 자승자박에 빠지게 하는 결과를 낳았다. 물론 소설『삼국지』의 원작자인 나관중羅貫中은 이런 이면의 사실을 밝히지 않고, 독자가 행간에서 그것을 읽도록 했다. 앞에서 우리는 모든 가치가 그 이면에는 반反가치의 찌꺼기를 함의한다고 지적한 적이 있다.

가치와 반가치가 서로 별개의 다른 것으로 분리되어 있지 않고, 동전의 양면처럼 한 사실의 이중성으로 작용하고 있다는 것은 매우 중요한 인식이다. 즉 우리를 성공시키는 복스런 요인이 동시에 우리를 실패케 하는 재앙으로 작용할 수 있다. 그래서 지혜로운 사람들과 국민은 복福과 화禍의 양면을 다 고려하여, 세상일을 단세포처럼 감정적으로 택일하는 기분으로 처리하지 않는다. 감정적으로 택일하는 기분은 화끈하게 흑백으로 세상을 양분하여, 이것은 전적으로 옳고 좋은 것이며 저것은 전적으로 그르고 나쁜 것이라고 단정 짓는 마음의 태도를 말한다.

다음은 노자의 『도덕경』에 나오는 구절이다. "화여! 복이 의지하고 있는 바이고, 복이여! 화가 엎드리고 있는 바이다. 누가 그 끝을 알겠는가? 정사正邪가 없다. 바른 것이 바르지 않은 것이 되고, 선이 다시 재앙이 된다." 노자의 이 말은 세상일을 일정한 고정된 가치를 가지고 교조적으로 봐서는 안 되고, 선명하지 않은 중도의 미덕으로 모든 상황을 아우르는 것이 중요함을 언명한 것이다.

이것은 모든 상관성을 거두절미하고 절대적인 외곬의 가치로만 어떤 것을 단세포적으로 읽어서는 안 됨을 말한다. 주관적인 감정을 실어서 이것은 저것과 무관하게 절대적으로 옳은 것이고, 저것은 이것과 무관하게 절대적으로 나쁜 것이라고 판단해서는 안 된다는 것이다. 저것이 아무리 나쁜 것이라 하여도 이것이 없었는데 저것이 혼자 생길 수 없으므로 세상사는 다 서로 얽혀 있다.

사람들의 생각이 단세포적일수록 선동가의 흑백 사고가 설친다. 선동가의 흑백 사고는 곧 독재적 사고방식과 다르지 않다. 세상에 교조적인 흑백 사고가 지배하는 곳에서 철학과 문학예술은 숨을 거두고 만다. 그렇게 세상이 단순하면, 세상은 바보들의 행진곡으로 요란해진다. 바보들이 일희일비하면, 세상은 한꺼번에 이리 쏠리고 저리 밀린다. 흑백 사고는 감정적으로 선악을 심판한다. 감정적인 선악관이 선명할수록 대중을 쉽게 쥐고 흔들 수 있다. 대중은 깊이 생각하지 않으려 하기 때문이다. 독일의 현대 철학자 하이데거Martin Heidegger가 세상 사람들을 지배하는 정서는 남을 따라 장에 가는 성질인 대중성(Öffentlichkeit)이라고 말한 것에 유념해야 한다.

　다시 노자를 말한다. 노자는 감정적인 흑백 사고에 쉽게 휘둘리지 않는 길을 화광동진和光同塵이라 했다. 그것은 빛만 좋아하여 먼지는 더럽다고 버리는 택일이 아니라, 빛과 먼지와 다 함께 친화하고 동거하는 사고방식을 말한다. 저 구절은 내 생각이나 세상사를 택일적 선명성으로 가르고 이원적인 적대감으로 채색해서 투쟁하라는 것이 아니라, 내 생각이나 세상사가 모두 이중적이어서 화광동진하고 있다는 사실을 일컫는다. 내 생각이나 세상사에 '선악'과 '흑백'이 뒤엉켜 있다.

　우리나라에 더러 자기가 100% 선과 백의 화신인 것처럼 생각하는 지도층의 사람들이 있는 것 같다. 이런 이들은 불가피하게 사회적인 위선을 범한다. 흑백 사고는 마음과 세상의 이중적 사실을 간과하기에 위선을 부른다. 노자는 정의라는 이름 아래 위선적으로 심판하는 흑백논리를 피하기 위하여 습명襲明이라는 생활 태도를 제시한다. 습명은 너무 밝은 것을 조금 감추기 위하여 옷으로 시신을 염하듯이 싸는 것을 일컫는다. 밝기와 어둠의 중간에서 세상을 흑백으로 나누지 말라는 것이다.

　오히려 자기가 이중적이라고 하는 사람이 훨씬 덜 위선적이고 덜 투쟁적이며, 세상을 위하여 모두에게 이익을 줄 수 있는 좋은 경영자가 될 수 있다. 습명처럼 이중성의 중간에 서 있기에 선과 백의 화신보다 덜 독선적일 뿐만 아니라, 또한 스스로 불선과 흑의 위험성이 자신과 사람들에게 있음을 알기에 조심하고 또 조심하기 때문이다. 우리는 무식한 감정적 생각으로 복합적인 세상을 쉽게 흑백으로 판단하는 교조적인 사람보다, 오히려 나의 단순 소박한 가치관이 세상에 반가치의 괴로움을 주지 않았는지 성찰하며, 세상을 전체로서 보살피려는 사람을 지도자로 삼아야 한다. 노자가 잘 봤듯이, "생각이 방정하면 남을 자르게 되고, 청렴하면 남에게 상처를 입히게 되고, 강직하면 방자해지고, 영광스러우면 휘황찬란해진다."

한국인이 가장 애송하는 시가 윤동주의 「서시」라고 한다. 그 시는 대단히 아름답고 조촐하다. "죽는 날까지 하늘을 우러러/ 한 점 부끄럼이 없기를/ 잎새에 스이는 바람에도/ 나는 괴로와했다/ ……." 이 구절은 『맹자』의 「진심상」에 나오는 군자의 세 가지 즐거움 가운데 두 번째인 "우러러 하늘에 부끄럼이 없고, 굽어 사람에 부끄럽지 않음"이라는 말을 떠올리게 한다.

그토록 일말의 부끄럼도 없는 마음은 지순한 사람의 극치를 상징한다. 지극하도록 순결한 마음이므로 잎새에 스이는 바람에도 다칠까 괴로워한다. 해맑게 흐르는 계곡의 투명한 물이 떨어지는 낙엽에 오염될까 봐 마음 졸이는 사춘기의 순수성을 엿볼 수 있다. 한국인이 저 시를 그렇게 좋아한다는 것에서 얼마나 깨끗한 심성을 아끼고 사랑하는지 알 수 있다. 본디 물이 맑은 나라의 마음이라고 할까?

그러나 저 순수성의 가치도 반가치라는 배설물을 토한다. 이것이 세상의 엄연한 사실이다. 그 순수의 배설물은 이른바 어떠한 혼용도 싫어하고, 잡동사니를 배척한다는 점이다. 순수성은 섞임과 혼융을 불순하다고 여기고, 순수만 고집하여 편협성을 불러온다. 순수성의 가치는 필연적으로 편협성의 반가치를 동반한다.

순수한 가치를 지키려는 의지가 맹렬할수록 그러한 태도는 쉽게 배타적인 독선으로 나아가 타자에 대한 혐오감을 노출한다. 조선시대에는 율곡이 금강산에서 불교와 접종한 일을 두고 유교의 순수성을 더럽히는 참을 수 없는 행위라고 간주했다. 그래서 율곡은 스스로 불교와 인연을 맺은 일을 참회하는 글과 생각을 여러 번 드러냈다. 아마 살아남기 위한 방편이었을 것이다.

조선 인조 때의 유학자 장유張維는 『계곡만필』에서 중국에는 유학 말고 불학과 단학(도가)이 있고, 또 유학에도 정주학과 육왕학이 공존하는데, 왜 조선에는 오로지 주자학만 있어서 무식하거나 유식하거나 오로지 입으로 주자만 봉독한다며 그 편협한 풍토를 개탄했다. 순수성의 반가치는 흑백 사고로 이어진다. 그렇다고 결코 주자학이 편협하다는 것은 아니다. 주자학은 불교의 심학과 노장의 자연학을 다양하게 아우르면서 유교 문화를 철학적으로 한 단계 끌어올린 사상이다. 다만 그 주자학을 편협하게 공부한 조선의 문화 풍토와 그 습기習氣를 문제 삼는 것이다.

세상을 흑백의 감정으로만 읽는 사람들은 세상을 본의 아니게 내편과 네편으로 갈라놓는다. 그런 편 가르기는 모두 순수와 불순의 대결 구도에서 생긴다. 어떻게 올바른 순수가 더러운 불순과 섞일 수 있는가? 이런 흑백 사고가 우리를 편협하게 만든다. 세상의 모든 사실은 서로 얽히고설켜 있는 복합적 전체의 구조인데, 단순한 감정적 흑백 심리는 세상을 그 전체에서 이롭게 하는 데 전혀 도움이 안 된다. 우리는 감정적인 흑백 심리보다 전체를 이롭게 하는 지혜를 터득하도록 애써야 한다.

맹자가 말한 "하늘과 사람에 대해서 부끄럼이 없는" 마음은 진토塵土의 세상을 살아가는 구체적 인간에게는 불가능한 일이다. 인간이 살아가는 조건은 하늘의 빛과 땅의 흙먼지가 공존하는 중간 지대다. 그래서 노자가 '화광동진'이나 '습명'이라고 부른 것은 인간이 행복하게 살기 위한 조건을 말한 것이다. 습명은 자기 속에 있는 밝음만 보지 말고 어둠도 보면서 어둠의 반가치가 재앙을 일으키지 않도록 조심하라는 말이다.

세상의 균은 소탕되지 않는다. 건강한 사람은 무균자가 아니고 보균자다. 보균자는 몸에 늘 병원체를 지니고 있다. 늘 몸을 보살피는 사람이 건강한 사람이다. 우리도 우리의 역사에서 누가 추상적으로 더 순수했느냐는 기준보다, 누가 우리 모두를 편 가르지 않고 구체적으로 더 잘 보살피려고 했는지를 기준으로 그를 우리의 영웅으로 섬기는 법을 배워야 한다. 우리는 우리 모두가 복을 짓는 지혜를 배워야 한다. 하늘이 우리에게 주려는 복도 차 버리는 어리석음을 범한다면, 이것이 천추千秋의 한恨이 아니겠는가!

# 삶과 죽음을 동시에 생각하기

우리는 대체로 심각하게 죽음에 대해 생각하기를 기피하거나, 주검을 멀리 하려는 풍습을 갖고 있는 듯하다. 그래서 묘지도 집과 가급적 멀리 두려고 한다. 공동묘지를 동네 한가운데 두는 서양인이나 일본인과는 다르다. 누구나 다 죽는다는 것을 모르는 사람은 없다. 이 당연한 사실을 아는 것과 죽음을 자기의 삶 속에 새기고 사는 것은 분명 다르다. 우리는 보통 전자의 입장을 견지한다.

우리 속담에 "대문 밖이 저승이다"라고 하여 사람이 언제 죽을지 모름을 가리키는 말도 있지만, 그 속담을 자기에게 적용하려는 생각은 별로 없고 아는 사람이 갑자기 죽었을 때에나 원용한다. "개똥밭에 굴러도 이승이 좋다"라든가, "산 개가 죽은 정승보다 낫다"라는 속담은 어느 정도 우리의 죽음관을 알려준다. 모두 현세에 강한 집착을 드러낸다.

세상 사람들은 인생의 끝인 죽음을 미리 생각하기보다는 먼 훗날 갑자기 자기에게 찾아올 것이니 그때 가서 고려하기를 원한다. 죽음의 현재성에서 도피하고자 한다. 우리는 타인의 부고를 접하는 찰나에 잠깐 죽음을 생각하지만, 죽음의 본질은 철저히 나의 것이다. 아무리 사랑하는 님이라도 나의 죽음을 대신할 수 없다. 죽음은 삶의 끝이지만, 그렇다고 완성은 아니다. 과일이 다 익으면 저절로 떨어지듯이, 그렇게 인생을 완성하듯 죽음이 찾아오지 않는다. 죽음은 인생에 미완성의 아쉬움을 남긴다.

독일의 철학자 하이데거는 이렇게 인생이 죽음을 향하여 달려가기 때문에 인간의 존재 방식을 '죽음으로 향하는 존재'라고 언명했다. 죽음에 대한 생각을 먼 훗날로 미루려는 마음은 인간이 태어나자마자 이미 죽을 수 있는 존재임을 생각하지 않으려는 죽음의 불안 때문에 그러하다.

그러나 그 죽음의 불안은 오히려 인생의 의미를 깨닫게 해준다. 우리는 이 책의 가장 첫 번째 글에서 소유론적 욕망과 존재론적 욕망을 구분한 적이 있다. 전자는 소유적인 탐욕으로서 인생의 모든 시간을 채우려는 입장이고, 후자는 인생에서 자기 본성의 기호를 잘 이루어 그 열매를 이웃에게 보시하려는 자비로운 삶을 말한다. 그것이 둘 다 욕망인 이유는 사람의 마음이 무엇을 하려는 욕망의 기氣로 가득 차 있기 때문이다.

여기서 소유욕은 이기배타적인 욕심인데, 왜 자비는 존재론적 욕망인가 하고 의아하게 생각할 것이다. 자비는 존재하고 있는 마음이 현재 누리고 있는 기쁨을 이웃에게 나누어주려는 발심을 지니고 있기 때문에 그렇다. 우리는 이런 두 가지 욕망을 이미 본능과 본성으로 대비하여 설명했다.

죽음, 그것도 나의 죽음이 소유의 탐욕에서 벗어나 나의 인생을 존재론적으로 바라보도록 해준다. 인생을 존재론적으로 본다는 것은 삶을 소유하고 있는 양으로 평가하는 것이 아니라, 내가 존재해 온 질로서 평가하는 방식을 말한다. 나의 죽음은 나에게 남들이 부러워하는 돈, 권력, 명예 등과 같은 것들을 많이 쌓을 수 있는 길을 가게 하기보다는, 오히려 그런 소유의 축적이 무상하고 덧없으며 결국 알 수 없는 저편으로 가져갈 수 없는 쓸모없는 것에 지나지 않음을 느끼게 한다.

죽음의 불안과 소유의 무상감은 세상 사람들의 소유에 대한 집착에서 벗어나 철저히 홀로 죽어야 한다는 고독감, 남들과 싸우며 모은 소유물들이 모두 내 것이 아니라는 것을 깨닫게 한다. 죽기 직전에 깨닫는 것은 너무 늦다. 내가 소유의 환상에서 잠을 깨는 순간은 바로 나의 죽음이 이미 내 앞에 서 있다는 것을 실존적으로 느끼는 순간이다. 이것을 빨리 느낄수록 인간은 자기 자신으로 존재하는 결단의 순간을 빨리 찾는다.

보통 인간은 이런 소유의 유혹에 푹 빠져서 산다. 그럴수록 사람들은 그렁저렁 살아가는 세상의 방식에 맞춰 '남을 따

라 장에 간다'는 식으로 살아간다. 그렇게 살수록 죽음의 공포
는 더욱 강렬하다. 그렇기에 자꾸 죽음을 미래로 미루려고 한
다. 우리는 흔히 사후 세계가 있는지 없는지 모른다고 말한다.
그 세계는 경험할 수 없기 때문이다. 인간의 경험은 죽음의 저
편으로 건너가지 못한다.

마음이 욕망의 기라면, 기는 에너지로서 불멸이다. 인생은
거의 무의식적인 기의 습관에 따라 움직인다. 이것을 우리는
습기習氣라고 부른다. 즉 무의식의 욕망이 습기다. 무의식은 땅
속에 박혀 있는 의식의 뿌리에 해당하므로, 의식은 무의식의
습기에 영향을 받아서 생각하고 행동하고 말한다. 무의식의 습
기를 바꾸지 않고서는 아무리 의식의 문제점을 이야기해 봐야
당위론으로 끝나고 만다. 나의 인생은 결국 나의 죽음으로 향
하는 길이라는 실존적 생각과, 순간은 삶과 죽음의 양면성이
공존하는 시간이라는 것, 그리고 인간은 살면서 다른 한편으로
죽어가는 존재라는 것을 자각하는 죽음을 응시함이 인간을 소
유론적 습기의 속물근성에서 자신을 해방시킬 수 있게 한다.

죽음의 저편을 알 수 없으나 삶도 죽음도 모두 불생불멸하
는 에너지(氣)의 양면성이라고 본다면, 생전에 소유적 탐욕을
지향으로 습기가 이루어진 경우에는 사후에도 그런 방향으로
응취할 것이고, 생전에 삶의 질적 차원을 높이려는 희망을 세
운 사람은 사후에도 그런 방향으로 습기의 경향이 나타날 것이
다. 모든 종교에서 사후의 복락을 상징하는 극락과 천당이란

개념을 말하는 것은 생전에 제대로 살라고 겁주기 위한 공포스런 드라마가 아니다.

죽음을 삶의 이면으로 생각하는 죽음관이 삶을 건강하게 보살피도록 한다. 하이데거가 생각했듯이, 죽음을 향하여 선구적으로 결단하는 자만이 자신의 인생에서 본질적인 것을 찾고자 비본질적인 것들을 덜어낼 수 있다. 그런 사생관은 보통 상상하듯이, 죽음만 생각하다가 허무적인 인생관을 낳아 슬퍼하는 일 말고 다른 것은 모두 포기하게끔 만들지 않는다. 또한 돈 벌고 열심히 생활하는 것을 무의미하다고 여기지도 않는다.

본래적 인생의 존재 방식은 결코 일상적 삶을 도외시하라고 말하지 않는다. 오히려 순간마다 죽음을 삶의 이면으로 생각하는 사람은 시간을 낭비하지 않고 열심히 자기의 존재 방식에 가장 알맞은 의미를 찾는다. 그래서 각자는 돈 버는 일, 물건 만드는 일, 노래 부르는 일, 공부하는 일, 힘쓰는 일 등 자기의 할 일을 찾는다. 그 일을 찾아서 일에 무심으로 매진하되, 결코 남들을 속이고 괴롭히는 대가로 이익을 챙기려고 하지 않는다. 그렇게 이익을 쟁취하면 결국 무의식적으로 나쁜 습기를 지어 나를 더욱 옭아매 더 큰 고통을 받게 된다는 것을 알기 때문이다.

그런 사생관은 스스로 자기에게 주어진 본성의 특성을 잘 살려, 그것을 꽃피워서 남들을 즐겁게 도와주는 자리이타의 삶을 살게 한다. 오히려 죽음의 명상은 나 중심의 이기적 사고를 잊게 하고, 나를 해체시켜 주위에 보이는 모든 것들에게 이익과 즐거움을 주려는 자비심을 일깨운다. 죽음을 앞 둔 환자가 전에 갖지 않던 탈이기적이고 탈자아중심적인 느낌을 받는 것은 이런 이타심의 정체를 알려준다. 한 송이의 꽃을 봐도 그 꽃과 존재를 나누는 한 몸이 되고 싶고, 한 마리의 산새를 봐도 그 새와 함께 교감하고 싶은 그의 욕망은 소유론적 탐욕을 넘어서는 고결한 존재론적 욕망의 희망이다. 그 희망은 존재하는 모든 것들과 함께 동기同氣의 우정 어린 교감을 나누고 싶어 하는 일체감에서 온다.

이것을 단순히 유치한 낭만적 감상이라고 여겨서는 안 된다. 유치한 낭만적 감상은 영혼에 깊은 감동을 주어 영혼의 혁명을 일으키기보다, 단지 마음의 표피적 호오만을 스쳐 지나가는 일시적 감정에 그치고 만다. 그러나 존재하는 모든 것과 동기의 교감을 형성하려는 희망은 한 인간을 위대한 예술가나 철학자, 정치가, 실업가, 과학자, 종교가, 교육자로 키우는 원동력이 된다. 존재하는 일체와 형제가 되려는 마음은 내부에서 마음의 평화를 유지하고 있어야만 가능하다. 안으로 자기 자신과 가까운 친구가 되지 않은 이가 어찌 밖으로 다른 것들과 존재의 친교를 맺을 수 있겠는가?

우리는 정신적 삶을 너무 도덕교육에 치우치게 해서, 사람들의 생각과 행동과 말을 덜 속물적인 방향으로 고치려는 명분적이고 규범적인 사고에 오랫동안 익숙해져 왔다. 이런 명분주의는 겉으로는 옳은 듯해도, 실질적으로 인간의 마음을 소유적 삶의 방식에서 존재론적 삶의 방식으로 옮기게 하는 데에는 효력이 없다. 왜냐하면 도덕적 명분주의는 속물적 소유 집착을 비판하면서 공동체를 위한 당위론적 규범은 실천하도록 요청하는 또 하나의 반反속물적 소유주의에 지나지 않기 때문이다. 그래서 도덕적 명분주의를 앞세우며 투쟁하던 사람들이 권력을 잡으면, 자신이 비판하던 속물주의자 못지않게 탐욕적 소유로 허기진 배를 채우려 한다. 도덕적 규범 문화는 겉 다르고 속 다른 위선을 낳기 쉽다.

다음은 17세기 네덜란드 철학자 스피노자Baruch de Spinoza의 말이다. "인간은 어떤 것이 선이기 때문에 좋아하는 것이 아니라, 어떤 것이 좋기 때문에 선이라고 한다." 인간은 선천적으로 이익을 좋아한다. 도덕교육은 규범적 삶만 가르치지만, 죽음의 교육은 무엇이 진정 인간의 삶과 죽음에 함께 이익인가를 가르친다. 죽음의 교육은 삶이 존재의 전부가 아님을 익히게 한다. 대자연의 존재 방식은 뫼비우스Moebius의 띠와 같아서, 한번은 삶의 띠가 죽음의 띠로 바뀌고, 한번은 죽음의 띠가 다시 삶의 띠로 뒤바뀐다.

죽음을 대비한 교육은 도덕적 규범이 고칠 수 없었던 본능의 이기적 무의식을 본성의 이타적 무의식으로 자리이동하게 하는 혁명을 불러온다. 그러한 혁명은 당위적 규범의 강제성으

로 이루어지기보다 자발적으로 솟아올라야 한다. 오직 자발적
으로 자연스럽게 용출하는 욕망만이 인간을 근본적으로 움직
이게 한다. 본능과 본성은 모두 이익을 욕망한다. 다만 그 욕망
의 질이 소유와 존재처럼 다를 뿐이다.

"너그러움과 보시 사이의 관계는 이중적이다.
첫째로 너그러움은 보시를 가능케 하는 것이다.
너그러움은 보시의 원인이 아니며,
또 더 정확히 말하여 너그러움이 보시의 원인이라고 주장함으로써
우리는 의미 있는 어떤 것도 말하지 못한다는 것이다.
오히려 너그러움이 보시의 영혼이라고 말하는 것이 더 정확하겠다.
그러나 너그러움 자체는 어떤 보시와 같이 나타난다.
이것은 소극적으로 말하여 너그러움은 자기 자신으로부터,
타인으로부터 얻어질 수 있는 어떤 것도 아니라는 것을 의미한다.
왜냐하면 사람들은 고집과 끈질김의 힘에 의지해서만 얻기 때문이다.
사람들이 얻는 것은 늘 노력의 결과다.
그러나 보시는 결과로서 생기는 것이 아니라, 솟아난다."

가브리엘 마르셀Gabriel Marcel의
『존재의 신비 Ⅱ』에서

# 본성을 꽃피우는 전도

우리는 과학 기술의 폐해에 대하여 즐겨 이야기하지만 종교의
폐해를 말하는 이는 거의 없다. 인생에서 종교가 주는 유익함
이란 말할 필요가 없다. 앞글에서 세상의 모든 것은 이중적이
어서 양면성을 동시에 고려하며 행동하고 말하는 것이 지혜로
운 삶이라고 말했다. 지혜는 우리 모두에게 이익을 가져다주는
것이다. 그 이익은 이기배타적인 탐욕이 아니라, 모두에게 복
락을 주는 불의 따뜻함과 물의 시원함을 가리킨다.

　우리는 또 앞글에서 노자가 복락과 재앙은 종이의 양면과
같다고 말했음을 언급했다. 인간과 세상을 구원하기 위한 종교
가 인간을 특정 교조와 교리의 노예로 만들어, 인간 본성이 보
는 지혜를 막아 눈을 멀게 할 수 있다. 그래서 종교가 자기 종
교 말고 다른 종교는 인정하지 않고, 배척하거나 적대시하게
하는 어리석음을 조장하는 독이 되기도 한다. 이렇게 종교는

사회적 약이 될 수도 독이 될 수도 있다.

지혜가 없으면 바보처럼 맹목적으로 종교를 믿고, 정치를 해도 바보들의 행진처럼 무식하게 떠들며 단순하게 미쳐 날뛴다. 그런데 우리처럼 다종교 국가인 경우에는 다종교 현상이 우리의 정신문화가 어떤 한 종교의 매너리즘에 빠지지 않도록 하는 자극제가 될 수 있다. 그러나 다른 한편으로 다종교라는 현상은 우리의 마음을 일심一心으로 뭉치게 하는 역할보다, 종교에 따라 갈기갈기 찢어 놓는 정신 분열을 조장할 수도 있다. 이런 이중성 앞에서 우리에게 종교가 독이 되지 않도록 하는 것이 지혜다. 우리의 미래 지도자는 지역과 정치 이념, 세대, 성별, 사회계층, 문무文武, 종교 등으로 깊이 쪼개진 우리 마음의 틈을 어루만져 우리를 일심으로 보살피려는 지혜인이 되어야 한다.

다종교 국가인 한국에서 어떻게 일심으로 우리의 마음을 뭉치게 할 수 있을까? 무엇보다 먼저 종교인들 스스로 자신의 탐욕을 알아차려야 한다. 종교인들의 탐욕은 일반인들의 탐욕보다 더 지독하다. 종교인들은 스스로 진리의 화신이라는 강한 자의식 때문에 자기들의 생각이 탐욕적이라는 것을 잘 받아들이지 않는다. 그 탐욕은 두 가지로 나눌 수 있다. 하나는 형이하학적 탐욕이고, 다른 하나는 형이상학적 탐욕이다.

전자는 종교는 진리의 말씀이므로 세상을 온통 그 말씀을 믿는 사람들로 채워야 한다는 강한 전도 신념이 소유적 탐욕으로 이어져, 세상 사람들의 생각을 지배하려는 권력의지로 나아간다. 이것이 형이하학적 탐욕이다. 무신론자인 니체Friedrich Nietzsche가 예수님을 공격하지 않고, 다만 겉으로는 진리를 전도한다고 내세우나 안으로는 세상을 지배하고자 하는 권력의지를 숨긴 종교인과 교회를 신랄하게 비판한 것을 예사롭게 봐서는 안 된다. 서로 권력의지를 감추고 전도에 몰입하는 종교인들은 필연적으로 신자의 수를 양적으로 늘리기 위한 충돌을 일으킨다.

한편 종교인들의 형이상학적 탐욕은 그들이 믿는 진리가 세상을 장악해야 한다는 구원의지인 진리의지를 말한다. 형이하학적 탐욕은 안으로 권력의지를 숨기고, 형이상학적 탐욕은 밖으로 진리의지를 외친다. 밖으로 외치는 진리의지가 권력의지보다 더 무섭다. 왜냐하면 진리의지는 자기 종교에 명분의 정당성을 주기 때문이다.


한국의 2대 종교의 교조敎祖인 부처님과 예수님을 생각해보자. 부처님은 열반에 들기 전에 슬퍼하는 제자들에게 "나를 의지하지 말고, 법과 마음의 등불에 의지하라"고 유언하셨다. 또 예수님은 「요한복음」에서 "진리가 너희들을 자유롭게 하리라"고 가르치셨다. 두 구절은 모두 교조님들이 가르치신 것이 진리라는 것을 암시하는 대목이다.

그런데 진리는 무엇인가? 부처님은 『금강경』에서 스스로 설법한 것을 제자들이 뗏목에 비유하는 것을 인정하시며, "진리의 법이라는 뗏목도 강을 건너면 버리는데, 하물며 진리가 아닌 것을 어찌 버리지 않겠는가"라고 말하셨다. 그리고 제자인 수보리에게 "이른바 불법이라고 말하는 것은 불법이 아니다"라고 설파하셨다. 이것은 말해진 진리를 진리라고 여기는 생각에 고착된 사고방식이 얼마나 반진리적인가를 역설적으로 가르치는 말이다.

예수님도 이 점을 암시하셨다. 빌라도 총독이 예수님을 재판하면서 진리가 무엇이냐고 물었다. 이에 예수님은 묵묵부답이셨다. 예수님께서 진리에 대하여 어떤 정의도 내리지 않고 끝까지 묵언을 지키신 것은 후세에 큰 의미를 전한 것이다. 부처님이 진리라고 언명된 것은 진리가 아니라고 말씀하신 것이나 예수님이 빌라도의 물음에 묵언으로 대처하신 것은, 모두 진리를 말로 고착시키는 어리석음을 후대에 남기지 않으시려는 배려 때문이다. 만약 진리가 어떤 것이라고 정의해 고정되었더라면, 진리는 이미 결정되었으니 행동밖에 남지 않았다고 생각하는 전투적 행동주의자들의 유치한 광기만이 모든 것이었으리라.

부처님이 『금강경』에서 "만약 형상으로 나를 보거나 음성으로 나를 구하면, 이 사람은 사도를 행하는 것이라 여래를 볼 수 없으리라"고 말하셨다. 예수님도 「요한복음」에서 "내가 떠나가는 것이 너희에게 유익하리라"고 언명하셨다. 두 구절 모두 눈으로 볼 수 있는 부처님과 예수님이, 볼 수 없는 은적의 존재로 탈바꿈하는 것이 세상 사람들에게 더 유익하다는 것을 암시한다. 눈으로 볼 수 없는 은적의 존재는 볼 수 있는 모든 것의 무상함을 암시하여, 볼 수 있는 것만이 전부가 아님을 상징한다. 더구나 예수님은 세상을 지배하려는 권력의지가 없음을 알리기 위하여 그의 나라는 이 세상에 없다고 역설하지 않으셨던가! 빌라도는 예수님이 자신은 세상의 왕이 아니라고 하여 로마 황제의 수위권과 충돌하지 않기에 그를 처벌하기를 꺼려했다.

부처님이 설법하신 '공空' 사상이나, 예수님이 설교하신 '마음의 가난'은 진리의 이름으로도 세상을 지배해서는 안 된다는 반反소유론적 사유의 정상을 말하는 것이리라. 은적은 세상에서 도피함이 아니라, 온 세상을 차지하려는 인간들의 무한한 탐욕을 인간들의 무한한 희망으로 전회轉回시키는 계기를 이룬다. 탐욕은 나 중심이나 우리 중심의 소유욕이지만, 희망은 나와 우리 중심의 생각을 비워 거기에 존재하는 모든 것들을 안심시키는 평정심으로 가득 채우려는 원력을 뜻한다. 이것이 예수님이 설파하신 세상을 '화평케 하는 자'이다. 탐욕은 닫힌 마음이지만 희망은 열린 마음이다.


우리는 종교가 나 중심이나 우리 중심이란 파당성을 부채질하는 사상이 아님을 알아야 한다. 그런데 모든 종교의 교조는 저마다 세상에 그 가르침을 전도하라고 말했다. 진리를 전파하라는 말과 위에서 우리가 살펴본 종교적 진리의 본질은 상충하는가? 더구나 한국과 같은 다종교 국가에서 종교의 전도는 어떻게 생각해야 할까? 다종교가 각자 자신의 진리를 전파하는 일은 결국 한국을 심대한 종교 갈등의 소용돌이에 휘말리게 하지 않을까? 더구나 광신자가 많을수록 종교의 해독은 더 크다. 그 해독은 세상을 자기 종교의 권력의지와 진리의지로 가득 채우려는 소유욕과 다르지 않다. 그러면 모든 교조가 말씀하신 전도라는 문제는 어떻게 해석해야 할까?

우리는 두 번째 글에서 본능의 욕망과 본성의 욕망을 나누어 설명했다. 거기서 인간의 마음은 욕망의 기인데, 마음의 욕망은 이중적으로 본능의 이기배타적 욕망과 본성의 자리이타적 욕망으로 나누어진다고 했다. 인간의 사회생활은 저마다 살아남기 위한 이기배타적 욕망으로 가득 차 있다고 해도 지나친 말이 아니다. 이 소유적 탐욕이 이글거리는 곳이 곧 지옥이 아니고 무엇이겠는가? 지옥을 뜻하는 한자인 옥獄자는 개 두 마리가 먹이를 사이에 두고 서로 짖는(言) 아귀다툼을 형용한 것이다.

종교가 전도를 하는 까닭은 사람들이 이기배타적 본능의 욕망을 버리고 자리이타적 본성의 욕망으로 세상을 살도록 가르치려는 것이 아닌가? 종교가 신도 수만 늘려서 세력 있는 권력으로 군림하기를 기약한다면, 그것은 진리의지라는 명분으로서 권력의지를 가지고 세상을 점유하려는 정치적 소유욕과 다르지 않다. 더구나 종교적 권력의지가 더 위험한 것은 겉으로는 권력의지가 아닌 것처럼 내숭떨면서, 안으로는 진리의지에 대한 불퇴전不退轉의 독점욕으로 세상을 사로잡으려는 독선 때문이다.

독선은 자기 신념과 신앙만이 세상의 선이라고 착각하는 열광 의식이다. 독선의 열광 의식은 자기도 모르는 사이에 악과 손잡고 흥분하여 미쳐 날뛴다. 종교의 열광분자와 현자 사이의 차이는 크다. 전자는 사유가 단순하고 식견이 얕아서 남의 것을 배타적으로 공격하려는 닫힌 마음의 소유자라면, 후자는 사유가 깊고 식견이 높아서 종교의 벽을 넘어 누구에게라도 영혼의 감동을 주는 열린 마음을 말한다. 전도는 자기 것을 확산시키는 것이 아니라, 모두의 마음에 있는 본성을 꽃피우는 방편일 뿐이다.

모든 종교는 약인 동시에 독이다. 우리는 늘 종교가 약이라고만 여기는 단순 소박한 관념에서 벗어나자. 이 세상의 어떤 가치도 이중적이지 않은 것은 없다. 지혜로운 사람은 그것을 약이 되게 하고, 어리석은 사람은 독이 되게 한다. 더구나 한국처럼 다종교 국가에서 전도하는 행위는 지혜로워야 한다. 우리처럼 사회생활이 빡빡하여 여유가 없는 곳에서는 본능적 탐욕이 팽배하기 십상이다. 이런 사회 조건에서 종교는 자기 땅을 더 확장하려는 심사보다, 한국인의 사회생활을 본능적 욕망에서 본성적 욕망으로 전회시키는 회심回心의 정신운동이 되어야 한다.

지옥은 사회생활에서 생긴다. 우리의 사회생활이 모든 곳에서 아귀다툼한다면 우리는 공멸한다. 우리가 서로 화합하는 지혜만 살린다면 세계가 깜짝 놀랄 만한 나라로 변할 것이다. 화합은 본성이 욕망하는 바이다.

# '생각하는 사람'과 '미륵반가사유상'

내가 고등학생일 때였다. 그때 고등학생의 교양지로서 『학원』이 있었다. 그 잡지에는 가끔 사진으로 프랑스의 조각가 로댕 Auguste Rodin의 '생각하는 사람(le Penseur)'이 실렸다. 나는 그 사진을 보면서 이상한 생각에 잠기곤 했다. 왜 생각하는 사람이 저토록 근육질인가? 얼굴은 침통하고 심각한데, 몸은 온통 근육질일까? 참 이상했다. 대개 공부하고 사색적인 사람의 몸은 근육질이 아닌데, 로댕의 조각은 별났다.

뒤에 유럽에 유학을 가서 로댕 박물관에 들를 기회가 생겼다. 거기에서 정말 로댕은 희대의 조각가라는 것을 알 수 있었다. 미켈란젤로의 조각과 로댕의 조각은 아직도 그 감동이 사라지지 않는 두 걸작이다. 그리고 또 하나 걸작이 더 있다. 바로 한국의 불상들이다. 석굴암의 불상, 서산의 백제 마애불의 미소, 산자락의 바위나 돌에 새겨진 미륵불의 잔잔한 모습 등이다.

　나중에 로댕의 저 작품은 단테의 『신곡』에 영향을 받아, 지옥을 내려다보고 있는 사람을 묘사하기 위하여 조각한 것임을 알았다. 지옥을 보는 사람의 얼굴이 밝을 리 없다. 로댕은 그가 살던 시대상을 지옥으로 표상했다. 로댕의 연구가인 따양디에의 책 『로댕』을 읽고서 저 조각상의 분위기를 짐작할 수 있었다.

　로댕은 그 당시 비공산계열 사회주의 노선의 철학 교수이자 국회의원을 지낸 쟝 조레스Jean Jaurès(1859~1914)에게 정신적으로 많은 영향을 받았다고 한다. 로댕의 '생각하는 사람'은 틀림없이 당시 프랑스 사회의 부조리를 혁파하려는 강한 의지에 불타던 젊은이였을 것이다. 그 사람의 근육은 지옥 같은 사회를 혁명하여 천국으로 만들려는 강렬한 불굴의 의지를 반영한 것으로 보인다. 그래서 오른팔로 받쳐 든 그의 얼굴은 굳어 있고 심각하며 우수에 깃들어 있다.

　그런데 언제부터인지 잘 모르겠으나 나는 세상을 구하는 것은 고뇌에 찬 진지한 얼굴이 아니라, 부드럽게 미소 짓는 얼굴이라고 생각하게 되었다. 그래서 나는 한국의 불상을 참으로 좋아하게 되었다. 저런 불상을 조각한 장인의 마음은 깊은 수행에서 우러나는 공덕이 아니면 불가능하다고 생각한다.

　나는 신라의 미륵반가사유상을 생각한다. 로댕의 작품처

럼 반가사유상도 오른팔로 얼굴을 살짝 받치고 있다. 그러나 이 작품은 로댕의 작품처럼 고뇌하며 무엇을 골똘히 생각하는 모습이 전혀 아니다. 그 얼굴은 눈을 내리뜨고 고요한 마음으로 보고 있으나, 생각에 집착하고 있는 것 같지 않다.

미륵반가사유상은 능동적으로 생각하기보다 오히려 생각의 어떤 빛이 마음속에서 솟아오르기를 고요히 기다리는 것 같다. 그래서 그의 얼굴은 심판하는 자의 모습이 아니다. 왜냐하면 심판하는 자의 얼굴은 입을 꼭 다물고 있기 때문이다. 그 얼굴에는 긴장한 모습이 전혀 없이 입가에 안온한 미소를 띨 뿐이다. 그 모습은 무엇에 대적하는 적대감을 띠고 있지 않다. 겸허하게 존재하는 모든 것을 긍정하고, 그것들과 함께 하려는 자비로운 모습이 넘쳐흐른다. 안온한 표정은 진정된 마음의 고요를 표현하고, 탐욕과 분노의 고집을 지운 무심한 마음에서 솟아오르는 마음의 열락을 맛보고 있는 듯하다. 그의 몸과 얼굴에서 무엇을 하겠다는 결의와 결심의 흔적을 찾아볼 수 없다. 그의 몸은 전투적이지 않고, 세상과 싸우겠다는 강한 자의식의 긴장과 저항 의식도 보이지 않는다. 근육 없는 밋밋한 몸매가 이를 말하고 있다.

로댕의 조각에는 지옥 같은 세상에 대한 고통과 찌푸린 불만스런 얼굴이 긴장한 근육과 함께 나타나 있지만, 신라의 저 사유상에는 그런 능위적 의지나 불만스런 세상에 대한 저항은 없는 것 같다. 그래서 거기에는 부조리한 세상을 모두 바꾸겠다고 두 주먹을 불끈 쥐고 목이 터져라 진군가를 부르는 이상주의자들의 혈기가 없다. 오랜 세월 동안 인류는 저런 이상주의자들의 기개를 너그럽게 봐주었다. 좋은 세상을 만들려는 저들의 생각이 가상해 보였기 때문이다.

그러나 이제 인류는 저런 이상주의자들이 헛농사를 지어 왔다는 것을 깨닫기 시작했다. 그런 깨달음은 세상을 새로 만들려는 이상주의적 구상을 흩어 버리려는 철학 사상인 해체 철학의 등장과 맞물려 있다. 서양의 해체 철학은 동양의 불교, 노장 사상과 서로 통한다. 세상은 인간의 이상적 생각을 적용시켜 수리할 수 있는 대상도 아니고, 도덕적 당위의 명령에 복종하는 기계도 아니다. 이미 우리는 두 번째 글에서 세상은 헌집을 고치듯이 그렇게 되지 않는다고 말했다.

노자는 『도덕경』 29장에서 세상은 '신기神器'라서 인간이 취득할 수 없다고 천명했다. 신기는 무한한 큰 그릇이란 의미로서 인간의 어떠한 생각도 그것을 다 채울 수 없음을 나타낸다. 이 말은 인간의 어떤 이상이나 고매한 도덕률로도 세상을 소유할 수 없음을 뜻한다. 세상은 객관적 대상처럼 마음 앞에 서 있는 실재가 아니라, 세상 안에 살아가는 모든 마음의 기가 동시에 표출하는 복합적 욕망들의 그림이다. 그래서 세상은 욕망들의 환영幻影에 지나지 않는다. 노자의 말은 세상은 신기라서 소유적인 욕망으로는 취득할 수 없으므로, 세상을 생각하는 욕망의 방식을 바꾸라는 것이다.

고매한 이상주의와 도덕주의가 어째서 세상을 소유하려는 욕망인가? 사람들은 경제적·정치적 지배욕이 소유욕이라는 것은 쉽게 알아차리는데, 이상과 도덕으로 세상을 고치겠다는 것은 소유욕이 아닌 것처럼 본다. 또 세간에 그렇다고 선전되었다. 그러나 이제는 깨달아야 한다. 이상주의적 도덕주의의 설계로 세상을 다시 고치겠다는 발상도 형이상학적 소유욕의 하나임을. 왜냐하면 이상주의자나 도덕주의자들은 그들이 생각한 이상과 도덕률로써 세상을 지배하며 다스리기를 바라기 때문이다. 마치 더럽고 부조리한 세상을 성스러운 새 이념으로 깨끗이 덮을 수 있다고 여기는 것처럼. 그런 욕망이 바로 정신의 형이상학적 소유욕이다.

그런데 이상주의적이고 도덕주의적인 이념이 보편적인 진리라면, 그런 이념을 소유적이라고 말하는 것은 진리를 모독하는 말이 아닐까? 우리는 나중에 때가 되면 보편성이란 의미를 분석하겠지만, 여기서는 일단 보편적인 진리가 해와 달처럼 객관적으로 존재한다는 생각은 허구라고 말해 놓겠다.

해체적 불교와 노장 사상의 가르침처럼 세상이 한없이 복잡다단한 방식으로 존재하는 마음의 욕망이 그런 사이버Cyber라면, 그것을 아무리 고치려고 애써 봐야 헛수고밖에 더 되겠는가. 우리는 기존의 구악을 일소하기 위하여 일어난 인류의 제반 혁명이 곧 새로운 악을 낳는 역설로 둔갑해 왔다는 역사를 잊어서는 안 된다. 우리는 더 이상 이런 도덕적 이상주의자들의 착각에 속아서는 안 된다.

우리는 세상을 우리의 이상대로 바꾸려는 설계도를 작성하기보다 세상을 바라보는 우리의 욕망을 바꿔야 한다. 즉 세상을 형이하학적으로나 형이상학적으로 소유하려는 욕망을 존재론적 욕망으로 마음의 방향을 전회해야 한다는 것이다. 존재론적 욕망은 생소하여 쉽게 이해할 수 없는 개념일 것이다. 존재론적 욕망은 이상이란 이름으로 세상을 지배하고 간섭하려는 소유 의지를 포기하는 것과 함께 간다.

그런데 그것은 욕망인가? 앞에서 인간의 마음은 기의 욕망이라는 것을 언급했다. 이것은 인간의 마음은 좋아하는 것을 하고 싶어 하는 기호와 같다는 뜻이다. 마음의 기호는 크게 두 가지다. 하나는 소유하려는 본능적 기호로서 세상을 장악하려는 욕망이고, 다른 하나는 산은 산이고 물은 물처럼 세상을 존재하는 그대로 긍정하면서 세상에 이익을 시여하려는 본성적 기호가 그것이다. 산을 산처럼 물을 물처럼 보지 않는 사람이 어디 있는가? 하지만 탐욕의 인간은 산과 물을 오직 돈으로만 본다. 소유론적 욕망은 취득하려는 욕망이고, 존재론적 욕망은 주려는 욕망이다. 주려는 욕망만이 세상의 모든 것을 자기중심적 탐욕으로 생각하지 않고 있는 그대로 긍정한다.

주려는 욕망은 마음이 흥분해서 격정적으로 요동치지만

않으면 자연스럽게 고요한 마음에서 일어난다. 이것이 본성의 욕망이다. 미륵반가사유상은 세상의 더러움은 본디 세상의 것이 아니라, 세상을 보는 마음들이 소유욕과 자아 의지로 비뚤어져서 생겼다고 믿는다. 저 사유상은 자아의 선의지로 세상을 다스리겠다는 생각을 그치고, 소유욕과 자아 의지를 버린 마음으로 세상을 바라보고 있다. 그러한 사유는 지옥 같은 현실을 뜯어고치겠다는 능위적 사고가 아니라, 내 안에 있는 본성이 이익의 꽃을 피워서 세상에 그것을 보시하게끔 본성의 사유가 나타나기를 안온하게 기다리는 것이다.

로댕의 '생각하는 사람'의 사유는 데카르트René Descartes 이래로 개발된 "나는 생각한다(cogito)"라는 철학이다. 그러나 반가사유상의 사유는 "본성이 생각한다"라는 철학이라고 할 수 있다. 그 말은 "본성에 따라서 생각한다"라고 말할 수도 있을 것이다. 자아라는 개념이 거의 사라진 사유다. 자아가 거의 사라진 상태에서는 부자가 되어도 탐욕스럽지 않고, 벼슬이 높아도 거만하지 않고, 학식이 많아도 잘난 체하지 않는다. 그러므로 존재론적 욕망은 나의 욕망이 아니라 본성의 욕망인 것이다.

인간의 마음에는 이런 본성의 욕망이 있다. 앞으로 한국의 미래 교육은 이 숨어 있는 본성이 사유하고 활동하도록 도와주는 데로 가야 할 것이다. 세상을 심판하는 코기cogito(나는 생각한다)는 세상을 구원하지 못한다. 왜냐하면 코기토는 자아의 자존심과 그것을 정당화하려는 욕망을 결코 버리지 못하기 때문이다. 죽을 때 내가 가져가는 것은 아무 것도 없다. 이승에서 존재하던 삶의 방식만 저승으로 넘어갈 뿐이다. 죽음은 삶과 다른 방식으로 존재하는 기의 욕망이기 때문이다.

# 선악 대결에서 무선무악으로

도덕이 얼마만큼 우리의 이기심을 바꿀 수 있을까? 철학을 공부하며 접한 도덕윤리학의 이론은 나의 이기심을 얼마나 변화시켰을까? 결론만 말하자면 그것은 나를 바꾸지 못했다. 다만 그것은 내 안에 이기심의 강력한 충동에 저항하는 반이기적 도덕심이란 반작용만 움트게 했다. 젊은 시절 나는 사도 바울이 「로마서」에서 울부짖은 바대로 "내가 원하는 바 선을 하지 아니하고, 도리어 원치 아니 하는 바 악을 행하는도다"라는 구절을 무척 좋아했다. 나는 실존적 고뇌를 느꼈으나 마음의 구원을 맛보지는 못했다.

　그런데 내가 하고 싶은 공부에 몰입하자 나는 선악도 시비도 이해관계의 대립도 없이 가장 평화스러웠고, 타인에게도 활짝 마음이 열리는 변화를 느꼈다. 젊은 날에 나는 유신론적 실존주의와 이어서 주자학에 심취했다. 유신론적 실존주의는

「로마서」의 사도 바울이 말한 분위기와 유사한 실존적 자각을 일깨워 주었다. 그리고 주자학을 통하여 악에 대한 선의 승리를 기약하는 공부가 진정한 마음공부라고 여겼다.

점점 나이가 들면서 마음은 선악이 싸우는 장소가 아니라, 허공처럼 비워야 하는 장소라는 것을 깨닫기 시작했다. 어렴풋이 이기심과 도덕심의 이원론적 싸움을 멈춰야 내 마음이 바뀐다는 것을 알아차리기 시작했다. 도덕심도 이기심을 지우지 못했다. 오히려 무심한 마음이 이기심도 지우고, 도덕심도 생각하지 않게 한다는 것을 깨달았다.

이와 함께 마음은 자연스런 기호嗜好이지, 억지로 강압하는 당위의 장소가 아님을 인식하기 시작했다. 이것은 유교 경전인 『대학』에 나오는 구절처럼 "악취를 싫어하고 좋은 색을 좋아하는" 자연스런 마음의 경향을 일컫는다. 이런 마음의 경향을 『대학』에서는 '자겸自謙(스스로 좋아함)'이라고 명명했다.

마음이 하고 싶어 하는 기호에는 두 가지 경향이 있다. 그 하나는 '본능'이 하고 싶어 하는 기호요, 다른 하나는 '본성'이 하고 싶어 하는 기호다. 주자학은 본능이 하고 싶어 하는 기호의 이기적 경향에 거스르고, 반본능적인 도덕심의 의지로 마음의 기질을 새로 바꾸려는 당위적인 수양법이다. 양명학은 본능의 경향을 제어하는 대신, 오히려 마음에 본디 있는 본성의 자연스런 경향이 나타나도록 하는 무위적 현성법現成法(자연스럽게 나타나게끔 하는 법)을 제창한다.

아무튼 위에서 언급한 『대학』에서 말한 '자겸'이 본능적인 기호인지 아니면 본성적인 기호인지가 모호해서 주자학과 양명학으로 나뉜 것처럼 보인다. 주자학은 일반적으로 사람들의 기호가 본능적 경향을 띠기에, 그것을 억제하여 마음이 본성의 기호를 회복하도록 도덕적으로 노력해야 한다는 것이다. 그리고 양명학은 마음이 무심의 경지에 이르면 저 본성의 기호가 본능의 기호를 제치고 나타나기에, 무위적으로 무선무악의 심정에 이르는 길만 가면 세상은 좋아진다는 것이다.

우리는 여기서 잠깐 주자학과 양명학의 사상적 계보를 한 번 훑어볼 필요가 있다. 저 두 계보를 함께 안고 있던 분이 유교의 교조인 공자이고, 그 다음이 맹자이다. 공자와 맹자는 그만큼 거목이다. 공자의 제자 가운데 주자학적 수양법을 대표하는 이는 증삼曾參이고, 현성법을 대표하는 이는 안연顏淵이다. 두 가지는 공자의 손자인 자사子思에서 1차로 수렴되고, 맹자에서 2차로 집약되었다.

맹자는 본성의 화신으로 요堯·순舜과 탕湯·무武 임금을 예로 들었는데, 전자는 자연스럽게 본성이 현성한 무위적 성인들이고, 후자는 도덕적 당위로 수양하여 본성을 회복한 성인들이다. 주자학은 탕무를 본성 회복의 준거로 들었고, 양명학은 요순을 본성의 자연적 존재 양식의 표본으로 보았다. 주자학과 양명학은 어떻게 우리가 사회생활에서 본성을 되살릴 수 있는가 하는 방법에서 갈라진다.

본성이 되살아나서 사회생활을 지선至善의 경지에 머물도록 하는 것이 주자학과 양명학의 공통된 이념이다. 주자학에서는 인간의 도덕심으로 이기심을 이겨서, 도덕적 선의 승리가 천도天道의 성선性善과 합치하도록 하는 것이 지선이다. 또한 양명학에서는 마음이 무선무악의 무심한 상태에 이르면, 그 무념지념無念之念의 경지가 바로 본성이 현성하는 지선이라는 것이다.

그런데 어느 방법이 실질적으로 우리 사회를 행복한 사회로 가꾸는 데 도움이 될까? 내 경험으로는 마음이 선악의 대립으로 긴장하며 투쟁할 때보다, 어떤 일에 몰입하여 무심과 무아의 경지에 있을 때가 더 안온하고, 타인들의 말에도 귀가 열렸다. 곧 지선은 선의 승리가 아니라 무선무악의 경지에 가까웠다.

모든 세상만사의 존재 방식은 작용과 반작용이 동시에 일어나는 원리와 비슷하다. 작용이 강하면 반작용도 그만큼 강해진다. 선의 작용이 강하면 악의 반작용도 그만큼 완고해진다. 앞글에서 약의 이면이 독이듯이 선의 이면에 악이, 복의 이면에 화가 이미 코앞에 가까이 다가와 있는 존재의 이중성 법칙을 보았다. 그 까닭은 약과 선과 복이 독립적으로 존립할 수 있는 실체가 아니라, 반드시 독과 악과 화와 동시에 서로 의존해야만 발생할 수 있는 작용과 반작용의 관계이기 때문이다. 예컨대 독이 없으면 약이 생기지 않고, 악이 없으면 선한 생각이 일어나지 않고, 화가 없으면 복을 좋아할 리도 없다. 이런 존재 양식을 불가에서는 의타기성依他起性이라 부른다. 서로 의존하는 존재 양식이라는 뜻이다. 본능의 기호와 본성의 기호도 서로 의타기적이다.

앞글에서 반복해서 본능의 기호는 소유론적이고, 본성의 기호는 존재론적이라고 언급했다. 사람들은 본능과 본성이 아주 비슷하기에 잘 구별하지 못한다. 또 소유와 존재라는 개념도 서로 모호하여, 우리말뿐만 아니라 세계의 모든 언어도 그 둘을 서로 혼동하며 쓴다. 이것은 프랑스의 언어학자 뱅베니스트Emile Benveniste가 『일반언어학의 문제』에서 밝힌 바이다. 우리말로 "나는 가지고 있다"라고 말하는데, 이는 이미 소유와 존재를 뒤섞어 쓰는 예다.

소유욕이 존재의 평온을 압도하는 사회생활에서 본성은 잘 나타나지 않는다. 본성이 잘 현성하는 순간은 내 마음이 선악이나 시비나 이해관계로 갈라지지 않고, 고요하고 무심할 때다. 이런 순간은 누구에게나 다가온다. 마음이 하고 싶은 일에 매진하여 거기에 몰입한 무심무아의 순간은 누구에게나 일어난다. 이 경지를 양명학은 성인聖人의 경지라고 일컬었다. 성인의 경지가 아득히 높은 구름 위의 세계가 아니라, 비근한 일상생활 속에서도 가능한 것이다. 그래서 양명학의 창시자인 명나라의 왕수인王守仁은 『전습록傳習錄』에서 "거리의 사람들이 모두 성인"이라고 했다.

이것은 황당한 이야기가 아니다. 예컨대 요순과 공자가 100%의 순금이라면, 거리의 갑남을녀는 5%, 45%, 70% 등의 금을 함유한 사람으로서 잡석과 함께 섞여 있을 수 있다. 잡석 속의 금도 금이 아닌 것은 아니다. 다만 100%의 성인은 아니지만 5%, 25%, 70% 등의 성인도 성인이다. 왕수인의 이 주장은 매우 중요한 뜻을 품고 있다.

비유하자면 주자학처럼 나머지 잡석은 불순하다며 그것을 순금으로 바꾸려고 노력하는 모든 도덕주의적 순수론은 이룰 수 없는 꿈이다. 주자학에서는 교기질론矯氣質論을 내세우며, 불순한 기질을 교정하여 순수한 좋은 기질로 변화시키는 수양법을 종용했다. 하지만 그렇게 기질을 교정할 수 없다. 이렇게 마음의 기질을 바꾸려고 하는 주자학의 부정적 처방보다, 오히려 양명학의 가르침대로 각자가 무심으로 일할 때의 그 마음의 기호를 장려하는 긍정법이 좋은 사회를 일구는 데 더 효과적인 길이다.

불가에서는 이런 무심의 상태에서 어떤 일에 몰입하는 것을 선기禪氣라고 부른다. 고려의 보조국사 지눌知訥이 『원돈성불론圓頓成佛論』에서 각자가 자기에게 주어진 재성才性에 따라 무심으로 일하는 그 몰아沒我의 순간이 바로 여래의 지혜 광명이 나타나는 순간이라고 천명했다.

무념으로 일하는 사람은 누구나 성공한다. 본능과 본성의 마음은 모두 기호적이라서 이익을 좋아한다. 이것은 악취를 싫어하고 좋은 색을 좋아하는 『대학』의 구절과 같다. 다만 본능은 남과 다투며 바깥에서 이익을 타동사적으로 쟁취하는 이기심이지만, 본성은 자기 안에서 본성이 지닌 능력을 자동사적으로 꽃피워 그것을 남에게 시여하려는 자리심自利心이다. 이것이 두 기호의 차이점이다. 이기심은 배타적이나, 자리심은 이타적이다.

당위적 도덕의식으로는 사회의 팔자를 바꾸지 못한다. 도덕적 심판은 덜 또는 더 오염된 인간들이 자기는 순수하고 남은 뭐 묻었다고 비난하는 식이다. 그렇다고 법의 심판이 필요 없다는 것은 아니다. 법의 심판은 적극적으로 사회를 일구는 것이 아니라, 최악의 사태만 예방하는 소극적 기능을 맡을 뿐이다.

우리는 우울하게도 지금 계속해서 사회를 여러 개의 선악으로 쪼개고 있다. 도덕적 선악의 뒤에는 반드시 심리적 호오가 숨어 있다. 나를 중심으로 좋아하는 것이 선이고, 싫어하는 것이 악이다. 여러 개의 선악으로 사회가 중층적으로 대립하면, 여러 개의 호오로 사회가 지리멸렬해진다. 결국 틀림없이 만인이 만인을 미워하는 결과로 치닫는다.

그보다 너는 10%의 성인, 당신은 50%의 성인, 그대는 80%의 성인이라고 서로 긍정적으로 인정하자. 물론 함량은 겉으로 표시할 필요가 없다. 그러면 모두가 자기의 타고난 몫대로 이타적인 발심을 할 것이다. 이것이 즐겁고 행복한 사회다. 지금 국민의 60% 이상이 기회만 되면 이민을 가고, 아기를 낳지 않으려는 나라가 되었다고 한다. 이런 심리가 어디서 오는가? 우리는 겉으로 "교육비가 비싸고 키우기가 힘들다"라고 이유를 내세우지만, 더 깊고 깊은 심리적 상처가 있는 것이다. 이는 우리 스스로 만든 업보이다.

# 가치와 사실

누구나 인생을 가치 있게 보내려 한다. 그 가치는 무엇인가? 언뜻 보면 가치는 경제적 가격과 매우 비슷해 보인다. 가격은 시장에서 인기만 있으면 오른다. 요즘은 사람도 인기에 따라서 그 가격이 결정된다. 가격이 비싼 사람은 그만큼 가치도 커 보인다. 현대의 정치와 문화가 모두 상업화되어 가니, 모두들 대중의 인기를 얻기 위하여 총력을 기울인다.

가치가 꼭 가격으로 환원되는 것은 아니지만, 대중이 좋아하지 않는 가치는 슬픈 상처를 안고 밀려난다. 역사에 이런 슬픈 일은 한두 번이 아니었다. 가격과 가치가 일치하지 않는 경우다. 아무튼 가치나 가격은 세상사가 모두 상호주관적(inter-subjective)이기에 생긴다. 이 말은 사회생활에서 상대방의 인정과 승인을 얻고 싶은 인간의 원초적 소유욕을 말한다. 소유욕은 단적으로 인간 사이에서 먹으려는 욕망이 원초적이라는 것과 통한다.

불교에서는 이 먹고 싶은 욕망을 사식론四食論이라 부른다. 음식을 썰고 요리해서 맛있게 먹고 싶은 단식段食, 남녀가 피부를 맞대서 먹고 싶은 촉식觸食, 서로 의사소통하여 상대를 설득하고 동화시키고 싶은 의사식意思食, 자기의 지식으로 대상을 정복하여 자기 것으로 삼고 싶은 식식識食을 사식이라 한다. 헤겔Friedrich Hegel과 마르크스가 잘 통찰했듯이 사회생활에서 타자에게 인정과 승인을 얻고 싶은 욕망은, 불교적으로 보면 모두 타자를 먹고 싶은 소유욕과 같다. 음식을 먹는 것도 문화라서 타자에게 인정받기 위하여 맛있고 우아하게 먹으려 하고, 성욕도 사회적인 승인을 통해 배출하려 한다.

원초적으로 인간의 사회생활은 먹고 먹히며, 서로 인정받고 승인받기 위한 투쟁과 갈등의 연속이다. 가격과 가치는 그런 상호주관적인 욕망 관계에서 생긴다. 그런데 가치는 가격보다 훨씬 복잡하다. 가격은 상품으로서 시장에서 도태되면 그것으로 끝이지만, 가치는 인간의 마음이 개입된 복잡한 욕망의 주장이다. 인간의 상호주관적 욕망은 가격경쟁에서는 실패하더라도, 마음이 겨냥한 가치가 의미 없이 사라졌다고 인정하지 않으려고 한다. 시장에서는 탈락했지만 언젠가 나의 가치를 인정받을 날이 온다고 앙앙불락 기대한다. 그것은 신념일 수도 있고, 나쁘게 보면 고집일 수도 있다.

인류사의 가치론에서 가격에서는 탈락했지만, 세월이 지

난 다음 엄청난 가격경쟁으로 새롭게 등장한 가치는 한둘이 아니다. 그래서 가격과 가치는 나눌 수 없지만, 그렇다고 꼭 일치하는 것은 아니다. 그러면 그 가치는 무엇인가? "나는 가치 있게 살고 싶다"라고 할 때 그 가치는 무엇일까? 그것은 나의 정치적·도덕적·예술적·학술적 생각을 사회적으로 타자에게 인정받고 싶은 욕망과 다른 것이 아니다. 앞의 사식 가운데 주로 의사식이나 식식이 이에 해당한다.

가치는 상호주관적 사회생활에서 소유론적 욕망과 직결된다. 사회생활이 없다면 가치라는 생각이 일어나지 않는다. 모든 가치는 '내가 생각하는 것(cogito)'이다. 내가 생각하는 것이 의사식이나 식식에서 타인을 설득하고, 지식으로 지배하기 위하여 논리를 정리하고 이념을 창출한다. 이것이 시장에서는 광고가 하는 것처럼 이념에서는 선전이다. 이념의 선전은 '내가 생각하는 것'을 '우리가 생각하는 것(cogitamus)'으로 만들기 위한 소유욕의 책략이다. 소유욕의 책략에서 특히 정치적 가치는 예술적 가치보다 훨씬 강하다. 왜냐하면 정치적 가치는 세속을 지배하기 원하는 종교적 가치처럼 지배의지를 진리의지와 동격으로 생각하기 때문이다.

다음은 20세기 프랑스의 구조주의 철학자 라캉Jacques Lacan이 그의 저서인 『기록』에서 한 말이다. "내가 존재하는 곳에 나는 생각하지 않고, 내가 생각하는 곳에 나는 존재하지 않는다.” 언뜻 보아 무슨 말인지 전혀 알 수 없다. 이는 상호주관적 사회생활에서 내가 생각하는 것은 내가 무언가를 소유하기 위함이지, 내가 존재한다는 사실을 언명하지는 않는다는 말이다. 그러므로 내가 존재하는 것은 나의 생각이 일어나지 않을 경우이고, 생각이 일어나서 분별하는 경우는 모두 무언가 소유하기 위한 동기에서 출발한다는 것이다. 나의 생각은 모두 호오와 시비와 선악을 취사선택할 때에만 일어날 수 있다는 것이다. 이 말은 모든 가치는 나의 생각의 산물이고, 이는 또한 내가 선택한 결과라는 것이다.

의사식과 식식의 경우에만 “나는 생각한다”가 적용되는 것은 아니다. 단식과 촉식의 경우에도 내가 먹는 음식이나 나의 몸매를 만인이 부러워하는 선망의 표적이 되게 하여 그들을 홀리려 한다. 라캉의 생각처럼 사회생활에서 모든 것은 소유와 피소유의 관계로 환원된다고 보는 것도 무리가 아니다. 지금까지 인류의 사회생활이 그렇게 흘러왔기 때문이다.

라캉은 프로이트Sigmund Freud 계통의 학자다. 프로이트의 주장을 빌린 라캉의 ‘성욕이 인류 사회의 가장 원초적인 언어 활동’이라는 말은 거짓이 아니다. 성욕과 소유는 같은 말이다. 그래서 우리는 무의식적으로 가치 있는 인생을 향유하기를 기원해 왔다. 가치 없는 인생은 타자에게 쓰레기 취급을 받기 때문이다. 가치는 결국 각자가 좋아하는 것을 만인에게 평가받고 싶어 하는 소유욕과 다르지 않다. 가치는 나의 기호를 만인의 기호로 바꾸려는 확장욕에 지나지 않는다. 이 확장욕은 우리가 앞글에서 여러 번 지적한 본능의 소유욕에 해당한다.

여기서 독자들은 충격을 받았을지도 모른다. 가치라고 하면 무조건 좋은 줄로만 알았는데, 그것이 결국은 무의식적 본능의 소유욕을 의식의 명분으로 정당화하려는 의도를 지닌 욕망의 다른 이름이라고 노출시켰기 때문이다.

가치는 각자의 심층적 소유욕을 무의식적으로 표출한 것이다. 정치적·사회적 이념과 각별하게 연관된 가치일수록 더 사회지향적 선전이 심하다. 그런 가치는 저마다 좋아하는 것을 선택해서 그것이 우리의 가치가 되도록 각색한다. 대개의 역사는 정치적·사회적 이념을 정당화하려는 목적으로 사실을 왜곡하는 경향이 강하다. 이것은 세계사를 통해 널리 확산되었다.

구조주의 인류학자 레비스트로스는 초기 실존주의에서 후기 사회혁명주의로 기운 철학자 사르트르Jean Paul Sartre와 역사논쟁을 한 적이 있다. 그는 사르트르의 공산주의를 지향하는 역사의식을 비판하며, 역사는 늘 어떤 이념적 경향성을 잠복시킨 내용적 편파성과 외연적 부분성을 띤다고 했다. 그래서 그는 자신의 저서 『야생의 사고』에서 역사를 과학으로 인정할 수 없다고 했다. 그는 이념적 가치의 편향성으로 사실을 왜곡하지 않는 인류학과 민족학을 역사에 대체하자고 주장했다. 이는 대부분의 경우 정치적·사회적 이념의 가치가 사실을 왜곡한다는 것을 언명한다. 왜냐하면 그 가치는 세상을 지배하고 소유하려는 욕망이 강하기 때문이다.

그러한 가치는 분명 세 가지 한계를 지닌다. 하나는 그것이 자기에게 가장 좋은 것만 선택했다는 한계이다. 다른 하나는 자기 선택의 정당성을 선전하기 위하여 사실을 왜곡한다는 한계이다. 마지막으로 그것은 가치의 선동선전에 미쳐서 모든 가치가 필연적으로 반가치를 품는다는 사실을 무시한다는 한계이다. 그러면 모든 가치가 다 문제인가? 세상을 소유하고 지배하겠다는 경향성이 적은 순수 종교적·예술미학적 가치가 가장 사실성에 부합하지는 않는가?

그러면 무엇이 참으로 사실인가? 객관적으로 증명할 수 있는 것만 사실성으로 인정하는 실증주의적 시각이 옳은가? 실증주의는 사실성을 밝히는 데 너무 좁아 만족스럽지 않다. 10여 년 전 교통신호도 없는 네거리에서 내가 교통사고를 낸 건지 당한 건지는 모르겠지만, 내가 볼 때 길 건너에 있는 차가 깜빡이를 켜지 않아 진로를 알려주지 않은 것이 사고의 원인이었다. 결국 거기에 신경을 빼앗겨서 다른 차와 부딪치는 사고가 났다. 이는 나의 심증일 뿐 물증은 없다. 이처럼 실증주의는 사실을 인식하는 방식이 너무 좁다.

소유론적 무의식을 지닌 가치가 모두 편파적이고 부분적인 사실의 왜곡에 기인한다면, 지공至公한 사실은 어떻게 인식할 수 있을까? 앞으로 21세기 모든 학문의 의미는 가치론보다 사실론에 치중해야 할 것이다. 모든 가치는 결국 자아 중심적 소산이다. 자아가 어떤 빛깔에 물들어서 그 빛깔로만 세상을 바라보기에 사실을 왜곡한다.

사실을 왜곡하는 자는 두 가지 부류다. 하나는 이념적 가치를 위하여 사실을 일부러 거짓말로 속이는 자이고, 다른 하나는 자기가 어떠한 특정 색안경을 끼고 세상을 바라본다는 것을 모르는 자이다. 무의식의 소유욕이 그런 명령을 내리기 때문이다. 전자는 진짜로 언급할 만한 거리도 되지 않는 정신적 사이비다. 그러나 후자는 불교적으로 표현하면 무의식의 업장에 갇힌 자이다. 20세기 프랑스의 현상학자 메를로퐁티의 용어로는, 잠재적인 '암묵적 전前의식'의 집단 무의식에 갇혀 사는 자이다. 표현만 다를 뿐 모두 똑같은 생각을 개진한 것이다.

업이나 집단 무의식에 걸리면, 그 업과 무의식이 통과시키지 않는 것은 생각으로 떠오르지 않는다. 그래서 의식이 모른다. 이것이 문제다. 우리는 미래의 교육에서 가치관 형성에만 열을 올리지 말고, 인간이 자아를 가져서 얼마나 편견과 아집의 노예가 되기 쉽고, 가치라는 이름으로 세상을 헛보는가를 인식시켜야 한다. 또 모든 가치는 필연적으로 반가치를 띤다는 것과 가치는 자기 기호의 선택이므로 전체를 보는 눈이 아니라는 것을 말해야 한다. 그리고 점진적으로 자아를 무아로 바꾸는 교육이 실제로 자아의 가치관 교육보다 우리를 구원하는 길이라는 것을 알아야 한다.

역사와 세상과 자연의 전체 사실을 여여하게 보는 눈을 키우는 공부가 미래의 철학 교육이리라. 미래의 철학은 어떤 특정 가치를 세상에 뒤집어씌워 편견을 갖게 하는 것이 아니라, 자아의 탐욕이 없는 마음에 비치는 존재하는 필연성을 아는 데 있다. 신경병도 과거 억눌렸던 상처를 알아차리는 데서 치유된다. 가치의 주입이 아니라 무명無明의 알아차림이 더 중요하다. 눈 뜬 장님들이 세상의 사실을 왜곡한다.

# 긍정적 사고

우리는 대개 긍정적 사고를 무의식적으로 권력과 돈에 아부하는 사고처럼 생각하는 관습에 젖어 있는 것 같다. 더구나 지식인은 비판적 사고를 해야 한다고 생각해, 긍정적 사고는 그와 한 자리에 동거할 수 없는, 현실을 맹종하는 사고로 여기기 다반사다. 그런 사고가 무의식적으로 튀어나오는 까닭은, 우리의 역사적 업이 그렇게 형성되어 왔기 때문이다.

과거부터 나라가 백성을 제대로 아끼며 보살피지 않아서 생긴 경제적·안보적 위기에서 버림받았다는 기억이 그런 무의식적 업을 낳은 것 같다. 지금도 살아남기 위해 수단과 방법을 가리지 않고 악착같이 무슨 수를 강구하려는 우리의 행태도, 정치와 지도층의 인격을 믿지 못하는 우리의 집단 무의식과 깊은 연고를 갖고 있다. 하지만 긍정적 사고는 아첨하는 사고와 다르다.

긍정적 사고는 모든 창조적 사고와 사기진작의 원동력이다. 쉽게 말하면 긍정적 사고는 자기의 팔자를 수용하는 사고다. 예컨대 자기의 타고난 팔자가 나쁘다고 부모나 타인을 탓하고 비난한다고 해서 팔자가 좋아지지 않는다. 그런 사람은 일생을 불운 속에서 헤매다가 임종을 맞을 뿐이다. 나쁜 운명을 좋게 바꾸는 사람은 그 운명을 사실로서 수용하고, 거기서부터 인생의 계획을 세워 운명의 장애를 극복한다.

적극적으로 수용하는 것과 수동적으로 당하는 것은 전혀 다르다. 수용성과 수동성의 미묘한 차이를 철학적으로 잘 해명한 이는 20세기 프랑스의 저명한 가톨릭 실존철학자인 가브리엘 마르셀이다. 그는 수용성을 수동성과 달리, 자기 내부 정리를 통하여 새로운 미래를 창조할 준비가 된 열린 마음의 자세에 비유했다. 열린 마음은 불운에 자기의 마음을 내성직으로 안으로만 접지 않고, 그것을 새로운 가능성의 소재로 활용하는 것을 일컫는다. 불운에 자기의 마음을 접느냐, 아니면 새롭게 여느냐는 오로지 자기의 마음을 활용하기에 달렸다. 열린 마음은 불운에도 자기를 죽이지 않고, 오히려 "너는 좋아지리라"라고 희망의 빛을 예견한다. 그런 예견은 불운을 기회로 활용하는 마음의 자세와 직결된다.

받아들임은 이미 주어진 제약의 굴레를 자유의 발판으로 삼기 위해 적극적 사고를 도입하는 자이다. 19세기 독일의 철학자 니체가 운명애運命愛(amor fati)를 초인적 창조의 원동력이라고 여긴 것은, 창조가 자신의 어려운 처지를 오히려 지혜로 되돌리는 마음의 활용과 다르지 않음을 말한다. 유신론자 마르셀이나 무신론자 니체가 똑같은 내용을 다르게 진술한 것이다.

이처럼 창조적 사고는 긍정적 사고에서 잉태된다. 불운한 운명의 시련은 개인적인 것을 넘어서 같은 시공에서 살고 있는 사람들의 공동 운명과 연관될 때, 그 시공의 정신문화적 주제로 등록된다. 대체로 정신문화의 필요성은 공동 운명의 시련이 생기했을 때 일어난다. 그 공동 운명의 시련은 동시대의 사람들에게 가난과 질병에 의한 고통이나 전쟁에 의한 죽음, 소외, 무상감, 억압의 부자유, 박탈의 절망감 같은 것이 실존적으로 비슷하게 느껴지는 경우에 생긴다. 또는 기존의 사상이나 지식으로 새로운 미래를 헤쳐 나갈 자신이 없는 무지의 자각 현상이 강렬한 경우에 생긴다.

고통의 느낌이나 무지의 자각은 전혀 다른 문제가 아니고, 동일한 문제의 두 측면이다. 공동 운명으로서 느끼는 고통은 우리 문화가 과거에 스스로 지은 말과 생각과 행동의 습관이 현재완료진행형으로 쌓여, 지금까지 작용하고 있는 자승자박의 굴레를 말한다. 그리고 무지의 자각은 그 현재완료진행형 상태에 있는 습기의 구속을 풀 수 있는 해방의 새 지혜를 말한다.

그동안 우리는 앞글에서 늘 마음이 욕망이라고 말했다. 이번에는 그 마음을 습관이라고 말하려고 한다. 욕망과 습관은 똑같은 뜻을 달리 표명한 것이다. 왜냐하면 욕망의 기호가 반복되면 습관이 형성되기 때문이다. 정신문화는 사회생활을 하는 마음의 욕망이 어떤 습기를 이룩한 결과다. 정신문화는 공동 운명이고, 이것은 또 공동 습기를 뜻한다. 공동 습기는 우리를 행복하게 하기도 하고, 고통을 주기도 한다. 후자의 경우라면 사람들은 심각하게 생각한다. 이것이 정신문화의 문제의식이다.

그런데 긍정적 사고를 말하면서 왜 고통과 무지를 말하는가? 바로 이 고통과 무지가 우리의 것이기에 그것을 공동 운명으로서 감수하고 수용한다는 것이다. 운명애는 우리 것이니까 무조건 좋다는 감정적 편애를 말하는 것이 아니다. 그런 감정적 편애는 자기 자식이므로 무조건 감싸는 지각없는 부모의 편애와 다르지 않다. 운명애는 그런 것이 아니라, 우리의 일부가 된 우리의 업장業障을 사실로서 인성함이다.

공동 사실로서 공동 업장을 수용하면서 그 업장의 방해가 동시에 지혜의 원동력으로 변용될 수 없을까 깊이 사유해 본다. 12세기 고려의 보조국사 지눌이 『정혜결사문定慧結社文』에서 언급한 바와 같이, "땅으로 넘어진 자는 그 땅을 밟고 다시 일어설 수밖에 없다"는 구절이 운명애의 정신을 잘 반영하고 있다. 공동 운명의 업장이 우리를 넘어지게 했다면 우리가 일어서기 위한 지혜는 다른 먼 곳에 있는 것이 아니라, 우리 안에 현재완료진행형으로 흘러오고 있는 바로 그 공동 운명에 깃들어 있다는 것이 긍정적 사고의 의미다. 그런 긍정적 사고에서 우리를 고통과 무지에서 구원할 수 있는 창조적 사고가 움튼다는 것이다.

개인적으로 봐도 자기 자신을 저주하고 학대하는 이에게 우리는 그의 팔자가 좋아지리라 기대하지 않는다. 마찬가지로 자기의 공동 운명의 역사를 분노에 차서 남의 탓으로만 돌리는 일도 현명한 지혜의 눈이 아니다. 그렇다고 자기 것만 무조건 가장 좋다고 치켜세우는 자존망대自尊妄大한 국수주의적 행각도 우스꽝스럽다. 뱀의 독에 이미 그것을 치유할 수 있는 해독약이 있다고 한다. 세상만사가 그렇게 이중적이다. 이것이 사실의 존재론적 법칙이다. 공동 운명의 업장 속에 우리를 해방시킬 수 있는 해독제가 있다는 것이 긍정적 사고의 의미다.

나는 16세기 성리학자 율곡의 이통기국理通氣局(이理가 비록 보편적이나 특수한 기氣의 상황을 떠나서 실존하는 것은 아님)이란 철학적 언표를 아주 좋아한다. 나는 율곡이 저 언표로 주자학의 보편적 이치라도 조선의 역사적·사회적·자연적 상황을 떠나서는 추상적으로 실존할 수 없다는 창조적 사고의 원리를 제창한 것이라고 여긴다. 말하자면 주자학의 조선화를 겨냥한 사유가 거기에 배어 있다고 생각한다. 율곡은 주희도 이 이치를 깨치지 못한 데가 있다고 친구 성혼에게 넌지시 고백했다. 나는 율곡의 저 언표가 20세기 프랑스의 철학자 메를로퐁티의 사상과 매우 닮았다고 생각한다. 메를로퐁티는 『의미와 무의미』에서 이 세상의 어떤 진리도 구체적 살(肉)을 떠나서 추상적 본질은 성립하지 않으며, 구체적 날짜와 장소를 여읜 무시공無時空의 철학적 사유도 실존하지 않는다고 했다.

율곡은 저 유명한 '이통기국'이란 언표를 남기고, 그에 알맞은 형이상학과 심성론의 원리를 말하며 그 시대의 아픔을 혁파할 수 있는 정책을 개진했다. 하지만 불행히도 공동 운명의 질곡을 희망으로 치환시키는 길을 언명하지는 못했다. 율곡의 저 명제는 고통과 무지에서 구체적으로 벗어날 수 있는 방도를 탐색하기 위하여 진지하게 심층적으로 자기화되는 길을 한 번도 가지 못한 것 같다. 그렇게 하지 못한 이유는 우리 사회가 안고 있는 운명의 업보가 현재완료진행형으로 작용하기 때문일 것이다.

우리는 거의 예외 없이 우리의 고통과 무지를 자각함으로써 학문을 창조하지 못하고 다만 서양의 인문사회과학을 제대로 소화하지도 않고 소개하거나, 동양학이나 한국학은 옛 고전을 소개하는 정도로 그친 것이 아닌지 자성한다. 이 땅의 인문사회과학은 우리의 풍토병과 아픔을 치유하는 진단 처방이라기보다 '~에 관한 연구'로서 '호모 스펙탄스homo spectans (관람자)'나 '호모 인트로두첸스homo introducens(소개자)'의 수준을 벗어나지 못하는 것이 아닌지, 그래서 대학의 학문과 현실이 따로 헛도는 것이 아닌지 자성한다. 나는 자기 것으로 숙성한 학문을 세계에서 인정받지 못하는 나라가 어떻게 아류 신세를 면할 수 있는지 모른다. 율곡이 말한 '이통기국'은 결국 실사구시實事求是와 같다. 실사구시는 긍정적 사고에서 출발한다.

그리고 우리는 사람을 아껴야 한다. 진선진미한 사람은 어디에도 없다. 현실의 구체적 인간들은 모두 잡석雜石이다. 앞글에서 왕양명의 말을 인용한 적 있다. 예컨대 거리의 사람들이 5%, 20%, 75%의 금을 지닌 잡석과 같은 성인이라는 것이다. 순금은 추상적이고 가상적인 존재일 뿐, 자연적으로는 실존하지 않는다. 옥석혼효玉石混淆라 하지 않던가? 모든 인간은 저마다 자기의 장기를 타고났다. 이것이 자연의 존재 양식이 아닌가? 각자의 특장特長을 잘 살려서 신바람나게 공동 운명을 좋게 바꾸도록 힘을 실어 줘야지, 보석을 보지 않고 자꾸 잡석만 캐내려 하면 누가 그 인민재판 앞에서 버틸 수 있겠는가?

역설적으로 우리는 중국 전국시대에 제나라의 정승이던 맹상군의 삼천식객三千食客과 계명구도鷄鳴狗盜를 예사롭게 생각해서는 안 된다. 보잘 것 없는 계명구도하는 식객이 맹상군을 위기에서 구출했다. 사법재판은 어느 나라에나 다 있게 마련이다. 그러나 만인이 만인에게 사법재판하듯이 옥석을 가린다고 따진다면, 옥석이 모두 타 버리는 옥석구분玉石俱焚의 손실은 누가 입을 것인가? 서로 나쁜 점을 헐뜯는 사회보다 서로 좋은 점을 칭찬하고 격려하는 사회가 양질의 사회생활을 일구고, 우리를 더 행복하게 만들 것이다. 비밀의 열쇠가 우리 안에 있듯이, 우리의 구원은 우리의 공동 운명 안에 깃들어 있다.

"세상은 그 구성의 법칙을 내가 내 속에 소유하고 있는
어떤 대상이 아니다. 세상은 자연적 환경이며,
나의 모든 생각들과 모든 명료한 지각들의 밭이다.
진리는 오로지 '내면적 인간'에 거주하지 않고,
오히려 내면적 인간은 없다. 인간은 세상에 귀속하고,
세상 속에서만 인간은 스스로를 인식한다. (중략)
나는 내면적 진리의 집이 아니고, 세상에 바쳐진 주체를 만난다."

모리스 메를로퐁티Maurice Merleau-Ponty의
『자각의 현상학』에서

# 지식과 지혜 그리고 마음

지식과 지혜의 차이는 무엇일까? 과학은 지식을 탐구하지만, 철학은 지혜를 일군다. 이것이 과학과 철학의 근본적 차이다. 이제 한국의 철학 교육은 과학이 쳐다보지도 않는 어설픈 지식을 개진하는 일을 그만두어야 한다. 철학은 지혜를 일구며 기존의 지혜가 어느 정도 진실하고 신뢰할 만한지 분석해야 한다.

그럼 지식과 지혜의 차이는 무엇일까? 지식은 나에게 결핍된 것을 후천적 학습으로 얻는 일종의 소유이지만, 지혜는 이미 나에게 갖추어져 있는 능력을 계발하는 것이다. 앞글에서 말했듯이 지식은 인간의 취약한 본능을 대신한 지능의 작품이다. 인간은 동물의 본능처럼 자가 발전할 수 있는 능력이 미비하기에 그를 대신한 지능을 요청한다. 지능은 자기에게 필요한 생존 기술을 밖에서 구한다. 이것이 지식의 인위적 탐색인 과학의 시작이다.

그 탐색은 본능의 선천적 능력과 달라서 거듭 반복하는 추리와 검증의 단계를 거쳐서 완성된다. 과학적 지식은 축적해 나가야 한다. 지식은 다양하다. 하지만 그것은 기본적으로는 인간이 세상을 지배하며 편리하게 살기 위한 도구로서 넓은 의미의 기술이다. 그래서 지식은 소유론적이다. 왜냐하면 그것은 세상을 편리하게 살기 위하여 취득해야 하는 기술이기 때문이다.

지혜는 인간이 이미 자기 속에 깃들어 있는 능력을 현시하기만 하면 된다. 지혜는 취득하는 기술이 아니라, 세상의 필연성을 읽는 눈이다. 그래서 무식한 사람도 사려가 깊으면 지혜로운 사람이 될 수 있다. 결코 지식이 좌지우지할 수 없는 세상의 필연성을 어느 정도 이해한 사람이기 때문이다. 지혜는 세상을 지배하기 위한 도구가 아니라, 세상을 엮고 있는 필연성을 이해하는 것과 직결된다.

문제는 어떻게 그 지혜를 계발하느냐 하는 것이다. 그것은 무상無償으로 나타나지 않으므로 지혜의 길로 들어가야 한다. 노자는 지혜를 계발하는 길이 지식을 추구하는 길과 정반대라고 피력했다. 왜냐하면 지혜는 지식을 소유하고 축적하는 마음을 버릴수록 더 잘 드러나기 때문이다. 『도덕경』 48장에 "학문을 하면 지식이 날로 늘어나지만, 도道를 닦으면 소유하고 있는 것이 날로 줄어든다"고 했다. 이에 대해 송나라의 노자 주석가 이가모李嘉謨는 "학문을 하면 지식을 추구하므로 날로 그것이 늘고, 도를 닦으면 망상을 제거하므로 날로 줄어든다"고 주해했다.

왜 그럴까? 본능을 대신하는 지능이 발달할수록 지식은 증대하고, 그런 만큼 세상을 더 편리하게 장악하려는 소유욕은 더욱 강렬해진다. 모든 소유욕의 가장 깊숙한 곳에는 이기심과 자의식이 숨어 있다. 왜냐하면 지능이 본능을 대신하더라도, 본능이 지닌 충동적이고 이기적인 자아 생존의 욕망은 지능의 우회적인 전략으로 더 세련되게 표현되기 때문이다.

지식이 생존 전략의 기술로서 지능의 인위적 능력에 뿌리를 박고 있다면, 지혜는 본능과 다른 본성의 능력에 축을 박고 있다. 본능이 이기배타적인 소유론적 욕망을 나타낸다면, 본성은 자리이타적인 존재론적 욕망을 띤다. 욕망이란 개념은 마음이 자기 아닌 타자와 관계를 맺지 않을 수 없는 성향을 말한다. 존재론적 욕망의 의미는 이기적 소유욕을 위하여 타인과 세상을 희생시키는 탐욕이 아니고, 타자와 세상이 존재하는 그대로 편안히 존재하게끔 도와주는 원력願力을 말한다. 이것이 본능과 본성의 차이점이다. 인간은 본능으로는 자기중심적이지만, 동시에 본성으로는 타인에게 기쁨을 주고 슬픔을 위로하고 싶어 하는 그런 묘한 상반된 성향을 지니고 있다.

그러한 상반된 본능과 본성은 서로 가는 방향은 다르지만, 공통적인 면모를 지니고 있다. 그것은 둘 다 선천적으로 자기가 하고 싶은 것을 하려는 자연적이고 자발적인 욕망의 기호를 띤다는 점이다. 동물의 경우 본능과 본성을 구별할 수 없고, 오직 본능 하나에 동물성이 귀착된다. 그러나 인간의 경우 묘하게도 그 둘이 엇비슷하게 다르다.

이런 관계를 구조주의에서는 상관적 차이(pertinent difference)라 부른다. '좌/우', '장/단', '선/악' 처럼 서로 다르지만 한쪽이 있기에 다른 쪽이 성립하는 상관성을 일컫는다. 본능과 본성은 차이 속에서 함께 동거하는 상관적 차이라고 할 수 있다. 본능과 본성의 상관적 차이는 '이기심과 자리심' '배타심과 이타심' '소유론적 욕망(탐욕)과 존재론적 욕망(원력)' 의 이중 관계와 같다.

그러나 인간의 경우 인공적 지능이 자연적 본능을 대신하여, 동물적 본능의 제한적이고 닫힌 생존의 추구가 무한히 가변적으로 열리게 되었다. 왜냐하면 인간의 지능은 생존을 유지하는 직접적 차원을 넘어서 소유의 영역을 무한히 인공적으로 확장시키기 때문이다. 지능을 좋게 보면 무한한 지식의 축적이지만, 나쁘게 보면 무한한 소유를 위한 탐욕의 대명사가 된다. 그동안 인류는 이 소유론적 욕망을 만족시키는 지식 추구를 최대의 가치로 여겨, 무한하게 팽창하도록 장려해 왔다고 해도 지나친 말이 아니다.

그런데 지능과 본성도 본능과 본성처럼 구조적으로 상관적 차이의 이중성을 띠고 있다. 이 지능의 소유욕이 우세하면,

본성의 존재론적 욕망(존재하는 세상을 기쁘고 편안하게 존재케 하려는 원력)은 인간의 마음에서 사라진다. 이것은 마치 지능의 경쟁심이 본성의 이타심을 은폐시키는 것과 같다. 노자는 『도덕경』에서 이 사실을 말하고 싶었을 것이다. "도를 닦으면 날로 소유하는 것이 줄어든다"는 것은, 지식욕이든 물질적 탐욕이든 자아중심적인 지배욕이 줄어야 본성이 지혜의 길을 연다는 말이다.

어떤 사람은 지식욕이 세상을 이롭게 하는 것이 아니냐고 반론을 제기할 것이다. 물론 그것은 세상을 장악하여 편리하게 살도록 도움을 준다. 그래서 지식은 모두 도구적이다. 그런데 앞글에서 여러 번 지적했듯이, 가치는 필연적으로 반가치를 수반한다. 도구도 양날의 칼처럼 가치와 반가치를 동반한다. 가치가 큰 도구일수록 그만큼 반가치의 해독도 크다.

아마 컴퓨터의 가치를 부정하는 사람은 없을 것이다. 그러나 그 해독의 크기가 얼마나 클지는 아직 아무도 모른다. 우리가 지금 알고 있는 것은 그 해독의 일부분이다. 그렇다고 컴퓨터를 다 부수고 원시 상태로 돌아가자고 주장하는 것은 아니다. 이런 주장은 방직기계를 없애고 물레를 돌리는 수공 시대로 되돌아가자는 낭만주의적 경제학의 발상과 같다. 그러나 확실한 것은 본성의 지혜는 지능의 지식 축적과는 정반대로 이기적·자아 중심적·인간 중심적 사고를 버릴수록 더욱 찬연하게 마음속에서 발현한다는 것이다.

그동안 인류사는 지식 추구의 가치만 숭상하고, 애써 그 반가치의 해독을 외면해 왔다. 20세기 독일의 철학자 하이데거는 『무엇이 사유라 불리는가』에서 "과학은 사유하지 않는다"라고 언명했다. 이는 과학은 도구적이고 소유적인 지배 지식만 생각할 뿐, 인간이 모든 자연과 공존하고 공명하는 사유를 망각하게 했다는 뜻이다. 하이데거의 말은 이제 과거의 철학이 과학을 발전시키는 역할은 끝났으니, 그 철학에 종말을 고하고 새로운 사유의 도래를 준비해야 한다는 것이다.

나는 과학 지식의 가치를 부인하지는 않는다. 그렇다고 과학이 존재의 지혜를 사유한다고는 생각하지 않는다. 과학의 가치를 지혜롭게 활용하려면 마음의 본성이 지능의 힘을 견제하는 능력을 갖도록 해야 한다. 컴퓨터의 반가치적 해독을 줄이는 길은 흔히 말하는 실효성 없는 사이버 매체의 도덕이 아니라, 마음의 지혜를 여는 본성의 존재론적 발현이다.

과학교육이 중요한 만큼 지혜의 발현을 위한 존재론적 사유도 중요하다. 지혜는 자의식을 채우는 대신 그것을 비우는 공부를, 소유적 가치와 공격적 힘의 축적 대신 자기와 세상을 편안하고 고요하게 보는 평정심을, 이기적 탐욕 대신 일체를 존재하는 그대로 아끼는 원력을 활용하는 마음 말고 다른 것이 아니다. 이 마음이 바로 본성의 활용이다.

1세기 무렵 인도 대승불교의 고승 아슈바고샤(馬鳴)는 그의 저서 『대승기신론』에서 그 유명한 삼대사상三大思想을 말했다. 그는 불법의 본질인 공성空性의 위대성을 비로자나불인 법신불에, 공의 바다에서 파도처럼 솟는 만상 존재의 불가사의한 기氣의 힘을 노사나불인 보신불에, 그리고 마음의 지혜로운 활용의 보기를 석가모니불인 화신불에 비유했다.

아슈바고샤는 어떻게 마음을 활용해야 세상을 구원하고 모든 만물이 행복해질 수 있는지 구체적으로 보여주기 위하여, 화신불인 석가모니가 세상에 '그와 같이 오시고(如來)' '그와 같이 가셨다(如去)'는 것을 암시하려 했다. 법신불은 성부, 보신불은 성령, 그리고 화신불은 성자의 의미와 매우 비슷하다. 우리는 석가세존과 예수 그리스도가 종교의 벽을 넘어서 인간의 본성을 활용하는 지혜를 가르치다 가셨다는 것을 유념해야 한다.

서양의 연금술사들은 '현자의 돌(philosopher's stone)'을 찾기 위해 밖으로 눈을 돌려 오랜 세월을 헛되이 보냈다. 그들은 현자의 돌만 찾으면 납을 금으로 바꿀 수 있다고 믿었다. 그러나 그것은 밖에 있는 것이 아니라, 이미 우리의 마음속에 아득한 옛날부터 있던 것이다. 그 돌을 불교적으로 보면 여의주라고 할 수 있다. 여의주는 용이나 거북이가 물고 있는 것이 아니라, 이미 우리의 마음에 깃들어 있는 것이다. 연금술사들만이 아니라 우리도 늘 그것을 바깥에서만 찾으려 했다.

우리는 더 늦기 전에 지식 교육과 함께 지능에서 본성으로 마음을 옮기는 마음의 활용법도 가르쳐야 한다. 지식은 로댕의 '생각하는 사람'처럼 근육에 힘을 주기는 하지만, 반가사유상처럼 자기와 세상을 안심시키지는 않는다. 현자의 돌이나 여의주는 모두 본성이다. 본성은 지능이 쉴 때 깨어난다. 지혜는 본성의 발현 말고 다른 것이 아니다. 지식은 자아의 꽃이나 지혜는 무아의 열매다.

# 이성을 넘어서

인간은 어느 정도 이성적일까? 보통 우리는 감정이 욱하여 흥분한 사람에게 이성적(reasonable)으로 또는 합리적(rational)으로 행동하라고 충고한다. 저 말은 감정의 흥분과 격정에 생각을 맡기는 것을 피하라는 말일 것이다. 나는 이따금씩 한국인들이 일반적으로 격정적이고 쉽게 흥분하여, 대국大局에서 실수를 잘하고 어리석게도 공동의 이익을 놓치지 않는가 걱정한다. 나는 그동안 세상을 살면서 오기가 나면 이익이고 뭐고 다 팽개치고 엎어 버리는 한국인의 충동적인 행동을 여러 번 경험했다. 나는 젊었을 때부터 꽤 오랫동안 감정적 흥분 상태를 치유할 수 있는 길은 이성적 또는 합리적 사고방식이라고 생각해 왔다.

내가 비판적으로 본 한국인의 비이성적이고 감정적인 생활 태도에 비해, 나는 얼마만큼 이성적이었던가? 나 역시 여느 사람들과 마찬가지로 쉽게 흥분하는 감정의 행태를 노출해 왔다. 나는 직업 때문에 학술 세미나에 많이 참석한다. 거기에서는 찬반 토론이 일어나고, 때로는 격렬한 주장도 일어날 수 있다. 그런데 그런 자리에서 치열하게 반대 의견이 개진되면 논리적이고 합리적으로 끝나기는커녕, 거의 예외 없이 감정에 앙금이 남을 정도로 가시 돋친 말이 오간다. 그 와중에 겉으로는 점잖아 보이지만, 속으로는 뒤틀린 감정의 상처가 이성의 당위적 요구를 무색케 하는 모습을 많이 보았다.

20세기 독일 프랑크푸르트학파의 거장 하버마스Jurgen Habermas는 이성적 비판 이론을 통해, 인간사회를 교조와 통제의 억압에서 해방시키는 '이상적 담화의 상황'으로, 균형 잡힌 대화를 방해하는 장벽을 헐고 우리 모두가 평등하게 대화하는 이성 사회가 가능하다고 했다. 하지만 세월이 흐르면서 나는 그럴 수 있을지 의심하게 되었다. 단적으로 나는 그런 사회를 창조할 수 없다고 생각했다.

점차 나는 이성으로 인간을 해방한다는 것은 이룰 수 없는 공상이라고 생각했다. 그러면서 이성은 결코 무의식에 침전되어 있는 인간의 감정적 앙금을 씻을 수 없다는 것을 깨달았다. 그리고 인간을 이성적 동물로 규정한 아리스토텔레스Aristoteles의 정의가 지니는 의미를 다시 숙고하게 되었다. 과연 인간은 이성적 동물인가? 그 말의 뜻은 무엇일까?

앞글에서 여러 번 강조했듯이 인간의 본능은 희미하여 동물의 본능처럼 확실하게 각인되어 있지 않아서, 본능 대신 지능이 생존 능력을 대행하게 되었다. 지능은 인간이 이 세상에서 자연의 본능을 지배하고, 인간 중심으로 세상을 개척하게 한 원동력이다. 오늘날 우리가 누리는 문명은 모두 지능의 산물이다.

이성적 동물은 그런 지능적 동물의 다른 이름이다. 여기서 이성은 도구적 이성을 뜻한다. 지능과 이성은 모두 도구다. 아리스토텔레스의 정의는 인간이 동물이기는 하나, 동물과 달리 지능을 사용하는 동물이라는 뜻이다. 그 말이 옳다. 도구적 이성은 실용적인 편리의 진리를 추구한다. 그런데 지능은 동물적 본능의 대행이므로 본능이 지닌 자기 생존의 우선권을 결코 포기하지 않는다. 지금까지 인류사에서 개인적 · 가족적 · 국가적 · 종족적 · 종교적 · 이데올로기적 자기 생존의 우선권을 한 번도 포기한 적이 없다. 그것을 포기한 상태는 곧 지능이 모자란 것으로 평가받았다.

세계를 지배하는 나라는 그만큼 지능의 경쟁에서 승리한 나라라고 봐야 한다. 즉 왕성하게 도구적 이성을 사용하는 나라가 세상을 지배한다. 그러한 도구적 이성의 승리는 늘 그 속에 자아주의와 이기주의의 생존욕을 감추고 있다. 그에 대한 반작용으로 그런 생존 투쟁을 비판하며 도덕적 · 해방적 이성을 강조하는 반反도구적 이성주의 사상도 존속해 왔다. 그것은 시대마다 다른 이름으로 불렀다. 아무튼 이기적 자아 생존의 우선권이 늘 패배자의 슬픔을 밟고 있었기에, 비판적 이성이 불의의 역사를 심판하는 기능을 담당했다.

예를 들어 동양의 주자학적 도학주의나 대동大同 이념에 입각한 성리적 사회사상과 서양의 여러 사회주의나 마르크시즘, 프랑크푸르트학파의 비판 이론 등은, 모두 도덕적 성리주의와 도구적 이성을 비판하는 사회적 이성이나 해방적 이성의 신뢰에 근거한다. 유가의 성리론性理論은 천명天命의 절대적 선 의지를 인간 사회에 대동적大同的으로 실현하려는 도덕주의를 말한다. 또 기독교의 메시아사상과 연관된 사회주의적 이성론理性論은 이기적 지능을 초월한 공동선 의지에 입각해, 이 세상에 역사적 구원의 공동체를 실현하여 인간의 현실적 소외를 극복하려고 한다.

이성理性이란 개념은 서양의 'reason'을 번역한 말인데, 이미 동양에 있던 성리性理라는 개념을 참작하여 살짝 바꿔서 옮긴 것이다. 그래서 역사를 구원하려는 해방적 이성론자들은 도구적 이성을 격하시키고, 더 상위의 구원적 이성을 지고선至高善의 이념과 동격으로 격상시켜 그것을 인간의 모든 생각을 궁극적으로 통일하는 규정적 이념(regulative Idea)이라고 여겼다.

그런데 과연 지고선의 규정적 이념이 인간 감정의 모든 비이성적 앙금을 씻을 수 있을까? 감정의 비이성적 앙금은 이기적 지능의 자아 우선주의와 직결된다. 자아의 자존심이 상처를 입었기에, 그것이 감정의 앙금으로 남아 은연중에 타자에 대한 공격성으로 작용한다.

그러면 자아에 도구적 이성의 자아 우선주의와는 다른 해방적 이성이 되는 보편적 자아가 있다는 것인가? 나는 그런 보편적 자아가 현실에 실존한다고 여기지 않는다. 보편적 자아는 관념 속의 추상적 자아로서, 당위적으로 이기심이나 감정의 흥분을 억제해야 한다는 의식상의 의지론이지 자아의 자연적 실상은 아니다. 의식의 각성은 무의식의 자연적 기호를 이기지 못한다. 모든 도덕주의나 사회주의가 실패한 원인은 무의식의 기호를 외면한 명분주의였기 때문이다.

의식이나 의지는 모두 자아에서 발원한다. 그렇게 자아에서 발원하는 모든 현상은 자아를 우선시하는 이기심의 무의식을 벗어나지 못한다. 언뜻 보면 해방적 이성이 그리는 보편적 자아가 도구적 이성이 낳은 이기적 자아를 능가할 것 같다. 하지만 전자는 의식의 명분이고 후자는 무의식의 자아를 우선하는 기호를 대행하는 것이므로, 의식의 명분은 결코 무의식의 기호를 이기지 못한다. 사회주의나 도덕주의가 실제로 시장주의와 기술주의를 능가하지 못하고 패배한 이유는, 바로 의식상의 명분이 무의식상의 이익을 조금도 부수지 못하기 때문이다. 그러므로 이성주의는 곧 지능의 사상이고, 그 생명은 20세기 미국의 철학자 듀이John Dewey가 갈파한 도구주의적 이성(지성)의 영역을 넘지 않는다. 듀이는 해방적 이성같이 거창한 허구를 수용하지 않고, 착실하게 현실적으로 문제를 해결할 수 있는 영역에 이성의 기능을 제한시켰다.

도구적 이성의 진리는 곧 세상살이를 편리하게 만드는 데 있다. 세상을 편리하게 만들려는 자아 우선주의는 본질적으로 자아 중심의 소유주의적 속성을 띠기에, 나의 승리는 너의 패배요, 나의 기쁨은 너의 슬픔이 되기 마련이다. 이것이 도구적 이성주의의 빛과 그림자다.

도덕주의나 사회주의가 아닌 방법으로 저 이성주의의 소유론적 자아 우선주의의 독성을 중화시킬 수는 없을까? 우리는 여기서 공자가 『논어』 「자한」편에서 말한 '절사絶四'의 뜻을 음미할 필요가 있다. "공자는 네 가지를 끊었는데, 그것은 곧 무의無意(자기 멋대로 함이 없음), 무필無必(기필코 관철하고야 말겠다는 생각이 없음), 무고無固(고집스런 집착이 없음), 무아無我(자아 우선의 욕심이 없음)이다." 뒤에 공자의 사상을 다시 검토할 기회를 갖겠지만, 단적으로 공자의 사상은 삼원 체제(자연적 무위, 도덕적 당위, 기술적 유위)를 갖추고 있다. 여기서 언급한 '절사' 사상은 그 가운데 하나인 무위유학의 면모를 말한다.

이는 불교나 노장 사상과 비슷하다. 『장자莊子』 「대종사」편에 나오는 공자의 가르침인 '심재좌망心齋坐忘'이 바로 이에 속한다. 심재는 마음의 공허를 뜻하고, 좌망은 유명한 장자 주석가 곽상郭象의 표현처럼 '무심의 마음' '일신을 느끼지 못함' '천지를 알지 못함' 등으로 이해할 수 있다. 의식의 생각을 온전히 비우는 것이 곧 심재좌망이다.

우리는 자아가 존속하는 한 경쟁하는 세계에서 살 수 밖에 없다. 경쟁과 자아 우선의 사고방식을 약화시키는 길은 그것을 억압하거나 지우려고 노력하는 도덕주의나 사회주의가 아니다. 억압하는 것은 파행적 지능의 교활함을 더욱 부채질할 뿐이다. 사회주의에서 시장을 봉쇄하자, 시장의 기능이 암시장으로 은폐되어 나라 경제를 교란시킨 경우가 이에 해당할 것이다. 도덕주의는 명분을 지향하는 한국 사회처럼 겉과 속이 다른 위선의 풍토만 조성할 뿐이다. 억압하는 대신 자의식을 고요히 쉬게 하는 무심한 마음의 안정법을 익혀야 한다.

의식이 고요히 쉬면 무의식에 숨어 있는 본성이 잠을 깨, 이기적 본능의 탐욕이 자의식과 함께 누그러진다. 본성의 자발적 기호는 본능의 자발적 기호가 쉬면 저절로 드러난다. 이것이 열리면 지능의 이기적 분별심 대신 본성의 지혜가 빛을 발하고, 지능의 도구적 이성이 자리이타적인 방향으로 발양한다. 공자가 말한 심재좌망은 마음이 그냥 멍청하게 아무 생각 없는 무기無記의 상태로 있다는 말이 아니라, 본능의 자기 생존욕을 잠재우고 본성이 자기 존재의 꽃을 피워 타인들에게 이익을 보시하려는 고요하면서 즐거운 채우기를 뜻한다.

자의식의 이기심은 도덕주의적 훈계나 사회주의적 권력

계도로 사라지지 않는다. 자의식의 마음이 고요히 쉬면, 자생적으로 마음의 본성이 무의식에서 일어나면서 본능과 지능의 합작품을 본성과 지능의 합작품으로 돌린다. 마음의 본능을 억압하는 도덕과 정치보다 오히려 마음의 본성을 가까이 하는 방법을 미래 교육의 화두로 삼자.

# 진리의 보편성과 특수성

지난 세월 동안 진리의 보편성과 특수성을 인식하기 위한 세미나가 여러 번 있었다. 나도 거기에 참석한 적이 있다. 그 자리에서 강력하게 보편성의 실재를 주장하는 분들은 그것이 문화적 선진국에서 전파된 것처럼 여기는 것을 알 수 있었다. 그리고 거기에 반대 의견을 개진하면 특수성을 고집하는 국수주의자인 양 취급하는 사고 관행을 보았다.

그럴 때 내가 가장 자주 언급하는 철학 사상은 율곡의 이통기국론이다. 나는 늘 유가의 율곡 사상이 진리(理)를 하나로 회통시키는 본질 사상과 다양한 사실들을 살리는 실존 사상을 아울러 융합한 이사상자理事相資(진리와 사실이 서로 의지함)나 이사무애理事無碍(진리와 사실이 서로 장애 없이 교환됨)라는 불가의 화엄 사상과 별로 다르지 않다고 생각했다.

사상의 보편성을 선진국에서 수입하는 사고방식으로 여기

는 한 우리는 세계사에서 우뚝 솟은 좋은 나라의 성공 사례를 남길 수 없을 뿐만 아니라, 아류국이라는 후진성을 면치 못할 것이다. 옛날에는 중국에 보편성이 있다고 여기다가 지금은 그것이 서양 선진국에 있다고 여긴다. 중국 본토와 교류가 시작된 이후 사상적으로 별 시답지 않은 현대 중국의 책들을 번역해 인기물이 되고, 그 저자를 불러 엄청 후대한다는 소리에 나는 옛 사대주의의 업보를 언제나 벗을지 절망한 적이 있다.

율곡의 '이통기국론'이나 화엄의 '이사무애론'은 모두 보편적인 진리는 구체적으로 실존하는 '여기와 지금'이란 특수한 사실이나 기질의 제약을 떠나서 존재하지 않는다는 것이다. 다산 정약용은 조선을 동국이라 칭하는 관행을 비웃으며, 조선 입장에서 보면 조선이 중국이고 중국은 서국이라고 했다. 이런 생각을 국수주의로 매도해서는 안 된다. 국수주의는 자존망대의 배타적인 사고 관행이다. 이것은 황당한 코미디다. 모든 문화는 잡종의 만남이다. 문화적 순종을 찬양하는 일은 근친교배처럼 문화적 허약체질을 낳아 시들어 죽을 뿐이다.

그러한 잡종의 만남에는 어떠한 중심이 따로 없고, 다양한 기국氣局의 사실들이 중심이 된다. 보편성의 중심은 사실상 어디에도 없다. 모든 기국의 사실에 이미 보편성이 녹아 있다. 보편성은 실재하는 어떤 것이 아니라, 그냥 인간의 본성이 좋아하는 기호일 뿐이다. 그러한 본성은 사람들의 개성과 함께 동거한다. 개성과 본성은 이원적인 것이 아니고, 불일이불이不一

而不二(하나도 둘도 아님)나 부잡불리不雜不離(섞인 것도 분리된 것도 아님)의 방식으로 실존할 뿐이다. 원효나 율곡이 모두 이 점을 매우 강조했다. 우리는 이를 진지하게 사유해야 한다.

김치나 비빔밥, 된장찌개는 모두 한국 음식이다. 이러한 음식이 동시에 국제적일 수 있다. 맛있는 한국 음식을 개발하는 길 말고 어떻게 국제적인 경쟁력을 얻을 것인가? 누구나 외국 음식을 좋아한다면, 그것은 우리가 좋아하는 보편성이 그들의 특수성에 녹아 있기 때문이다. 그렇다고 수구적으로 전통 음식만 지키려는 순수주의적 자세는 경쟁에서 이기지 못한다. 왜냐하면 기氣의 특수성 속에 이미 이理의 보편성이 함축되어 있다고 하더라도, 그 기의 특수성 역시 고착된 것이 아니라 어떤 습관에 지나지 않기 때문이다.

습관은 어떤 일정한 경향성을 띠지만 변하지 않는 것은 아니다. 혀의 미각은 인간의 오감 가운데 가장 변화에 둔감하다. 그러나 그것도 변하지 않는 것은 아니다. 기국의 제약성은 기국의 독자적인 폐쇄성을 말하는 것이 아니라, 한국인이 갖는 미각의 기와 다른 나라의 차이에서 오는 변별성에 지나지 않는다.

문화는 본디 잡종의 혼융이므로 순수한 것이 독존할 수 없다. 한국인의 미각도 다른 나라와 교류하면서 섞인 혼융이다. 서로 관계의 차이 속에서 영향을 주고받는다. 상관적 관계의 함수가 다르면 자기의 맛도 조금씩 달라진다. 그러므로 기국은 자기 문화의 어떤 습관화된 기호를 말하지만, 그 기호는 다른 문화와 맺는 상관관계의 함수에 따라 늘 변화한다. 기국도 시대의 인연에 따라 변하는 것이다. 김치 같은 경우 임진왜란 이후에 고추가 들어오면서 매워졌다고 한다. 기국은 우리가 살아가는 실존적 살(肉)이다. 이 살을 떠나서 한국인은 성립하지 않는다.

철학에 처음으로 살의 의미를 도입한 사람은 20세기 프랑스의 현상학자 메를로퐁티다. 나는 살을 통하여 느끼고 생각한다. 사실 나는 살이라는 객관적 도구를 통하여 느끼고 생각하는 것이 아니라, 오히려 살이 느끼고 생각한다고 말해야 할 것이다. 왜냐하면 나의 느낌과 생각은 살과 분리되어 존재하지 않고, 살과 함께 생활하기 때문이다.

그러면 살은 주관적인 것인가? 그것은 주관적인 것도, 그렇다고 객관적인 것도 아닌 상호주관적인 공통성을 띤다. 살은 물론 내 몸이지만, 그 몸의 영역이 고착적으로 정해진 것은 아니다. 내 몸이 사회생활을 하면서 만나는 모든 인연이 다 살이다. 내가 만나는 사람만 살일 뿐만 아니라, 내가 느끼고 생각하는 모든 현상과 사건도 다 살로서 연장된다.

살은 생활 세계의 분위기다. 그래서 우리는 생활 세계의 분위기와 함께 느끼고 생각한다. 이것이 문화다. 우리는 우리의 문화가 느끼고 생각하고 말하는 속에서 함께 느끼고 생각하고 말한다. 그래서 기국으로서의 한국 문화는 한국인을 낳고,

그를 자라게 하는 집단 습관의 태반과 같다. 이 집단 습관의 태반을 불교식으로 표현하면 무의식의 공동업共同業이다. 모든 인간은 다 살로서 생활하고 실존한다. 살의 실존과 관념의 사상이 따로 놀지 않아야 살이 건강하고 행복을 노래한다.

살의 실존과 관념의 사상이 따로 헛도는 경우, 살은 자신의 공동업이 인간 본성의 본질에 접근하는 해방과 행복의 길을 얻지 못하고, 자신이 하고 싶은 말의 의미를 찾지 못한 채 무의미로 천대받는다. 그것은 삼국시대의 무속 신앙이 외래 사상의 권위에 밀려 천대받은 것과 비슷하다.

살의 실존은 무의식적 공동업의 생활이다. 그 생활은 보편적 의미로 나아가려는 욕망을 가진다. 그 욕망의 표현이 곧 각 문화권의 관념적 사상이다. 기국이라는 무의식의 공동업은 율곡의 생각처럼 내용을 담는 특수한 기질氣質이기도 하고, 또 발현하는 기운氣運이기도 하다. 기질과 기운이 서로 다른 것처럼 보이지만, 사실 똑같은 의미를 달리 전하는 것일 뿐이다.

몸은 제약의 기질이지만, 동시에 우리는 그 기질을 통하여 기운을 낸다. 기질이 머금고 있는 특수한 기운이 보편적 의미라는 옷을 입어야 우리의 마음이 의미를 얻는다. 보편적 의미라는 옷이 바로 율곡이 말한 이통理通이다. 보편적 의미라는 옷은 다른 곳에서 수입할 수 있는 것이 아니라, 자기 몸 안에 이미 주어져 있는 인간의 본성과 다르지 않다. 그래서 율곡의 이통기국론은 보편적 이理가 기국의 살 밖에 따로 존재하는 것이 아니라, 바로 살의 기질과 기운 속에 동거한다는 것이다. 이를 화엄학으로 해석하면, 개성의 사실 속에 진여의 진리가 함께 동거하고 있다는 것이다. 개성이 곧 진여는 아니지만, 개성의 발현을 떠나서 진여의 꽃이 피지는 않는다.

이 말은 개성의 업業 속에 진여의 출현을 가로막는 장애가 있다는 것을 말한다. 이를 좀 더 확대하면, 한국인의 상호주관적 공동업의 살 속에 본성인 보편성의 출현을 방해하는 악업이 깃들어 있다는 것과 같다. 한국적 관념의 사상이 바로 한국의 정신문화이다. 이 정신문화가 실존적 살의 분위기와 어긋나 헛돌지 않으려면, 실존의 살이 안고 있는 업장의 병을 고치는 구원의 사상이 되어야 한다. 살이 아파하는 병을 관념의 사상이 치유할 수 있으면, 그 살은 자신의 의미를 세상을 향하여 말할 수 있는 통로를 얻어 풍요롭고 다양한 삶의 잔치에 높은 대우를 받으면서 참여할 수 있게 된다. 이것은 마치 우리 음식이 자신의 기국을 통하여 세계인이 좋아하는 음식으로 인정받는 것과 같다. 물론 그를 위해서 좋은 요리사의 창조가 선행되어야 한다.

살의 업은 장애인 동시에 물결이나 나뭇결 같은 결이기도 하다. 장애와 결의 차이는 객관적으로 실재하지 않고, 마음의 활용에 따라 구분된다. 즉 마음의 활용에 따라 우리를 방해하던 업이 오히려 우리를 생기 있는 결로 되살아나게 한다. 그러므로 한국의 정신문화는 우리의 공통적인 마음을 잘 활용하는 법을 익히는 이치와 다르지 않다. 그렇게 되면 우리 속에 깃든 특수성이 본성의 보편성과 접목하여 각자 저마다 타고난 결대로 꽃을 피워, 이타행을 하며 즐거워하는 찬란한 정신문화의 금물결을 세상에 반짝이게 하리라.

보편성은 밖에서 수입해 오는 것이 아니라, 이미 우리 속에 있는 본성이다. 이것을 특수성과 함께 살리는 길을 창조해야 한다. 그럼 왜 외국 학문을 공부해야 하는가? 외국을 공부해야 한국의 병과 결을 인식할 수 있기 때문이다. 자기를 알려면 자기를 떠나는 법을 알아야 한다. 자기는 타자와의 인연에서 생기지, 독생獨生하는 것이 아니다. 보편성이 선진국에 있는 것이 아니듯, 특수성도 자기 것만으로 구성되지 않는다.

그러나 하이데거는 독일에서만 나오고, 베르그송은 프랑스에서만 생긴다. 듀이는 미국에서만 나오고, 도스토옙스키는 러시아적 신비를 풍긴다. 이는 왜 그럴까? 이 물음에 이통기국의 비밀이 있다. 성철性徹 스님, 청화淸華 스님, 숭산崇山 스님은 한국이 낳은 자랑스러운 고승들이다. 이 고승들의 실존을 한국 문화의 이념형(Ideal type, 사회 문화의 특수성을 인식하기 위하여 경험적 현상들을 개념적 준거의 틀로 유형화하는 막스 베버의 사회학 이론)으로 삼을 수 있을까?

# 원효의 화쟁 사상

7세기 신라의 원효元曉 대사를 모르는 사람은 없을 것이다. 그의 사상을 한마디로 요약하면 화쟁和諍 사상이다. 12세기에 고려 숙종은 원효 대사를 기리는 화쟁국사비和諍國師碑를 세우도록 왕녕을 내렸다고 한다. 이와 같이 고려시대부터 원효의 사상을 화쟁으로 대변했음을 알 수 있다. 그런데 많은 이들이 화쟁 사상을 말하지만, 그만큼 그 사상의 진수를 잘 알지는 못하는 것 같다. 원효의 사유는 쉽게 접근하기 어렵기 때문일 것이다.

원효의 화쟁 사상은 기본적으로 불법을 설명하는 사유 방식이다. 또한 이 사유는 우주의 필연적 법칙을 일깨우는 가르침이기도 하다. 『금강경』 17장에는 불법이 우주의 사실적 법칙이라고 암시되어 있다. 단적으로 우주의 필연성은 공호과 색色이란 두 실이 서로 새끼를 꼬거나 천을 짜고 있다는 것이다. 이것이 화쟁 사상의 기본이다. 불교를 상징하는 만卍자가 바로 저 새끼를 꼬거나 천을 짜는 법칙을 형상화한 것이다.

공은 눈에 보이지 않는 진여의 진리요, 색은 눈에 보이는 세속의 진리다. 보이지 않는 진리와 보이는 진리는 물론 서로 다르지만, 또한 연계되어 있다. 눈에 보이는 색이라는 존재는 눈에 보이지 않는 허공이란 바탕에 의지하여 생긴 무늬에 지나지 않다. 만약 허공이라는 배경 없이 모든 공간이 색의 물질로 꽉 차 있다면, 우리는 어떤 색의 물질도 구분할 수 없으리라. 허공은 바탕에, 물질은 무늬에 비유할 수 있다. 이처럼 허공은 물질을 물질로 존재하게끔 해주는 근거이고, 물질은 그 허공의 현상이라고 할 수 있다. 허공의 공과 물질의 색은 불일이불이의 관계를 맺고 있는 셈이다.

그러면 허공과 같은 공을 어떻게 이해할까? 허공은 생사生死와 유무有無의 모든 변화무상한 순환을 초탈해 있다. 무릇 생명이 있는 것은 모두 죽게 되므로 오직 영원한 것은 불생불멸한 공밖에 없다. 바다를 공에 비유한다면, 바다에서 일어나는 모든 파도의 부침은 곧 생멸의 현상과 같다. 따라서 공은 불생불멸不生不滅의 이중부정과 같다.

불생불멸은 또 비유비무非有非無(유도 아니고 무도 아님)의 이중부정과도 같다. 원효는 『금강삼매경론』에서 이 이중부정의 공 세계를 홀로 해맑은 초탈이란 뜻인 '독정獨淨'이라고 명명했다. 현상적 존재의 생멸과 유무에 전혀 흔들리지 않는 해탈의 경지를 말하는 것이다. 허공이나 바다는 만물의 부침에 조금도 영향을 받지 않는다. 그러나 그것은 만물이 부침할 수 있게 해주는 근거다. 그래서 불교에서 공은 허무를 상징하는 것이 아니라, 고갈되지 않는 무한기無限氣를 상징한다.

공이 이중부정이라면 색은 어떠한가? 색은 물질로서 독존하지 않고 연기법緣起法에 따라 존재한다. 연기법은 서로 다른 만물들이 서로 얽혀서 존재한다는 것이다. 나무는 물과 햇볕과 땅과 바람의 상호연관성에 의거하여 존재한다. 이 연관성의 관계가 다르면 다른 나무가 생긴다. 이것을 연생緣生이라 부른다. 이 연생의 관계를 최소한도로 생략하면 이중긍정이 된다. 나무는 물과 햇볕, 또는 흙과 바람과 각각 이중긍정의 존재 양식을 얽고 있는 셈이다.

그래서 나무는 자기와 관계를 맺고 있는 타자인 물과 햇볕과 흙과 바람의 흔적을 함축하고 있다. 색의 물질은 고착된 하나의 독립 개체가 아니라, 여러 개의 인연이 다양하게 얽힌 타자들과의 관련성이다. 그래서 불교에서는 색의 물질을 차이의 상관성이라고 읽는다. 나무는 물과 불(햇볕)과 흙과 바람이라는 차이의 상관성에 지나지 않는다. 이것이 연기법이다.


현대 포스트모더니즘 철학에서는 연기법의 존재 방식을 차연差延(differance)이라 부른다. 차연은 차이差異와 연기延期 또는 연장延長이란 뜻을 합쳐서 줄인 말이다. 예컨대 나무는 물과 다르면서(차이), 물의 힘이 거기에 시간적으로 약간 연기되어 작용하거나 공간적으로 연장되어 그 흔적이 남아 있는 것을 상 징한다. 이처럼 철학의 차연과 불교의 연기는 같은 뜻이다.

연기법은 이 세상 모든 만물의 존재 방식이 서로 다양하게 차이 속에 연계되어 있음을 가리킨다. 차이 속의 연계와 같은 존재 방식은 허공이나 바다처럼 넓고 깊어야 가능하다. 한국의 식자들은 흔히 다양성의 문화를 당위적으로만 강조하는 경향 이 있다. 다양성의 문화가 연기법처럼 가능하기 위해서는 마음 과 문화가 깊어져야 한다. 깊지 않은 마음과 문화는 결코 다양 한 존재 방식을 사실적으로 수용하지 못한다. 화쟁 사상도 깊 은 사유에서 가능하다.

원효는 『금강삼매경론』에서 이중긍정의 연기법을 담연湛 然(깊고 넉넉함)의 세계라고 표현했다. 우리는 누구나 다 아는 얄 팍한 당위만 역설하지 말고, 깊고 넉넉한 문화를 일구기 위해 사유하는 법을 배워야 한다. 이중부정인 공의 해탈이나 이중긍 정인 색의 존재는 서로 다른 동시에 상관적으로 얽혀 있어서, 새끼를 꼬거나 천을 짜는 것 같은 상관성을 맺고 있다.

앞에서 공이 없으면 색의 존재도 성립하지 않는다고 설명 했다. 또 반대로 색이 없다면 공도 인식할 수 없다. 왜냐하면 우리는 하늘의 구름이나 새들의 비상, 햇빛과 달빛으로 문득 허공을 지각하기 때문이다. 만물도 서로 다른 것들의 차연적 (연기적) 관계로서 존재한다. 공空 사상은 2~3세기 인도의 나가르주나(龍樹)의 중관 사상으로 대변되고, 색色 사상은 3~4세기 인도의 마이트레야(彌勒)의 유식 사상에서 개화한다. 원효의 화쟁 사상은 이 중관학파와 유식학파의 불교적 쟁론을 통합시킨 사유라고 할 수 있다. 그러나 원효의 화쟁 사상은 그 이상의 철학적 의미를 갖는다.

그의 화쟁 사상은 이 우주의 법이 일원론도 이원론도 아닌 이중성의 사실로 존재함을 인식해야 한다고 말한다. 이중성은 모든 사실의 근원적인 존재 방식을 말하는 것으로서, 일원적으로 합일하는 것도 아니고 이원적으로 갈라지는 것도 아닌 중도의 법인 불일이불이不一而不二이다. 원효는 이를 융이이불일融二而不一(둘을 융합하되 하나로 만들지 않음)이라고도 불렀다.

우리는 이미 앞에서 공과 색이 그런 이중 관계로 엮여 있음을 설명했다. 색의 존재 방식 역시 그런 이중긍정의 방식이다. 그것은 나무의 경우처럼 물과 불(햇볕)이 소 닭 쳐다보듯이 외면하는 것도 아니고, 서로 변증법적 투쟁에 의하여 하나로 합일하는 것도 아니다. 나무에서는 물과 불이 차이를 유지하면서 서로 상관하고 있다. 화쟁 사상은 이런 이중성의 존재 방식을 말하기에 변증법적 통일을 부정한다. 차이가 모순 투쟁을 불러오지 않고, 차연과 같은 상관적 관계를 부른다. 이것이 화쟁 사상이다.

이 화쟁 사상은 노자의 도道와 비슷하다. 선과 악이 서로 다른 동시에 동거하고 있고, 약과 독이 또한 그렇다. 노자는 명암의 이중적 동거 양식을 밝음(明)에 염하듯(襲) 옷을 입힌다는 뜻인 습명襲明이라고 비유했다. 또 장자는 이런 이중성을 보광 葆光(빛을 보자기로 덮음)이라고 불렀다.

이것은 모두 흑백의 선명한 논리와 택일적 사고방식으로 세상을 보지 말도록 종용하는 사유다. 이점에서 원효의 화쟁 사상은 노장 사상과 맥락을 같이 하고, 20세기 서양의 해체주 의적 철학자인 독일의 하이데거와 프랑스의 데리다Jacques Derrida의 차연적 세상 읽기와 그 궤도를 같이 한다. 선명성을 좋아하는 택일의 논리는 이 세상의 필연적 사실의 법과 맞지 않고, 자아가 타자를 박살내 자아의 동일성만이 승리하기를 바라는 투사의 심리와 다르지 않다. 투사는 자기동일성의 승리를 쟁취하는 투쟁의 도사이나, 세상을 경영하는 지혜와 내용은 없다. 왜냐하면 세상을 경영하는 일은 배척의 투쟁에서 나오는 것이 아니라, 화쟁처럼 다양성을 포괄하고 그것을 포용하는 깊이에서 우러나오기 때문이다.


화쟁 사상은 투쟁 사상이 아니다. 화쟁의 '화和'자는 불교 의 만卍자처럼 동일성과 타자성이 서로 새끼를 꼬듯이 만나고 갈라지기를 반복하는 그런 이치를 말한다. 거기에는 허공이란 빈곳이 사이사이에 끼어서, 둘을 갈라놓기도 하고 또 하나로 합치게 하는 배경을 이룬다. 이것은 또한 허공처럼 허심하게 소유론적 집착을 놓지 않으면, 결코 화쟁의 사실을 실천할 수 없음을 말하기도 한다. 마음이 편파적으로 자기 고집만 집착하면, 입으로만 화쟁을 말하고 실제로는 마음에 투쟁의 심리가 꽉 차 있다.

조금 어렵겠지만 원효가 『대승기신론소』에서 말한 화쟁 사상을 인용하겠다. "동일함(一)은 동일하지 않음(非一)에 상응하므로 다름에 상관적이어서 다름과 동거하며, 다름(異)은 다르지 않음(非異)에 상응하므로 동일함에 상관적이어서 동일함과 동거한다." 오른쪽은 왼쪽과 다르지만, 왼쪽이 없으면 오른쪽도 존립하지 못한다. 반대로 왼쪽은 오른쪽과 다르지만, 오른쪽이 없으면 왼쪽도 성립하지 않는다.

화쟁 사상은 좋은 일이든 나쁜 일이든 홀로 생기는 법이 없기에 반드시 어떤 일의 작용과 반작용을 동시에 고려한다. 이것이 이중긍정의 태도다. 이것과 저것은 서로 작용과 반작용의 상관관계를 지닌다. 오직 나만 100% 정당하고 상대방은 100% 그르다는 생각은 끝없는 투쟁을 부를 뿐이다. 이것은 노장이 말하는 습명과 보광의 중도적 태도가 아니다.

중도는 기회주의적으로 눈치를 보거나 단물만 좇는 속물적 출세주의를 말하는 것이 아니다. 이들은 사리사욕의 대명사다. 중도는 세상의 필연적 존재 방식이 모두 이중성의 공존으로 짜여 있기에 단정적으로 막말하지 않는 마음가짐에서 꽃핀다. 우리는 너무 흑백논리와 선악 심리로 세상일을 막말하고 단죄한다. 그런 풍토에선 함께 참회하고, 더불어 손잡고 강강

술래를 하기가 어렵다. 빨리 끓고 쉬 식는 사회는 사유가 얄팍하다. 화쟁은 오직 사회가 깊어지기를 바라는 곳에서 자란다.

# 소유에서 존재로

지금까지 독자들은 이 책에서 소유와 존재라는 낱말을 여러 번 보았을 것이다. 이 두 낱말은 이 글을 관통하는 핵심적 철학 용어 가운데 하나다. 그런데 소유라는 개념은 쉽게 와 닿지만, 존재라는 낱말은 좀 어렵게 느껴졌을 것이다. 더구나 존재론적 사유라고 하면 더 아득하여 쉽게 손에 잡히지 않았을 것이다. 실제로 존재와 존재론적 사유는 쉽게 파악할 수 없는 용어이긴 하다. 그러면 지금부터 존재의 의미를 살펴보자.

우리는 인생이 있다는 것을 안다. 또 죽음이 있다는 것도 안다. 그리고 내가 있다는 것도 안다. 그러나 막상 인생과 죽음과 내가 무엇이냐고 물으면, 그것들의 명확한 개념을 정의하기 어렵다. 우리는 모두 돈과 명예와 권력과 지식이 있다는 것을 안다. 그것들은 내가 소유하려고 하며, 또 소유하고 있을 수도 있다. 내가 그것들을 가지고 있다면, 나는 그것들을 남들에게 자랑하려고 으쓱대면서 제시하거나 전시할 것이다. 물론 제시나 전시하는 방법은 가지각색일 수 있다.

그런데 인생과 죽음과 나에 대해 물으면, 나는 그것들을 남들에게 소유물처럼 제시하거나 전시할 수 없다. 왜냐하면 그것들은 나의 소유물이 아니기 때문이다. 모든 소유는 인생의 존재를 딛고 서서, 그리고 나를 근거로 삼아서, 죽음 이전에만 가능하다. 죽음은 인생에서 더 이상 소유할 수 없는 한계를 뜻한다. 인간은 죽으면 이승의 어떤 것도 그곳으로 가져갈 수 없다. 인간은 모든 소유를 다 버리고 죽음의 문턱을 넘어서야 한다. 죽음은 철저하게 소유의 무상함을 가르쳐준다. 죽음은 분명 존재하지만 그 누구도 죽음을 소유의 대상으로 삼지는 않는다. 그래서 죽음은 소유의 탐욕을 철저하게 고칠 수 있는 존재의 약이기도 하다.

소유는 미술 전시회처럼 전시하고 제시할 수 있는 것을 일컫는다. 또한 명사처럼 분명히 구획할 수 있는 것이기도 하다. 구획을 지을 수 없는 모호한 것은 소유의 싸움을 일으킨다. 돈의 구획이 분명하지 않고, 권력과 명예가 선명하게 나뉘지 않으면 사람들 사이에서 그것을 소유하기 위한 분쟁이 일어난다. 지식과 도덕도 소유의 영역에 속한다. 지식은 인간이 배워서 소유한 능력이다. 사람들은 도덕이 사회생활에서 인간들을 지배하고 다스리는 공공公共의 원리가 되기를 원한다. 이 말은 사회생활에서 사람들이 공통으로 도덕을 소유하여 그 힘이 지배하기를 바란다는 것과 같다.

그러나 인생이나 나와 죽음은 내가 소유할 수 있는 것이 아니다. 인생이나 나는 소유할 수 있게 하는 근거이고, 죽음은 소유할 수 없게 하는 한계상황이다. 철학에서는 이런 것을 존재라고 명명한다. 인생이나 내가 있기에 소유할 수 있다. 인생과 내가 없다면 무엇 때문에 소유하려고 그렇게 안간힘을 쓸 것인가? 그런데 인생과 나라는 구획은 명확하지 않고 아주 모호하다. 내 인생의 폭과 반경이 얼마나 될지는 아무도 짐작할 수 없다. 그리고 누구나 자의식을 갖고 있으나, 그 자아의 경계가 얼마인지는 상상하기 어렵다. 왜냐하면 자아는 넓게는 하늘의 허공만큼 광대할 수 있고, 작게는 바늘구멍만큼 미세할 수 있기 때문이다.

이처럼 존재는 구획할 수 없고, 그 경계가 모호하다. 또한 전시하거나 제시할 수도 없다. 인생과 자아를 전시하거나 제시한다는 것은 불가능하다. 누가 내 인생을 보여 달라고 하면, 비밀 창고에서 물건을 꺼내는 것처럼 그것을 전시하거나 제시할 수 없으므로 그냥 있는 그대로 나의 인생을 보라고 할 수밖에 없다. 이런 방편을 우리는 현시現示나 계시啓示라고 부른다.

소유는 전시展示하거나 제시提示할 수 있지만, 존재는 오직 현시하거나 계시할 수밖에 없다. 이것이 소유와 존재의 두 번째 차이다. 모든 소유는 대상화할 수 있다. 대상화할 수 있다는 것은 객관화할 수 있다는 것과 같다. 대상화할 수 있기에 내가 그것을 취득할 수 있고, 경우에 따라서는 빼앗길 수도 있다. 그러나 존재는 그렇게 대상화할 수 없다. 인생과 나라는 것은 모든 대상화를 가능케 해주는 근거이지, 스스로 대상화되는 것이 아니다. 나의 인생을 대상화하더라도 그것을 다시 대상화하는 다른 내가 뒤로 물러나 있기에 결국 나의 인생은 대상화할 수 없다.

소유는 형이하학적인 물질의 영역에서 기술의 대상이거나 경제적 영역에서 상품 가치를 지닌다. 다른 한편으로는 형이상학적 정신의 영역에서 사회생활을 혼란과 무질서에 빠뜨리지 않기 위해 사회 구성원들이 소유해야 할 정신적·도덕적 가치로서 제시될 수도 있다. 이처럼 소유는 가치와 동격의 의미를 지닌다. 사람들은 가치가 없는 것은 소유하려고 하지 않는다. 인생을 가치 있게 만들려는 사상은 결국 인생에서 가치 있는 소유를 많이 지니려는 이치와 같다. 하지만 나의 인생은 가치를 소유하게끔 해주는 근거의 역할을 하지, 그 자체를 가치로 매길 수는 없다.

존재는 명사적 개념으로 쉽게 구획되지 않고 모호하다. 그것은 오직 사실을 사실 그대로 현시하거나 계시하는 길밖에 다른 길이 없다. 또 대상화되지도 않고, 경제 기술적 가치나 도덕적 가치로 환원되지도 않기 때문에 아주 표현하기 어려운 본질을 지닌다. 지금까지 존재는 자의식처럼 나의 존재를 근거로

하여 소유할 수 있게 한다고 언급했다. 곧 존재는 소유의 근거이지만, 존재 자체는 철저히 비소유적이다.

그런데 '나'나 '우리'라는 자의식이 강렬하면 할수록, 소유는 그런 자의식의 강도에 비례하여 발생한다. 소유 의식이 두드러지게 대두하는 이유는 경제성과 도덕성에 있다. 경제성은 자아의 이기심이 좋아하는 이익과 관련되고, 도덕성은 공동체 의식의 공공적 정의가 옳기 때문에 사회적으로 소유해야 한다는 당위성과 관련 있다. 경제적 자아 의식이든 도덕적 공동체 의식이든 모두 예리한 자의식의 활동을 전제한다. 그런 점에서 소유의 가치론인 경제 기술학과 사회도덕학은 모두 의식의 철학에 바탕한다.

인간은 오랫동안 가치를 만들고 의미를 창조해야 한다는 요청을 받았다. 그래서 인간의 역사는 동서고금을 막론하고 경제성과 도덕성의 가치 창조에 몰입해 왔다고 해도 지나친 말이 아니다. 노장 사상과 불교 사상이 가치 창조를 넘어서는 무위법을 말했음에도 불구하고, 인간의 현실 세상과는 맞지 않는 둔세적 사유라는 취급을 받아 개인의 사적 공간으로 밀려나고 말았다.

하이데거는 과거 서양철학에도 존재론이 없지는 않았지만, 철학적으로는 존재(Being)를 존재자(beings)로 오독했다고 지적했다. 과거의 전통 철학은 존재를 존재자로 잘못 읽었다는 것이다. 존재는 쉽게 손에 잡히지 않기에 사람들은 그것을 존재자로 해석했다는 것이 하이데거의 소론이다. 존재자는 존재를 명사적 개념으로 구획할 수 있는 어떤 형이상학적 대상으로 취급하여, '신이 존재한다' '사람이 존재한다' '산과 구름이 존재한다'에서처럼 주어의 명사들이 바로 '존재하다'라는 동사의 개념적 주체와 같은 것으로 본다. 그런 철학이 바로 재래의 존재론이다. 하이데거는 이런 철학을 존재자적(ontical)인 사고방식의 철학으로 여기며 존재론적(ontological) 사유와 엄격하게 구분했다. 엄밀히 말하여 존재자적인 사고의 철학은 존재론이 아니라 소유론인 셈이다. 왜냐하면 존재자학은 의식이 써먹으려는 소유적 가치의 관념을 함축하고 있기 때문이다.

그러면 왜 하이데거는 포착하고 파악하기 어려운 존재론적 사유를 주장했는가? 인간이 능위적으로 창조한 경제 기술적 가치와 사회도덕적 가치로 인생과 세상이 황폐해지고, 인간의 마음도 그러한 가치들에 의하여 아집我執과 법집法執으로 둘러싸여 세상을 여여하게 사실 그대로 보지 못하는 편견으로 가득 찼기 때문이다. 하이데거는 사람들을 그것에서 벗어나게 하려고 했다. 아집에 먹힌 경제 기술적 가치는 탐욕을 부르고, 법집의 분노에 젖은 사회도덕적 가치는 세상에 독선의 독기를 뿌린다.

존재론적 사유는 '신, 사람, 산, 구름'을 구분하지 않는다. 또한 일체의 존재를 명사적 개념으로 보지 않고, '존재하다'의

동사적 방식으로서 읽는다. 그러면 모든 것들의 존재 방식은 서로 연계되어 연기법적으로 얽혀 있어서 우주가 모두 한 몸임을 깨닫는다. 또 「마태복음」 6장에서 예수님이 말씀하신 "공중의 새와 들에 핀 백합화"처럼, 무위적으로 먹이를 먹고 옷을 입는 것이 대우주의 필연적 존재 방식의 선물이라고 깨달을 것이다. 하느님이 새와 백합화에게도 그런 존재의 선물을 주셨는데, 하물며 지혜를 가진 인간에게 어찌 존재하는 데 필요한 경제와 도덕의 선물을 주지 않겠는가? 이것이 예수님의 가르침이다.

이는 이상주의적 공상이 아니다. 이상주의는 이성이 꾸미는 꿈이다. 이것은 그런 꿈이 아니다. 이것은 존재하는 필연법(하느님)의 사실이다. 자연은 필요한 것을 다 보시한다. 이것이 하느님의 사랑이기도 하다. 자연은 인간이 돈의 탐욕으로 환장하거나 정의의 분노로 흥분하지 않으면, 자리이타하는 본성을 준다. 이것이 또한 "하느님의 나라와 그 의"를 자연적으로 행하는 일이다. 존재론적 사유는 인간의 의식이 잘난 체하지 않으며 고요히 쉬면, 깊은 마음에서 본성本性과 신성神性이 다함께 공명하는 경제성과 도덕성을 가르쳐준다.

존재론적 사유는 인간도 공중의 새와 들에 핀 백합화처럼 그렇게 살도록 지혜를 닦는 일과 다르지 않다. 14세기 독일의 가톨릭 수도사인 에카르트Meister Eckhart는 예수는 그리스도의 길을 보여준 하나의 큰 활용이고, 인간 모두는 다 작은 그리스

도라고 언명했다. 인도의 고승 아슈바고샤가 석가모니는 용대
用大로 마음의 활용법을 크게 가르쳐준 화신불化身佛이라고 했
듯이, 예수 그리스도도 인간에게 그리스도가 되는 마음의 활용
법을 보여주려고 육화肉化했다는 것이 에카르트의 가르침이다.

"천지가 불인不仁하므로 만물을
추구芻狗(짚으로 만든 강아지)로 삼았다.
성인도 불인하므로 백성을 추구로 삼았다.
천지의 사이는 풀무와 같은가 보다. 비어도 다함이 없고,
움직이면 더욱 더 나온다. 그래서 인간도 비어 있지 않고,
말이 많으면 자주 궁해진다.
가운데의 비어 있음을 지키는 것보다 못하다."

노자老子의
『도딕경』에서

# 마음과 무의식의 중요성

이 책에서 인간을 이해하는 열쇠는 이성이 아니라 욕망이라고 여러 번 강조했다. 이성이라는 개념은 인간이 사회생활에서 지적인 분별력으로 생존을 추구하면서도, 도덕적 의지로 좋은 공동체를 이룩할 수 있게 하는 인간의 고유한 능력을 일컫는다. 인간이 인간에 거는 최고의 신뢰처가 이성이라는 것이다. 이성은 의식의 판단을 신뢰하고, 그것을 최고의 진리로 간주한다.

그러나 실제로 인간은 그런 존재가 아니다. 우리는 지금까지 인간을 이성을 지닌 의식의 존재라고 여겨 이성과 의식의 자각만 강조한 가치론과 당위적 도덕론을 그만 사용해야 한다. 모두 별로 효용도 없는 그럴싸한 명분만 가지고 헛농사를 짓는 셈이다. 불행히도 우리는 무의식이 정신이상자의 영역에 속한다는 무식한 발상에서 벗어나지 못하고 있다. 우리는 그것이 사회생활을 영위하는 인간들의 실질적 사고방식을 결정하는 요인임을 알지 못하고, 사회생활의 문제점을 의식의 이성적 판단에만 맡겨 해결하려고 애썼다. 그러나 인간은 이성적 존재가 아니라 욕망의 존재다. 의식의 이성은 욕망의 무의식을 지우지 못한다.

의식은 빙산처럼 1/6 정도만 바다 위에 나와 있고, 나머지 5/6 정도는 무의식으로 바다 속에 은닉되어 있다는 항간의 말이 옳다. 우리는 의식과 마음을 구별해야 한다. 의식은 자의식과 동의어이고, 이성적으로 판단할 수 있게 해주는 영역이다. 이성적 판단은 진리와 허위를 나누고, 선과 악을 확연히 분별하고, 경제적 이익과 손실을 계산하는 능력이다. 그래서 이성은 의식의 선명한 명증성과 분리되지 않는다. 그리고 무엇보다도 의식은 물질적 자연처럼 자기 자신을 자각하지 못하는 바보 같은 존재가 아니라, 자각을 통하여 새롭게 가치를 창출할 수 있는 자유의 진원지다.

그러나 마음은 그렇지 않다. 마음은 인간만의 것이 아니다. 17세기 네덜란드의 철학자 스피노자는 세상 만물의 존재 방식을 욕망(conatus)이라고 주장했다. 또한 불교와 노장 사상에서도 삼라만상의 존재 방식을 욕망이라고 읽었다. 욕망은 삼라만상이 필연적으로 서로 타자와 상관성을 맺고 있는 관계를 가리킨다. 불교에서는 마음을 욕망이라고 한다. '일체유심조 一切唯心造(모든 것은 마음이 지은 것)'의 화엄 사상은 삼라만상이 모두 마음의 욕망이라는 말과 같은 뜻이다. 그러므로 마음은 의식과 달리 자연을 대립적으로 보지 않고, 심물상응心物相應(마음과 물질이 서로 상응함)으로 생각한다.

　인간이든 자연이든 모두 욕망이고 마음이다. 단지 인간의 마음이 자연의 마음과 다른 점은 인간은 스스로가 욕망이라는 것을 안다는 점이다. 이것을 불교에서는 유식唯識(오직 알고 있음)이라 한다. 유식인 인간의 마음은 물론 의식과 오감五感이란 지각을 포함하지만 이것들은 표피적 마음이고, 마음의 핵심은 의식보다 훨씬 깊은 심층적 무의식에 거주하고 있다. 이 무의식의 마음에서 자연과 인간은 상응한다.

　자연의 욕망은 두 가지 속성을 지니고 있다. 본능의 소유적 욕망과 자연성(본성=불성=신성)의 존재론적 욕망이 그것이다. 전자는 먹이사슬의 연쇄적 관계를 말한다. 후자는 삼라만상이 모두 타자로부터 존재하기에 자기에게 필요한 것을 받고, 자신도 타자가 존재하는 데 필요한 것을 주는 그런 거래 관계를 말한다.

　자연성은 심지어 죽음마저도 타자에게 증여하는 것으로 여기는 만큼, 인간 때문에 사고사한 경우를 빼면 자연사한 주검이 자연 속에 여기저기 널려 있지 않도록 한다. 이러한 자연의 마음이 인간에게 전이된 것을 우리는 무의식이라 부른다. 그러므로 무의식은 자연의 욕망을 인간에게 옮겨 놓은 것이다. 그래서 인간의 무의식에도 본능적 욕망과 본성적(자연성적=불성적=신성적) 욕망이 깃들어 있다.

인간의 무의식이 곧 자연의 욕망이긴 하지만, 하나의 큰 차이점이 있다. 인간은 언어를 사용하는 존재다. 인간의 언어활동은 곧 인간의 사회생활을 말한다. 이렇게 자연의 본능은 인간에게서 지능으로 전이되고, 지능 때문에 인간의 사회생활은 언어활동으로 표현된다. 자연적 본능은 직접 먹이를 사냥하여 생존을 유지하지만, 사회적 지능은 간접적인 우회의 길(지식, 권력, 돈, 명예)을 소유하여 타인에게 사회적으로 인정받으려는 욕망을 추구한다. 인간은 사회생활에서 직접 타인을 먹이로 사냥할 수 없으므로, 간접적으로 타인에게 인정받기 위해 그들이 열심히 추구하는 욕망을 쟁취하려고 애쓴다. 지능의 소유욕은 사회적으로 사람들이 언어생활을 통하여 욕망하는 소유욕의 밀도에 비례하여 일어난다.

지능의 소유욕은 유아기부터 부모와 타인에게서 배운 언어활동의 막에 의하여 형성된다. 유아기의 인간은 타인에게 언어활동을 배우므로 그 언어활동에는 타인들의 욕망이 녹아 있다. 인간의 소유욕은 타인들이 심어 준 것인데, 그것이 자기 것으로 탈바꿈한다. 그래서 유아기의 무의식은 타인들의 언어활동이 형성한 나무나 물결 같은 결과인 셈이다.

이것이 20세기 프랑스의 프로이트 계열의 정신분석학자이자 구조주의 학자인 라캉이 말한 '언어활동의 벽'을 형성한다. 따라서 내가 언어활동을 통하여 자아라는 주체를 형성한 이후에 일어난 타인의 말은 나의 무의식에 새겨진 '언어활동의 벽'을 거의 뚫지 못한다. 내가 자아라고 부르는 주체는 사실상 타인들이 만들어 놓은 소유욕의 무의식적 함정이다. 나는 언어활동에 가입함으로써 사회생활의 경쟁에서 무의식적으로 그 소유욕의 덫에 걸린다. 그래서 사회생활에서 나는 자존심 덩어리가 되어, 20세기 러시아의 언어학자 트루베츠코이Nikolai Serg-eevich Trubetskoi가 말한 것처럼 '언어의 체'를 이루는 자존심이 싫어하는 말은 그 체에 걸려 나의 무의식의 욕망에 들어오지 못한다. 인간의 소유욕적 자존심의 무의식은 듣고 싶은 것만 듣는다.

그런 점에서 20세기 독일 프랑크푸르트학파의 하버마스가 말하는 것과 같은 이상적 대화의 통로는, 이성적 의사소통을 불가능하게 하는 무의식적 자존심의 벽이나 무의식적 언어의 체를 도외시하는 의식의 이상주의적 명분에 그칠 뿐이다. 한국 사회에 만연한 상생의 정치론도 주자학적 명분주의의 잔재이자, 한국 문화의 무의식적 소유욕의 업장이 형성한 결을 전혀 고려하지 않는 소박한 감상주의의 산물이다.

왜 한국에서는 자식에게 기업과 권력을 세습하려는 무의식이 그렇게 강렬한가? 왜 한국인은 대개 어떤 일을 미리 대비하는 지능적 생각이 부족하고, 문제에 부딪치면 감정적 흥분으로 들끓는가? 왜 한국인은 상업적 계산 전략에서 일본이나 중국에 비하여 일반적으로 뒤떨어지는가? 왜 한국인은 국가를 믿지 못하고 스스로 생존 전략을 강구하기 위하여 일생을 허비하는가? 왜 대부분의 한국인은 속물주의적 과시욕이 강하고, 일단 성공하면 전문인으로 계속 노력하지 않으며 타이틀만 들고 사회적 저명인사 행세하기에 바쁜가?

사회적 소유의 무의식은 불교에서 말하는 업감연기설業感緣起說과 비슷해 보인다. 각자가 지니고 있는 무의식의 소유욕은 한국인의 마음이 사회적·역사적 공동업이란 상자에 갇힌 것과 다르지 않다. 한국인의 공동업의 테두리는 한국인의 공통적 언어활동과 밀접한 연관이 있다. 한국인의 맵고 자극적인 언어 활용과 난무하는 욕설(영화에 흉측한 욕설이 너무 심하다), 알팍한 선악 심리와 흑백 심리에 따라 세상을 까마귀와 백로로 이등분하는 것, 남북한 모두 종교적·정치적 열광 심리로 미친 듯이 도취하는 전투 심리 등은 모두 한국인의 무의식적 공통업감과 무관하지 않다.

이런 무의식적 업의 속박은 이상적 의식의 도덕이나 이성의 명증성과 의식의 자유를 구가하는 행동 철학으로는 치유할 수 없다. 자존심과 언어활동의 벽, 대화할 때 자기 말만 하고 상대방의 말은 듣지 않는 것 등은 본능을 대신한 지능의 사회생활에서 지능이 타인들을 이기기 위한 욕망을 나타낸 결과다.

20세기 스위스의 심리학자 융Carl Gustav Jung은 이런 소유욕의 아상我相을 벗어나는 길을 제시했다. 그는 무의식의 마음에 본능의 욕망 말고 본성의 욕망도 있음을 밝혔다. 이 본성의 욕망은 우리가 앞에서 본 자연성의 욕망과 같다. 이 길은 불교의 불성 밝히기와 거의 똑같다. 본능(지능)의 소유욕은 사회생활의 언어활동을 통하여 자존심의 덩어리를 지키는 데에만 신경 쓴다. 하지만 융이 말한 본성의 무의식적 마음은 완전성(perfection)이 아니라 온전성(integrity)을 유지하려는 욕망을 가리킨다. 완전성은 최고를 향하여 쌓아 나가는 의미를 지니지만, 온전성은 최적의 균형을 유지하려는 마음의 무의식적 자세를 말한다. 융은 그러한 자세를 '대립자의 무의식적 흐름(enantiodromy)'이라고 불렀다. 우리는 이러한 융의 사유와 비슷한 노자의 사상을 이미 앞에서 언급했다.

'대립자의 무의식적 흐름'은 세상만사를 자연에서처럼 '선善/비선非善' '약藥/비약非藥' '진리/비진리'라고 서로 상관적 차이로서 읽는 방법을 말한다. 예컨대 선과 악은 서로 이원론적인 적대 의식으로 세상을 보는 것을 말한다. 그래서 선은 악을 전멸시키고 완전히 지배하려 한다. 그러나 선과 비선은 그런 적대 의식의 관계가 아니고, 비선은 선의 다른 면이고 선도 비선의 다른 얼굴로 비친다. 이것은 투쟁적 이원성을 더 완화된 이중성으로 읽어서 극단적 열광 의식과 배타적 자의식을 지우는 길이다.

원효도 그러한 사유를 개진했다. 그는 '유/무'를 더 화쟁적으로 읽기 위하여 '유/비유(무)' '무/비무(유)'라는 이중성으로 보도록 종용했다. 무의식의 마음이 이런 이중성으로 짜여 있다고 여기는 본성의 사유는, 자기의 정당성을 내세우기 위하여 박멸해야 할 적을 만드는 지능적 소유욕을 잠재울 수 있다.

본능의 소유욕을 지우기 위하여 의식과 이성을 거창하게 장식하지 말고, 마음의 무의식적 본성을 조용히 살리는 지혜를 익혀야 한다. 우리는 무의식의 공동 업장을 도외시하고 너무 공허한 이상론만 주장한다. 속물주의처럼 이것도 한국병 가운데 하나일 것이다.

# '나'의 말과 '그것'의 말

이 글은 바로 앞글의 생각을 좀 더 연장해서 우리가 쓰는 말과 연관시켜 보려고 한다. 인간의 의식은 자의식과 같은 개념이다. 자의식은 사회생활에서 남들과 자기를 분별하는 심리와 같다. 사회생활에서 모든 이는 자기를 우선으로 생각하며 살아간다. 이것이 인간의 이기심이다. 이 이기심은 생물학적으로는 동물의 살려는 맹목적 생존 의지의 본능과 통한다.

그런데 동물의 본능은 생물학적 생존 의지의 유지로 끝나지만, 인간의 자연적 본능은 생물학적 생존 의지에서 사회학적 생존욕으로 이행되면서 지능이 본능을 대신한다. 그러므로 인간의 이기심은 사회적 이기심이고, 이것은 생물학적 본능의 생존 의지가 사회생활에서 언어활동을 하는 주체인 자의식으로 변용된다.

맹목적으로 살려는 생물학적 본능이 인간에게서는 사회학

적 지능으로 자리바꿈했다는 것은 사회적인 지배자의 자리를 차지하려는 소유욕과 같다. 헤겔과 마르크스는 이것을 '주인과 노예의 변증법'이라고 읽었다.

사회생활은 곧 언어생활이다. 이 언어생활은 사회생활에서 각자가 자기의 지배욕을 남들에게 인정받으려는 소유욕의 표현이다. 인간의 생존욕은 사회적 지배욕과 같은 뜻이다. 인간은 인정받기 위하여 지식을 쌓고, 출세하고, 부자가 되려고 안간힘을 쓴다. 인간의 지배욕은 언어생활에 가입할 수밖에 없는 유아기부터 시작한다. 인간은 타인들에게 말을 배운다. 자신의 지배욕은 타인들에게 익힌 지배욕의 반영이다. 이것을 정신분석가인 구조주의자 라캉은 '거울의 단계'라고 불렀다.

라캉에 의하면 생후 6~18개월의 아기는 아직 자의식도 없고 자존심도 형성되기 이전이다. 그때 아기는 거울에 비친 자기 모습이 타자의 영상이라고 착각한다. 그러다가 시간이 지나면 그 모습이 곧 자기 자신이라는 것을 깨닫는다. 이 말은 인간이 사회생활하면서 원초적으로 자기의 욕망을 타자에 의해 형성하게 된다는 것이다. 라캉이 말한 '거울의 단계'는 사회적 타자의 말이 자기의 말이 되는 무의식의 형성 단계를 상징한다.

그와 함께 타자의 말속에 잠재된 소유욕이 자기의 소유욕으로 탈바꿈한다. 나의 욕망은 사실상 내가 태어나기 이전에 이미 형성되어 온 사회적 욕망의 언어적 굴레를 벗어날 길이 없다. 왜냐하면 나는 이미 나를 둘러싼 타자들에게 말을 배우며 무의식적으로 그들의 소유욕에 전염되기 때문이다. 나는 무의식적으로 타인들을 닮으면서 그들을 소유의 경쟁자로 간주한다.

고대 그리스의 오이디푸스 신화에서 아들 오이디푸스가 그의 친아버지와 싸워 그를 죽인 행위는 인간의 사회적 무의식의 이중성을 반영한 것이다. 오이디푸스는 아버지와 너무 닮은 동시에 그의 적수이기도 했다. 인간은 남과 닮지 않기 위해 자기만의 것을 소유하려 한다. 그래서 패션도 독특한 것을 찾는다. 그러나 결국 모든 패션은 유행을 통해 똑같아진다. 인간은 자기 것을 찾으면서 결국 모두 타자의 것을 모방하기 때문이다. 이것이 유행의 장난이다.


타자가 나의 소유욕을 주었다면, 왜 인간은 '나'라는 자존심에 그렇게 목숨을 거는가? 그것은 의식이 나와 남을 확실하게 나누기 때문이다. 의식이 말을 하면서 나의 것과 남의 것을 구분하고 내 것을 최우선으로 여기는 것은, 사회생활의 대결에서 자란 나의 자존심에 굴종과 상처를 입히는 것이 싫기 때문이다.

나의 의식은 무의식적으로 생긴 사회적 지배욕을 자기 것으로 만들려 한다. 이는 남들에게 부러움과 선망을 얻기 위함이다. 나만 이기적인 것이 아니다. 모두다 이기적이다. 그러므로 이기심은 사회학적 공동 욕망이고, 이 욕망은 내가 태어나기 이전부터 있던 공통 무의식과 다르지 않다. 결국 이기심은 모두가 다 소유하고 있는 것이고, 자의식은 각자의 언어활동에서 생긴 '나'라는 대명사의 자존심을 남들에게 으스대고 싶어 하는 이기심의 산물이다.

사실 자의식은 일반적인 무의식적 이기심의 반영에 지나지 않기에, "내가 생각한다"는 의식의 말은 실제로는 "사회적 무의식이 다 생각한다"는 것을 자기화한 것일 뿐이다. 그러므로 한 언어권에서 일반적으로 사회적 무의식의 소유욕이 강렬할수록 개인인 나도 강렬하게 그것을 소유하기를 바란다. 그런 점에서 소유욕은 객관적 대상을 좇는 것이 아니라, 다수의 욕망을 욕망하는 것과 같다. 이것은 사람들이 저마다 자기만의 것을 찾지만, 결국에는 모두 유행의 무의식적 속성에 함께 섞이고 마는 것과 비슷하다.

자의식은 소유적 무의식의 한 표피적 현상에 지나지 않는다. 라캉은 소유적 공통 무의식의 말을 "그것이 말한다(It speaks)"라고 표현했다. 의식의 말인 "나는 말한다(I speak)"는 사실 무의식의 말인 "그것이 말한다"의 한 껍데기에 지나지 않는다. '그것'은 자아 이전에 이미 사회언어적으로 형성되어 있는 공동 업장과 비슷하다.

미국에 귀화한 20세기 러시아의 언어학자 야콥슨Roman Jakobson은 그의 저서 『일반언어학시론 I』에서 인간이 말을 배울 때 가장 늦게 배우는 것이 1인칭 대명사, 지시사, 전치사들이고, 언어를 잊어버릴 때 가장 먼저 잊어버리는 것도 그것이라고 밝힌 바 있다. 곧 저 품사들의 내용은 무의식에 깊이 소유하지 못하기 때문이다. 그렇다면 '나(I)'라는 대명사는 자연의 생물학적 본능(It)이 사회화한 사회적 욕망의 무의식인 '그것(It)'이란 기반에서 자란 어떤 가상假像에 지나지 않는 셈이다. 그런 점에서 '나'라는 자의식은 거품과 같은 환상이고, 실상은 '그것'이라는 무의식의 말이다.

이를 통해 라캉의 생각이 설득력을 얻는다. 일상생활에서 '내'가 말하는 것 같지만, 사실 나의 말은 사회적 소유욕의 무의식인 '그것'이 나의 자존심을 빌어 말하는 꼴이다. 내가 패션에서 나의 개성을 추구하려고 하지만, 결국 나도 모르는 사이에 그 시대의 유행인 '그것'의 구조 아래 춤을 추는 것과 같다. 이것이 불교의 업감연기설과 비슷하다는 것이다.

또 다른 무의식의 말이 있다. 이것은 본성의 말이다. 이 본성의 말을 하이데거는 '그것(It)'의 말이라고 불렀다. 그가 말한 '그것'의 말은 라캉이 말한 '그것'의 말과는 다르다. 왜냐하면 전자는 존재의 말이지만, 후자는 소유의 말이기 때문이다. 그러나 둘 다 자의식의 말을 중시하지 않는 점은 비슷하다. 17세기 프랑스의 데카르트가 말한 "내가 생각한다(cogito)"는 철학은 나는 의식의 주체로서 진리를 소유해야 확실할 수 있다는 주장을 함축한다. 진리의 소유주로서 내가 명증하게 말한다.

이것이 합리적 진리 의식이고, 소유 의식이다. 그러나 하이데거에 의하면 저런 자의식의 철학은 자의식 중심주의가 되어, 절대로 우주와 세상을 존재하는 그대로 이해할 수 없다. 하이데거는 소책자인 『휴머니즘에 관한 편지』에서 '존재는 그것 자체(Being is It itself)'라고 표명했다. 이것은 수수께끼 같은 말장난이 아니다.

하이데거는 해체철학의 선구자로서 모든 종류의 중심주의를 싫어했다. 재래의 서양철학은 고중세의 신중심주의에서 근현대의 인간중심주의로 그 중심을 옮긴 것이다. 생각의 중심이 이동한 것은 사실이지만, 생각의 질이 달라진 것은 아니다. 어떤 중심주의라도 신이나 인간이 우주의 모든 진리를 소유하는 주체라는 생각에는 전혀 변동이 없다. 말하자면 인격적 중심주의는 소유론의 진리를 반영하는 셈이다.

해체철학은 소유론을 해체하여 세상을 원초적으로 존재하는 그대로 놓아두는 사상을 말한다. 세상의 필연성인 '그것'에 따라 세상을 편안하게 놓아두는 사상이 '나 중심'과 '우리 중심'이 될 수 없다. 그 사상은 중심을 모르는 '그것'의 사유라고 할 수밖에 없다. 세상의 필연성인 '그것'은 삼라만상에 다 적용된다. 신과 인간을 비롯한 삼라만상에 다 공통적으로 적용되는 '그것'은 무엇일까? 하이데거는 『휴머니즘에 관한 편지』에서 '그것'은 인간의 의식이 소유하거나 장악할 수 있는 개별적 존재자들(beings)이 아니고, 자연성의 절대무絶對無인 원기元

氣(potency)의 욕망과 같다고 설파했다. 그 절대무의 욕망은 타자를 소유하지 않고, 타자가 존재하도록 힘을 증여하는 원력과 같다. 절대무는 인격적 중심이 없기 때문이다. 절대무는 허무가 아니라 오히려 무진장한 기氣의 저장고를 뜻한다. 하이데거는 존재를 '그것'이 자신의 기를 증여하는 것(It gives)이라고 보았다.

이런 절대무의 사상이 14세기 가톨릭교회의 수사였던 독일의 에카르트에게 나타났다. "신은 무엇이며 누구인가? 나는 대답한다. 신은 그것(Isness)이다." "신은 무(nothingness)다. 신은 우리가 표현할 수 있는 이런 것이나 저런 것이 아니다. (중략) 신은 존재하지 않는 존재(a beingless being)다." 재래의 전통 신학에서 말하는 신 중심 사상이 인간 중심의 소유적 진리의지를 무의식적으로 절대화하기 위한 작업이라면, 에카르트는 선구적으로 그런 소유론적 신학 사상을 해체하려는 존재론적 신학 사상을 펼쳤다고 할 수 있다.

절대자인 신이 소유한 진리의지는 반드시 다른 절대자가 생각하는 진리의지와 충돌을 일으킨다. 각 절대자의 진리의지는 인간들이 생각한 자의식의 진리의지를 무의식적으로 절대화한 것과 다르지 않다. 예나 지금이나 저마다의 절대자를 숭배하는 다른 종교들 사이의 전쟁이 성전이란 이름으로 역사를 장식하고 있다. 절대자의 신격화를 해체하는 길은 신을 '그것'

‘무’ ‘존재하지 않는 존재’ 로 사유하는 절대무의 신학이다. 이
것을 에카르트는 신성이라고 읽었다. 인간이 무의 본성을 닮으
려고 하면, 무의식의 본성인 무의 ‘그것’ 에서 그리스도를 볼
것이다. 신을 바깥에 있는 전지전능한 절대자로 보지 말고, 마
음의 본성 안에서 그리스도가 자라게 하는 것이 미래 신학의
길이다.

# 무無

동양의 불교와 노장 사상에서는 무를 매우 귀하게 여겼지만, 전통 서양 사상의 주류에서는 정반대로 별로 달갑지 않게 여겼다. 서양의 전통 사상에서는 무를 제조적·기술적 사고의 출발점으로만 인정하는 경향이 있었다. 즉 지식과 기술을 쌓아서 물건을 제조할 때 임의로 가정한 제로zero라는 출발점을 상정한다. 이것이 서양철학이 무를 이해하는 기본적 태도였다.

실제로 20세기 프랑스의 대표적 철학자로서 제조적·기술적 사고를 싫어한 베르그송마저 그런 생각을 견지했다. 무는 지식과 기술의 축적이 없는 결핍 상태와 같다. 서양의 전통 신학은 정신주의적이라서 기술적 제조의 사고를 멀리하는 것 같지만, 사실은 신의 창조론도 인간의 제조적 생산론과 질적으로 다를 바가 없다. 신이 무에서 이 세상을 창조했다는 말이 바로 인간이 무에서 제조적 기술을 쌓는다는 말과 비슷하기 때문이다. 하이데거가 서양 신학은 서양 기술제조 철학의 모태에 해당한다고 지적한 것은 탁월한 통찰력이다.

'아는 것이 힘'이라고 말한 16세기 영국의 철학자 베이컨의 말은 당당하게 공개적으로 기술 철학을 세상에 선포한 사건이다. 기술적 무지와 경제적 빈곤에서 탈피하는 것이 경제 기술주의의 목표다. 그런데 그 당당한 목표는 몇 가지 철학적 문제점을 안고 있다. 인간과 인간의 자아가 이 세상의 중심이고 만물의 척도라는 점이 그것이다. 그에 따르면 자연과 세상의 모든 것은 인간을 위해서 존재해야 하고, 극단적으로 자아를 위해서 존재해야만 가치 있다는 인간중심주의를 정당화하는 결과를 빚는다.

인간중심주의와 이기주의는 종이 한 장 차이밖에 안 된다. 비록 서양철학이 인간을 이기적인 심리에서 보기보다 논리적·보편적 인간관에서 선양하려고 애썼지만, 보편적 자아는 심리적 자아의 이기심을 살짝 가리는 빛 좋은 개살구에 지나지 않는다. 스위스의 심리학자 융은 이를 잘 꿰뚫어 보았다.

서양 사상은 경제적·제조적 사고가 필연적으로 낳을 수밖에 없는 이기심의 소유욕을 제지하기 위하여, 또 다른 차원의 도덕적·제조적 사고를 구성하기 시작했다. 이것이 이른바 사회주의적 마르크시즘 운동이다. 이 운동은 사회도덕적 인간중심주의의 이념으로 이기주의를 척결하려는 사회적 제조론과 다르지 않다. 이는 무를 철저히 배제한 사상으로서, 무를 세상의 실천적 혁명 의지를 둔화시키는 허무한 도피주의라고 취급했다.

이처럼 서양 사상은 자본주의든 사회주의든 모두 무를 이해하지 못했고, 또 오해했다. 그동안 서양의 전통 철학은 경제적이든 도덕적이든 제조적 기술의 철학을 일구었다. 제조적 기술(경제적·도덕적)의 철학은 결국 인간의 의식이 진리를 제조해야 한다고 주장하는 한 소유론의 철학이라고 할 수 있다.

서양의 전통 철학 사상의 적자인 자본주의는 경제 기술적 풍요와 편리를 가져왔지만, 탐욕이란 병도 낳았다. 사회주의가 그에 도전했으나 실패하고 말았다. 사회주의가 실패한 것은 인간의 자연적 성향에 맞지 않은 당위의 법을 강요했기 때문이다. 자연의 모든 성향은 이익을 좋아한다. 자연의 존재 방식은 좋은 것을 찾지, 옳은 것을 추구하지 않는다. 그래서 우리는 앞에서 자연의 존재 방식을 욕망이라고 불렀다.

인간도 무의식적으로 자연이므로 자연적 성향을 거슬리는 것을 수용하지 않는다. 그래서 인간은 사회주의의 도덕 제조론을 자연스럽게 수용하지 못한다. 왜냐하면 거기에는 이익의 선이 없기 때문이다. 사회주의는 옳음의 선만 주장했지 좋음의 선을 보여주지 못했다. 이익은 옳음이 아니라 좋음의 편에 서 있다. 그래서 자본주의가 사회주의보다 더 자연스럽다고 할 수 있다.

그러나 자본주의의 경제 제조론은 소유론적 탐욕이란 병을 낳는다. 앞에서 여러 번에 걸쳐 자연스런 인간의 무의식에는 본능이 좋아하는 소유론적 이익과 본성이 좋아하는 존재론적 이익이 있다고 거론했다. 소유론적 이익은 이기배타적이고, 존재론적 이익은 자리이타적이다. 우리는 존재론적 이익을 통하여 경제와 도덕을 모두 생기롭게 하는 제3의 길을 찾아야 한다. 그러기 위해서는 본성(자연성=불성=신성)의 무의식을 되살려야 한다고 앞에서 여러 번 강조했다. 마음이 무를 익혀서 무의 마음을 활용하는 것이 제3의 길이다.

여기서 미국의 동물인류학자인 홀Edward Hall이 자신의 저서 『숨겨진 차원』에서 언급한 내용은 매우 긴요한 자료가 된다. 무라는 빈 공간 없이 빽빽하게 집단생활을 하는 동물들은 비정상적인 변태적 성행위를 자행하고, 서로 싸우면서 약한 자들을 왕따시키며, 약한 자들은 자살하거나 밤에 몰래 도망가는 이상한 짓을 한다고 한다. 처음에는 죽은 동물들이 먹을거리가 부족해서 그런 줄 알았는데, 나중에 해부해 보니 영양 상태가 아주 좋았다고 한다. 무라는 빈 공간이 부족하면 동물들도 심리적 이상 행위를 자행하고, 집단생활도 붕괴할 조짐을 보인다는 보고서다.

이렇듯 무는 아무 것도 하지 않는 것이 아니라, 동물들이 심리적 평정을 유지해 여유를 누리게 하는 보이지 않는 구조의 역할을 하는 셈이다. 노자가 말한 것처럼 무는 무위이무불위無

爲而無不爲(인위적인 작동은 없으나 자연적 작용은 있음)의 역할을 하는
셈이다. 인간의 사회생활도 동물의 집단 생활처럼 여유를 느끼
게 하는 무라는 빈 공간이 꼭 있어야 한다. 사회생활이 너무 촘
촘해서 서로 부딪칠 것 같은 분위기가 되면, 인간들의 마음은
공격적으로 바뀌고 강한 소유욕이 생겨 남을 제거하거나 지배
하려는 탐욕의 도가니로 변한다.

더구나 우리나라처럼 인구밀도가 조밀한 나라인 경우 무
의 생활공간은 더욱 필수적이다. 생활 속에서 비어 있음을 찾
기 어려운 분위기에서 생활 세계에 여백의 공간을 창조하는 일
은, 우리의 마음을 공격적 소유의 탐욕에서 존재론적인 이타적
사유가 배어들도록 하는 데 중요한 몫을 한다.

기술 철학이 소유론으로 미끄러지지 않게끔 방지하기 위
해, 무의 공간적 활용 못지않게 마음의 무를 익히고 닦는 정신
교육도 매우 중요하다. 나는 공공 교육에서 당위적 의무만 강
조하는 도덕교육의 폐단을 지적하지 않을 수 없다. 마음을 고
요히 진정시키는 참선과 명상을 무를 닦는 마음의 교육으로 생
활화해야 한다. 우리는 무의 비어 있음이 주는 고요와 평정과
너그러움을 마음에 새겨야 한다.


지금과 같은 기술과 자본의 시대에 어떻게 반反기술과 반
反자본의 시대로 거슬러 올라갈 수 있겠는가? 그런 철학은 또
하나의 공상적 이상주의일 뿐이다. 그 대신 경제 기술의 이익

을 존중하되 사람들의 마음이 소유적 탐욕에 빠지지 않으며, 남들에게 존재론적 이익을 주는 것을 즐거워하는 정신문화를 가꾸어야 한다. 그렇게만 하면 경제적 행위와 도덕적 행위가 서로 다르지 않을 것이다.

또 재래의 제조적 경제 기술처럼 자연에 주리를 틀어 어떤 정보를 강탈하는 행위를 멈춰야 한다. 7세기 신라의 의상 대사는 『화엄법계도』에서 자연의 허공이 뭇 중생들을 이롭게 하는 생명의 비를 저장하여 보시하면, 중생들이 저마다 자신의 근기에 따라 자량資糧을 얻는다고 했다. 바로 그러한 '일반 경제(general economy)'를 실현하기 위한 마음의 혁명이 필요하다.

일반 경제는 20세기 프랑스의 해체철학자 바타이유Georges Bataille가 남긴 사상이다. 그것은 제한된 몇 사람만의 이기심을 채우는 재래의 '제한 경제(restricted economy)' 대신, 아낌없이 주는 태양의 기氣가 모든 생명을 살리듯이 그런 마음으로 세상을 넉넉하게 가꾸자는 경제 기술 사상의 대전환을 가리킨다. 일반 경제는 당위의 도덕적 명령이 아니라, 본성이 좋아서 하는 자발적 기호다. 남의 것을 장악하는 이기적 이익에서 스스로 자기가 꽃피운 열매를 남들에게 즐겁게 주는 자리적 이익으로 방향을 전환하는 마음의 혁명 말고 또 무슨 희망이 있겠는가?

마음의 혁명은 기업가가 곧 자선가가 되는 길이다. 한 사회가 기업가 덕택에 가난의 고통에서 벗어나 모두 부자가 되고, 여유도 생겨 정신문화가 상승하고 가난한 나라도 도와준다. 그래서 세계가 우리를 존경하는 눈으로 바라보며 우리의 높은 품격과 함께 우리 상품을 선호하게 된다. 그렇다면 결국 부자가 되는 길은 탐욕이 아니라 보시에서 시작한다는 뜻이 아닌가? 기업가가 자선가가 되는 길은 오직 마음의 활용에 달렸다.

불가에서는 돈을 관세음보살로 보기도 하고, 마군魔軍으로 보기도 한다. 마음의 활용에 따라 그렇게 갈라진다는 것이다. 기업가는 선천적으로 돈 버는 재주를 타고나 그 길을 가는 사람이다. 돈을 모았다는 것은 자리의 열매다. 그 열매를 이타적으로 쓰면 그것이 자선가의 길 아닌가?

본능의 탐욕을 본성의 원력으로 바꾸면 그렇게 된다. 그러기 위해서는 마음이 무를 닮아야 한다. 아무 것도 없는 빈 허공은 모든 것들을 소유하지 않고 그대로 포괄하면서 존재케 하는 역할을 한다. 이것이 자연의 필연법이다. 이 법을 어기면 재앙을 받는다. 이를 흔히 천벌이라 부른다. 그래서 중국의 3대 조사인 승찬僧璨 대사는 『신심명』에서 "유有가 곧 무無요, 무가 곧 유"라고 했다. 유는 나의 소유가 아니라 인색하지 않은 무의 것이고, 무한히 관대한 무는 유를 통해 보이지 않는 자신을 보도록 암시한다. 그러나 무는 유가 자신의 것이라고 소유권을 주장하지는 않는다.

우리는 모두 빈손으로 왔다가 빈손으로 돌아간다. 무에서 와서 무로 되돌아간다. 유는 무가 잠시 자신을 만물의 형상으로 위탁한 것이다. 부자들이 돈을 자기 것이라고 착각하지 않고, 무가 '일반 경제'를 시행하도록 빌려준 것이라고 여기는 데서 마음을 혁명할 수 있다. 그러나 그 혁명은 강제적 당위가 아니라, 마음의 본성이 원하는 자발적 기호여야 한다. 마음이 가난한 기업은 만인의 도움을 받는다.

# 열광 의식과 대중 시대의 위험성

나는 20대에 20세기 프랑스의 가톨릭 실존주의 철학자 가브리엘 마르셀의 사상에 매료되었다. 지금도 그의 사상이 나의 철학적 사색의 한복판에 깊이 새겨져 있다. 그는 나에게 '열광 의식(fanaticism)'과 '추상의 정신(spirit of abstraction)'을 멀리해야 한다는 것을 가르쳤다. 열광 의식과 추상의 정신은 집단이 쉽게 형성되는 정치적·종교적 활동에서 잘 나타난다.

열광 의식은 정치적·종교적 의식으로 뭉친 집단이 자기 집단 세력의 지배를 강화하기 위하여, 증오의 적을 클로즈업시키는 단 하나의 추상적 목적 말고 다른 것은 전혀 고려하지 않는 피 끓는 격정적 광기를 말한다. 추상의 정신은 격정적 광기로 상대방을 추상적이고 적대적인 구호로 몰아붙이는 사고방식을 말한다. 이런 열광 의식은 청소년이 어떤 연예인을 좋아하여 열광하고 환호하는 의식과는 좀 다르다. 후자의 경우에는 미워해야 할 적이 없기 때문이다. 그것은 정치적·종교적 열광 의식만큼 독기는 없지만, 좋아하는 연예인을 열광적으로 우상화하는 순간 이른바 팬들은 그 우상에 넋을 빼앗긴다. 그와 함께 팬들은 자기의 본성을 잃고, 환영과 같은 허깨비가 그들의 주인으로 들어선다. 이것은 현대의 거대 상업주의 문화가 가장 선호하는 '흉내 내기(simulacrum)' 모습이다.

정치적·종교적 열광 의식과 추상의 정신의 배후에는 반드시 어떤 권력의지와 진리의지의 음모가 숨어 있다. 권력의지는 단순해서 대중을 쉽게 격발시키기 어렵다. 그래서 열광 의식은 늘 진리의지를 앞세워서 권력의지가 진리를 위한 성스러운 투쟁에 불가피한 현상임을 믿게 한다. 그러나 그 진리의지는 아주 단순 소박한 구호에 지나지 않는다. 대중은 복잡한 이론이나 철학을 싫어한다. 대중은 깊이 사유하기를 바라지 않는다. 대중은 간단하고 소박한 OX만 바랄 뿐이다. 대중의 열광 의식은 피 끓는 추상적 격정의 구호에 집착하기에 쉽게 군중심리의 최면에 걸린다. 그것에 걸리면 적은 구체적 얼굴을 지니지 않고, 다만 정답과 오답을 지닌 추상일 뿐이다. 적을 제거하는 것은 오답을 지우는 것이지, 구체적 인간의 얼굴을 한 사람을 죽이는 것이 아니다. 그래서 추상의 정신은 죄의식 없이 그토록 피 끓는 격정의 선동을 할 수 있다.

다음은 마르셀이 그의 저서 『인간적인 것을 거역하는 인간들』에서 밝힌 '열광 의식'과 '추상의 정신'을 간추려 정리한 내용이다.

하나, 열광 분자들은 결코 스스로 열광 분자임을 인정하지 않는다. 그들은 자기들이 믿는 정의 때문에 억압받고 중상모략을 당하고 있다고 강변한다.

둘, 열광 분자들은 대개 종교적 성격을 드러낸다. 그래서 열광적 정치의식은 바로 세속적·종교적 색채를 띠고 활동한다. 정치적 열광 분자는 종교적 맹신자와 다르지 않다.

셋, 개인적인 열광 분자는 무의미하다. 열광 분자는 세력을 형성하기 위하여 서로서로 뭉치려 한다. 그래서 열광적 군중이 된다. 군중 수가 많을수록 개인들은 익명으로 그 안에서 증발하고, 오직 익명의 대중이 집단 세력이 되어 사회를 지배한다.

이는 20세기 스페인의 철학자 오르테가 이 가세트ortega y Gasset가 『대중의 반역』에서 밝힌 바와 같이, 가장 강력한 사회의 지배자가 된 대중은 똑똑하면서도 바보 같다. 현대의 대중은 과거의 대중과 달리 많은 정보를 가졌으니 똑똑하고, 그 많은 정보가 대중의 익명 속에서 목소리를 감추고 그들을 쥐어흔드는 하나의 목소리에 감추어져 남을 따라 말하고 행동하니 바보스럽다는 것이다. 또 그는 그런 대중이 스스로 자신이 가장 옳다고 여겨 더 고급스런 말은 전혀 듣지 않는 자만심의 덩어리와 같다고 보았다.

넷, 열광 분자는 대중이 한가롭게 생각하고 사색할 시간을 주지 않는다. 이미 한가롭게 생각하고 사색하는 사람은 대중이 될 수 없다. 마음의 여유는 열광 분자가 되는 것을 방해한다. 열광 분자는 늘 대중을 흥분시키거나 그럴 구실을 찾는다. 흥분한 마음은 쉽게 열광적 추상의 정신에 잡아먹힌다.

다섯, 열광 분자는 인간의 의식을 가급적 단순하게 만든다. 인간의 감정을 단순한 흑백논리로 무장시키기 위하여 세상을 가급적 소박한 OX식 이분법으로 분류한다. 자기들의 선을 선양하기 위하여 자기들의 불행이 저 악한 무리 때문이라고 공격한다. 감추어진 원한의 감정을 찾아 거기에 불을 지른다.

마르셀은 말한다. 만약 어떤 이가 철학이나 그 비슷한 사상의 이름으로 대중을 흥분시키고 현실을 단순히 선악의 감상주의로 양분하여 색칠하면서 엉큼한 권력의지를 선전적인 진리의지 속에 감추고 있다면, 그는 철학자이기를 포기한 이데올로기의 제조자 말고 아무 것도 아니다. 플라톤이 이미 2400여 년 전에 아첨과 철학은 함께 갈 수 없다고 말했다. 정치권력에 빌붙어 개인의 사리를 추구하는 것만이 아부가 아니다. 대중의 권력에 장단을 맞춰 인기를 노리는 것도 아부다.

마르셀은 오르테가 이 가세트가 현대 대중의 권력화를 비판적으로 보는 데에 동조한다. 두 철학자는 현대의 대중은 진부하고 단순 소박한 자기들의 주장을 너무 당돌하게 주장하는 안하무인의 태도와 고집불통의 자만심을 갖고 있다고 주장한다. 거기다가 현대 철학의 거인 독일의 하이데거도 그의 저서 『존재와 시간』에서 '세상 사람(the men in the street)'의 존재론적 타락성을 심도 있게 분석했다.

하이데거에 의하면 '세상 사람'은 그럭저럭 사회적으로 살아가는 사람들에게 세속적 평안과 안전과 속물적인 보호막 역할을 해준다는 것이다. 그렇지만 사람들은 보통 이 '세상 사람'의 평균성과 획일성의 수압에 견디지 못하여, 멍하게 헤매다가 결국 자신이 싫어 하는 죽음으로 끝나게 된다는 것이다. 그는 이런 세상 사람의 존재론적 타락을 '대중성(publicness)'이라고 규정했다.

각자는 '세상 사람'이라는 '대중성' 속에 살면서 자신을 널리 알리고, 이름과 인기를 얻기 위하여 노력하며, 사리사욕을 추구하려고 모든 관심을 집중한다는 것이다. 현대사회는 이 '대중성'을 우상화하고 가치판단의 공식 기준으로 삼고, 거기에 자신을 맞추려고 온갖 노력을 경주한다. 하이데거는 이 '대중성'을 세상 사람의 타락한 비본래적 존재 방식이라고 여겼다. 20세기를 살았던 저 세 철학자들은 모두 대중의 무서운 폭력적 힘과 편견과 오만을 읽었고, 그것이 현대 생활의 공식적 표준으로 둔갑하고 있는 상업성을 보았다.

한국도 이미 대중 시대의 권력을 맞고 있다. '추상의 정신'으로 열광화한 정치적 · 종교적 세력들도 있고, 인기의 대중성을 성공의 공식 기준으로 여겨 모든 것을 거기에 맞추게끔 하는 상업성도 거세게 불고 있다. 정치도 대중의 지지도가 없으면 생존할 수 없다. 자연의 세계에서는 자연성이라는 필연법이 최고의 법이다. 자연에서는 어느 것이라도 이 법을 어기면 생존할 수 없다. 자연의 필연법처럼, 사회생활에서는 여론이 늘 최고의 법전으로 작용한다. 지금의 민주주의 시대에만 여론이 최고의 법전이었던 것은 아니다. 이미 옛날의 왕정 시대나 과두정치 시대에도 왕이나 귀족들도 백성의 여론을 무시하고 정치를 할 수는 없었다. 백성의 여론을 무시한 독재정치는 기괴해서 오래 가지 않았다.

그런데 자연의 필연법은 항구불변이지만, 인간의 여론은 변덕스럽고 시시각각 변한다. 여기에 여론에 대한 철학적 인식의 부정견不定見이 있다. 더구나 지금의 여론은 과거와 달리 대중 시대의 것이다. 그린 점에서 열광적 '추상의 정신'으로 사람들을 흥분시켜 피 끓게 하는, 즉 오르테가 이 가세트가 말한 '과잉 민주주의(hyperdemocracy)'가 생기기도 한다. '과잉 민주주의'는 대중이 법을 따르지 않고, 직접적인 집단행동을 통해서 물리적 압력을 행사하여 자신들의 열망과 욕망을 집행하려는 기도를 말한다.

또 상업주의적 인기 조종으로 거품 여론이 형성될 수도 있다. 인기가 '대중성'의 표준이 되어서 오로지 인기만이 성공과 지배의 정당성을 만든다. 대중 시대의 여론이 이처럼 과잉 민주주의나 상업 민주주의의 위험성을 동반하더라도, 사회를 운영하는 경영의 법이 여론을 떠나서 정당화되는 다른 길은 찾을 수 없다. 여기서 나는 저 세 철학자들의 반反대중론에 깊이 동조하면서도, 과연 사회를 경영하는 데 필요한 대안이 여론 말고 다른 방식이 있는지 묻지 않을 수 없다.

대중 시대에 대중을 직접 교육할 수는 없다. 오르테가 이 가세트의 말처럼 대중은 이미 기고만장할 정도로 잘나서 자기들을 가르치는 어떤 권위도 수용하지 않는다. 우리나라의 정치인이나 학자, 언론인들이 흔히 '국민의 뜻' 이라든가, '국민이 원치 않는다' 라고 언설하는 것은, 사실 자기의 뜻이 국민 대중의 뜻이라고 위장하는 동시에 대중에 아부하려는 심리를 반영한다. 대중들은 그런 사탕발림에 국민이란 익명 속에서 만족스럽게 여긴다.

격정적 과잉 민주주의나 변덕이 죽 끓듯 부침하는 인기 위주의 상업 민주주의로 여론이 오도되지 않기 위해서 가장 긴요한 문제는, 국민 개개인의 마음이 스스로 깊어지는 것밖에 다른 길이 없다. 개개인의 마음이 깊어지기 위해서는 마음이 스스로를 진정시키는 교육 훈련을 받아야 한다.

가장 먼저 종교 지도자들은 오로지 신자 수를 증가시키기 위하여 열광하는 자세를 바꾸어, 신자들이 마음의 본성을 찾도록 그들의 마음을 고요히 진정시키는 길로 이끌어야 한다. 그리고 TV와 방송에서 합창의 효과를 살려야 한다. 십인십색의 마음으로 갈라진 우리나라에서 합창의 화음은 우리를 안으로 모을 수 있지 않을까? 그리고 초등학교에서부터 철학을 교육해야 한다. 따따부따 시시콜콜 영양가 없이 따지고 잘난 체하는 철학 논술보다, 오히려 마음을 깊이 사색케 하고 세상을 통찰케 하는 종합예술인 철학의 지혜가 필요하다. 깔깔 웃고 울부짖고 악 쓰는 모습보다 생각하는 이들을 보고 싶다. 연속극에서 입시생 빼고 책을 읽는 장면을 본 적이 있는가?

# 한국 철학과 그 교육의 필요성

바로 앞글의 끝부분에서 나는 초등학교에서부터 철학을 교육해야 한다고 문제를 제기했다. 번뇌가 보리를 찾는다는 불가의 말처럼, 현실의 어려움이 철학의 길을 가게 한다. 주어진 현실에 만족하는 사람은 철학과 보리를 구하려 하지 않는다. 초등학교에서부터 철학을 교육해야 한다는 것은 그만큼 현재 한국인이 마음의 풍토병을 심하게 앓고 있다는 것을 말한다.

철학이 의술도 아닌데 마음의 풍토병을 고칠 수 있을까? 하지만 이 병은 약으로 고칠 수 있는 것이 아니다. 그 병은 한국인의 마음의 역사가 공동 운명처럼 남긴 흠결이자 습기다. 그 역사는 국사학자들이 말하는 연대기적인 역사 기술이 아니라, 한국인의 마음이 표출한 구체적 욕망들이 공동의 무의식적 성향을 형성한 것을 말한다. 앞글에서 다룬 열광 의식과 추상의 정신도 한국적 풍토병과 무관하지 않다.

우리는 앞사람들이 쌓은 업적과 공로를 인정하지 않고 다 무시하며 허물어 버리는 습관이 있는 것 같다. 정치에서도 이전 정권이 한 일은 모두 부정하고 새롭게 출발하려 한다. '제2의 건국'이란 표어처럼 한국은 정권이 바뀔 때마다 과거를 일소하고 새로 건국하자고 역설한다. 학자들은 선대의 덕 없이 혼자 자수성가한 것처럼 떠드는 경향이 있다. 자수성가의 위험성은 독불장군獨不將軍의 태도와 같다.

일반적으로 한국인들은 독불장군처럼 행세하는 풍토병을 지니고 있다. 혼자서는 장군이 될 수 없는데, 혼자서도 장군이라고 크게 떠들지만 실질적인 힘은 없다. 해외에서도 어떤 장사로 재미를 보면 다 같이 그 장사를 하는 바람에 결국은 모두 망한다고 한다. 그 사람은 그렇게 돈을 벌게 하고 나는 다른 방식을 찾지 않는다. 또 해외 한인들의 약점을 잡아 가장 괴롭히는 것이 같은 동포라는 말도 들었다.

적수공권의 가난에서 출발하여 지금 세계 11대 무역 국가에 올라섰음에도 불구하고, 왜 중산층 이상에서는 자기 나라에 대한 긍지를 갖지 못하고 틈만 나면 해외로 이민 가고픈 마음을 드러내는가? 한국은 세계사에서 보기 드물게 종합적으로 성공한 나라다. 과거를 뭉개는 풍토병 때문에 우리는 이를 절실하게 깨닫지 못하고 있다. 속물주의자들은 자기 개인의 이기적 출세밖에 관심이 없고, 급진주의자들은 단박에 완벽한 사회를 이루도록 요구하여 우리가 쌓은 업적은 잘 보지 못한다. 세상에 한꺼번에 모든 것이 달성되는 사회가 어디 있는가? 왜 한국인들은 정이 많으면서 모르는 사람들에게는 친절하지 않은가? 마치 예절이 없는 것처럼. 애국심은 있으나 애국하는 구체적 방법을 모르고, 인정은 많으나 다른 이들을 친절히 배려하는 구체적 방법을 모르는 것 같다. 우리끼리 서로 흑백 심리로 이전투구하는 바람에 다른 나라와 대처할 능력을 상실하는 경우도 없다고 할 수 없다.

마음의 병은 마음을 알아야 고칠 수 있다. 마음의 병은 무명無明에서 온다. 무명은 무지의 다른 이름이다. 사람들은 거의 대부분 자기 마음의 병을 모르고 날뛴다. 저마다 자신이 자기 마음을 가장 잘 안다고 하지만, 그것은 사람들이 자기를 정당화하려는 어리석은 마음의 행태에 지나지 않는다. 「누가복음」 23장 34절에서 예수님은 십자가에 못 박혀 "아버지여, 저들을 사하여 주옵소서. 자기들이 하는 짓을 알지 못하나이다"라고 말씀하셨다. 사람들은 탐욕과 화의 독성 때문에 자기가 하는 짓이 얼마나 어리석은 짓인지 모른다. 사람들은 자기들의 생각과 말과 행동이 너무 자연스러워 자기 체취를 모르듯이 자기에 대하여 아무 것도 모른다. 이처럼 무명이 가장 커다란 마음의 병이다.

자기를 모르는 무명은 자기 성격에 대하여 거리 두기를 하지 않는다. 의식의 모든 활동은 이 성격의 무의식적 스타일을 통하여 표출되기에 인간은 자기의 성격이 지닌 흠결과 습기를 모른다. 이것이 무의식적 업장이다. 그 업장은 같은 역사적 환경에서 살고 있는 사람들에게 비슷하게 형성된 공동 습기와 같다. 하이데거는 이것을 공동 운명(Common destiny)이라고 불렀다. 우리는 모두 저마다 개성을 띠고 있지만, 한국인이라는 공통적인 성격의 창문과 그 틀을 통하여 세상을 보고 판단한다. 그러므로 그 공통 성격은 한국인의 의식 활동을 제약하는 집단 무의식의 구조와 다르지 않다. 이것을 불교에서는 공동업共同業이라 부른다. 이 공동업은 한국인의 의식 활동을 움직이게 하는 습기의 경향과 같고, 저장된 심적 기질이기도 하다. 우리가 이 공동업의 장애를 반성해서 씻지 않고서는 아무리 좋은 기획과 구상이 있더라도 사상누각에 지나지 않는다.

한국 철학은 한국인이 가진 공동업의 무명을 깊이 자성케 하는 길이라고 생각한다. 저 공동업이 풍토병이 되어 우리를 부자유스럽고 불행케 한다. 그것이 한국인의 말과 생각과 행동을 어떤 색깔로 채색한다. 그동안 나는 철학자로서 책을 통해 익힌 철학 이론과 한국인으로서 삶에서 느낀 경험이 서로 어긋나는 데에서 오는 철학적 초점 불일치를 겪었다. 이론으로 익힌 철학 일반의 논리적 보편성과 한국에서 산 경험이 말하는 실존적 특수성의 괴리로 늘 자신 없이 엉거주춤한 상태에서 방황했다고 할 수 있다.

나는 때로는 주자학의 용어대로 종본이언從本而言(본질에 따라 말하기)으로 철학의 보편적 본질을 우선시하기도 하고, 때로는 종사이언從事而言(사실을 먼저 생각해서 말하기)으로 먼저 한국적 사실의 인식을 사유의 중심으로 잡기도 했다. 그러나 종사이언으로 철학을 전개하면, 나는 어딘지 모르게 보편적 철학의 엄청난 권위의 무게에 눌려 자신 없이 목소리가 기어 들어가는 형국을 느끼지 않을 수 없었다.

나는 늘 나의 대학 시절 은사인 박종홍朴鍾鴻 선생의 정신을 이어받아, 한국 철학은 한국인이 행복을 구가케 하는 길을 보여주는 정신의 작업이라고 생각했다. 내가 한국인이 행복을 구가하는 데 도움이 되는 철학적 길 닦기에 몰입하면 할수록, 나는 그것이 보편적 이론의 승화로 이어지지 않고 늘 유치한 감상주의적 주장으로 끝나는 것이 아닌가 하는 답답한 심정을 가눌 수 없었다.

하지만 인생의 후반부에서 나는 극적인 전환점을 발견했다. 그것은 서양 해체 철학의 도움으로 불교와 노장 사상의 철학적 진수를 깨달은 사실이다. 그리고 늘 이론적으로만 타당하다고 여겼던 율곡의 이통기국理通氣局의 사상을 나의 진리로 계합할 수 있었다. 말하자면 나는 불교와 노장 사상의 가르침에 의지해서 마음의 철학을 이통기국화할 수 있었다.

이제 나는 옛날처럼 철학적 진리의 논리적 보편성과 나에게 주어진 한국적 사실로부터 철학하기 사이에 어떤 괴리도 느끼지 않는다. 철학은 결국 마음의 병을 치유하는 길을 닦는 것이다. 마음의 병은 보편적인 것과 특수한 것 사이의 어떤 차이도 없고, 결국 시공적 인연의 차이에서 생긴 다양한 마음의 병들이 실존할 뿐이다. 그리고 철학은 그 마음의 무의식적인 공동 운명의 무명을 자각케 하는 '길 닦기(opening-way)'와 같다. '길 닦기'는 하이데거 후기 철학의 용어로서, 그것은 자신의 고향인 존재의 본성이 사는 마을로 되돌아가는 마음의 길을 닦는 것을 뜻한다.

심적인 습기로 응어리진 병은 가장 먼저 무명의 자각과 함께 본성의 길로 나아가는 '길 닦기'에서 치료가 시작된다. 개인적이든 집단적이든 마음의 무의식적 병은 그 병을 자각하는 순간 물거품처럼 사라진다는 것이다. 왜냐하면 그 병은 사람들의 마음이 미혹해서 생긴 환상이기 때문이다. 악몽이 우리를 괴롭히듯이 환상이라 하여 힘이 없는 것은 결코 아니다. 물론 그 환상을 자각하는 것은 남이 알려주는 정보가 아니다. 먼저 우리 모두가 스스로 부자유와 불행의 공동 질곡을 뼈저리게 참회하면서 일어나는 깨달음이 선행되어야 한다. 그래야만 본성의 길 닦기로 회심할 수 있다.

공동업은 한국인의 마음의 공동 습관과 같다. 불교 유식학에서는 이것은 우리의 마음이 역사 속에서 인연에 따라 지은 반복적인 마음의 경향이므로, 그것을 지우려면 그 업을 깊이 인식하면서 참회하는 길밖에 없다고 가르친다. 그러기 위하여 자신을 고요하고 깊이 반조返照하게 하는 철학 교육이 급선무다.

　그럼 무엇이 철학이고, 어떻게 철학을 교육하는가? 동서고금의 모든 철학 이론을 진열하는 것이 철학인가? 철학은 결단코 어떤 특정한 정치 이념을 주입하는 것이 아니다. 이것은 인간을 어떤 특정한 가치관의 노예로 만든다. 동서고금의 모든 철학 이론을 진열하는 것은 자료로는 좋을지 모른다. 하지만 구체적으로 우리의 살이 느끼는 실존적 아픔을 풀어 주지 않는 이론이 무슨 의미가 있겠는가?

　지금까지 국사에서 한국인이 역사에서 반복해서 느낀 마음의 현재완료적 업을 진술하게 말한 적이 있던가? 우리는 우리의 숙업宿業을 위선적 가식 없이 구체적 사실로서 솔직히 숙고하려 하지 않고, 명분상 추상적 가치관의 구호로서 정치권력을 등장시켰다. 그래서 정치권력이 바뀔 때마다 한바탕 한恨의 칼바람이 일어났다. 이것이 다 공동업의 멍에가 되어서 우리를 짓누른다. 한의 칼바람 앞에서 피고가 되지 않기 위하여, 정치 투쟁에서 이기려고 수단과 방법을 가리지 않는다.

　먼저 한국 철학은 반복되는 한국인의 공동업을 깨뜨리도록 마음을 자각하고, '길 닦기'를 하는 학문이라고 할 수 있다. 그리고 그 교육은 마음이 참회하고 '길 닦기'를 실행하는 데 있다. 그러기 위해서는 초등학생 때부터 역사적 무명을 자각하고, 그 자각을 마음에 깊이 새기도록 마음의 격정을 다스리는 평정의 지혜를 점진적으로 내면화시켜야 한다. 하이데거의 철학은 전기부터 후기에 이르기까지 독일의 역사적 운명에 대한 자각을 떠난 적이 없다. 그는 역사학을 편년체적인 역사학(Historie)과 역사적인 공동 운명을 자각하는 역사학(Geschichte)으로 엄밀히 구별했다. 한국 철학도 한국인의 공동 운명의 업이 우리를 억누르는 질곡이 아니라, 우리를 향상시키는 비약의 근거로 작용하도록 하는 '길 닦기' 가 되어야 할 것이다.

"어진 것을 좋아하면서도 배우기를 싫어하면
그 폐단은 어리석음이고, 아는 것을 좋아하면서도
배우기를 싫어하면 그 폐단은 잘난 체하는 것이고,
신의를 좋아하면서도 배우기를 싫어하면
그 폐단은 남을 해치는 짓을 하고, 곧음을 좋아하면서도
배우기를 싫어하면 그 폐단은 여유가 없이 가혹해지고,
용기를 좋아하면서도 배우기를 싫어하면
그 폐단은 난폭해지고, 굳셈을 좋아하면서도 배우기를 싫어하면
그 폐단은 광기가 된다."

공자孔子의
『논어』에서

# 자유에 대한 명상

자유는 철학에서 아주 중요한 의제로 다룬다. 자유는 공기와 물과 불처럼 이 세상에 사는 인간에게 꼭 있어야 하는 기본 요소와 같다. 인간은 공기와 물과 불이 있어도 자유가 없으면 살지 못한다. 인간은 자유롭지 않으면 인간이 안 된다. 그런 점에서 미국의 독립선언문에 있는 "생명과 자유와 행복의 추구가 천부天賦의 권리"라는 말은 잘못된 것이 전혀 아니다. 저 셋은 인간 존재를 가능케 해주는 기본 요소로서 서로 동의어다. 인간은 태어나면 저절로 인간으로 존재하게 되는 것이 아니다. 물질적으로 생명을 유지해야 하고, 정신적으로 자유로워야 한다. 그러한 바탕 위에서 인간은 행복해야 한다. 우리가 교육을 받으며 지식과 지혜를 배우는 것도 인간이 되어야 하기 때문이다.

억압이 있기에 자유가 존재한다. 내 몸과 마음이 억압을 느끼지 않으면 자유를 생각하지도 않는다. 그것은 맑은 공기가 희박하면 숨쉬기 어려워지는 경우와 같다. 자유는 추상적 관념과 이념의 문제가 아니다. 그것은 삶을 통해 느끼는 구체적 마음의 총체적 부자유와 분리해 생각할 수 없다. 나는 총체적으로 자유로운가라는 이상한 질문에 대해, 북한처럼 절대 독재 체제에서 사는 사람이 아니라면 단박에 OX로 답하기 어렵다. 이것은 자유가 노예 같은 억압의 질곡을 벗어나는 소유론적 해방을 뜻하는 것일 뿐만 아니라, 마음의 걸림을 던져 버리는 존재론적 해방도 포함하기 때문이다. 소유론적이든 존재론적이든, 자유는 20세기 프랑스의 가톨릭 실존철학자인 가브리엘 마르셀의 말처럼 본질적으로 "내가 자유로워야 한다"는 제어制御의 의미를 띠는 것이다. 이것은 매우 중요한 대목이다.

근대 서양의 자유론은 이 소유론적 의미의 자유를 쟁취하는 과정이라고 해도 지나친 말이 아니다. 이 소유론적 자유론이 심리적 자유뿐만 아니라, 정치사회화하여 자유민주주의의 근간이 되었다는 사실은 누구나 알고 있다. 소유론적 자유론은 단적으로 사회 전체의 안녕과 질서를 위협하지 않는다면, 천부의 양도할 수 없는 권리라는 이름으로 몸과 의식의 자유로운 운동을 억압하는 문명을 거부하는 사상과 제도를 말한다.

이런 자유주의적 사상은 17세기 프랑스의 데카르트가 주장한 의식 철학이 원류다. 의식이란 개념은 데카르트에 의해 공식적으로 서양사에 등장하고, 그것은 곧 "내가 생각한다(cogito)"

는 자의식과 주체의 개념을 서양의 정신문화 전면에 등장시키는 계기를 이룬다. 자의식의 주체를 능가하는 진리의 성전은 이 세상 어디에도 없다는 것이다. 이것이 근대사상에서 천부의 권리가 되었다.

주체 의식은 독립적으로 사유하는 데에 있다. 스스로 사유하는 것이 주체적 사유고, 이것은 남의 간섭을 받거나 강요받지 않는 상태에서 명증하게 사유하는 것을 말한다. 단적으로 자유는 독립적 의식의 주체적 사유와, 간섭과 강요를 받지 않는 명증한 의식의 상태를 말한다. 그런 의식이 바로 개인의식이다. 자유주의의 철학은 결국 개인주의로 진행된다. 'cogito'의 주체 의식이 17세기 영국의 로크John Locke 철학으로 이행하자, 경험적 관념들의 자유로운 사고 이동으로 더 구체화되었다.

로크는 인간의 의식에 데카르트가 말한 선천적 관념이라는 것은 없다고 주장한다. 그것이 있다면 미개인이나 문명인은 모두 똑같이 자유 의식을 향유해야 하는데, 미개인은 문명인이 생각하는 자유 의식이 전무하다는 것이다. 그래서 그는 인간의 의식은 백지, 곧 '대패로 민 널빤지(tabula rasa)'와 같다는 유명한 명제를 남겼다.

자유주의는 철두철미하게 의식 철학에 기초한다. 의식의 주체는 물론 개인이다. 대체로 대륙의 합리론에서는 그 개인을 불변의 실체로 여기고, 영국의 경험론에서는 어떤 관념들의 심리적 집합을 가능케 하는 경향으로 생각한다. 근대의 자유민주주의는 영국의 경험론자인 로크 철학이 기원인데, 그것은 두 가지 이유 때문이다.

첫째로 자유는 몸을 가진 의식의 자유로운 생각들(ideas)의 움직임을 보증해 주는 데 있다. 자유롭게 생각을 개진할 수 없는 사회는 숨통이 막힌 사회가 생명을 앗아가듯이, 썩은 사회로 변하여 인간이 거주할 수 없는 공간으로 변한다. 활발한 생각의 개진은 사회적으로 동적인 사회를 구성케 하여, 스스로 발전의 원동력을 만든다.

둘째로 생각의 주체적 표현과 이동의 자유가 보증되는 사회라도 경험적으로 나의 생각이 꼭 절대적으로 옳다는 명증한 결론이 보증되지 않으므로, 결국 다원적으로 관용(tolerance)이 용인되는 사회가 최선의 자유 사회라는 것이다. 거주와 이전의 자유, 직업 선택의 자유, 사유재산의 자유, 집회와 결사 및 표현의 자유, 신앙의 자유 등이 이런 자유론의 실천 방안들이다.

다시 한 번 묻는다. "나는 자유로운가?" 이 질문에 정직하게 말할 수 있는 답변은 "나는 더 자유로워야 한다"는 말일 것이다. 근대 자유주의의 본질은 단적으로 자유의 소유론적 쟁취와 비슷한 뜻이다. 부자유의 억압 때문에 결핍된 심신의 자유로운 운동을 소유하는 과정이 자유주의의 전개 양상이다. 배고픈 상태에서 사회적으로 자유를 향유한 상태로 이전하는 것이 근대 자유민주주의 국가의 모습이다. 자유 사회로 가기 위한 길은 배고픔의 상태를 벗어나는 것이다. 배고픔은 자유 사회의

적이다. 배고픔은 경제적인 궁핍과 자유의 실천 방안들이 사회적으로 부재함을 말하기 때문이다. 근대 자유민주주의의 업적은 경제적이든 사회적이든 배고픔의 부자유를 사회적으로 추방시킨 점이다.

자유주의 사회에서 우리는 자유로운가? 우리는 더 자유로워야 한다고 느낀다. 우리는 소유에 의한 자유에서도 더 해방된 자유의 존재이기를 바란다. 경제적·사회적 부자유의 배고픔을 추방시킨 소유의 자유를 넘어 존재론적인 자유의 요구를 실현하고자 한다. 마르셀은 그의 저서 『인간의 존엄성』에서 이 존재론적 자유의 요구를 다음과 같이 암시했다. 자유주의 사회에서는 인간이 점점 자기 자신의 포로가 되고, 자기 이익과 자기 감정과 자기 편견이란 굴레에 갇혀 살게 된다. 그래서 자기중심적 관점에서만 세상을 바라보려는 습기의 짐을 벗어버리려는 존재론적 자유의 요구가 생긴다. 곧 존재론적 요구는 단적으로 마음이 자기의식으로 무장되지 않고 자의식에서 해방된 자유의 존재이기를 바라는 요구를 말한다. 마르셀은 불교의 사유와 아주 비슷한 말을 했다.

사회과학자들은 보통 소유 의식에서 해방된 존재론적 자유의 사상을 가까이 하지 않는다. 아마도 너무 사변적인 철학의 영역으로 치부해서 그런 것 같다. 그런데 자유주의의 단점을 극복하기 위하여 가화假花와 같은 사회주의에 기울어 있는 사회과학자들이 없잖아 있는 것 같다. 그러나 사회주의는 자유주의의 대처 방안이 되지 못할 뿐만 아니라, 사태를 더 악화시키는 위험을 불러올 수도 있다. 왜냐하면 사회주의도 자유주의에 못지않은 소유 의식의 철학이라서, 집단적 소유 의식의 강령이 사회를 도덕화한다는 허구 아래 신선한 개인적 사고를 죽이는 결과를 불러오기 때문이다.

집단적 도덕의 덮개로 사회를 혁명한다고 덮어씌우면, 생명과 자유는 배고픔 속에서 질식한다. 더구나 사회주의는 자유주의보다 자의식이 더 강하다. 자유주의의 자의식은 이기적 자의식이기에 약간의 죄의식을 품고 있으나, 사회주의의 자의식은 도덕적인 정의감으로 무장되어 있어서 자기 이념의 감옥에 갇혀 더욱 폐쇄적인 확신 속에 산다.


우리는 더 자유로워야 한다. 우리는 소유론적 자유에서 존재론적 자유로 마음을 돌리는 법을 배워야 한다. 자유주의나 사회주의는 모두 의식의 철학이므로 불가가 말하는 마음의 법을 알지 못한다. 마음은 의식과 다르다. 이에 대해서는 다음 기회에 말하겠다.

중국 선불교의 3대 종사인 승찬僧璨 대사는 『신심명』에서, 마음이 미워하고 사랑하는 것을 하지 않으면 마음은 통연히 명백해질 것이라고 언명했다. 애증愛憎의 감정적 판단을 내려놓으면, 마음은 존재론적 자유 자체가 된다는 말이다. 대사는 옳고 그름을 다투는 것은 마음의 병이 된다고 하며, 인연을 좇지도 말고 공인空忍(세상의 고통을 외면하고 필경공의 입장에 안주함)에도 머물지 말라고 설법한다. 참도 구하려 하지 말고, 오직 망령된 견해만 쉬라고 가르친다. 승찬 대사는 너무 존재론적 자유의 이념에 젖으면, 그것이 다시 집착의 오랏줄이 되어 우리를 부자유스럽게 한다는 역설을 말한 것이다.

존재론적 자유는 인간이 세상에서 택일의 가치관을 버릴 것을 요구한다. 세상만사는 모두 양면성이 있기에 선을 택해도 선만 오는 것이 아니라 불청객으로 악도 따라 온다. 그래서 승찬 대사는 선악도 잊고 무심의 초탈한 경지에서 세상을 바라보라고 했다. 오직 그때에만 인간은 스스로 자기 자신의 포로로 갇혀 사는 것을 초탈할 수 있다는 것이다.

세상에 대한 선/악과 호/오에 따라 감정적으로 택일하는 한, 인간은 자의식을 버릴 수 없다. 그러면 인간은 스스로에게 존재론적으로 자유로울 수 없다. 원효元曉 대사는 이런 초탈의 자유를 이중부정으로 표시했다. 즉 비선비악非善非惡(선도 아니고 악도 아님)의 경지를 말했다. 하지만 아직도 사회과학자들은 이런 이중부정의 경지를 별로 주목하지 않는다. 조만간 이 경지가 진실로 인간 세상을 의식의 편견에서 해방시키는 차원임을 깨닫는 날이 올 것이다.

좋은 세상은 경제적·사회적으로도 배고프지 않고, 소유의 탐욕에도 집착하지 않는 마음이 도래해야 이룰 수 있다. 승찬 대사가 말한 무심의 초탈적 자유는 마르셀이 그의 저서 『거부拒否에서 기구祈求로』에서 언급한 "우리의 자유는 우리 자신이다"라는 말과 함께 이해해야 한다. 자유는 우리가 소유하는 속성이 아니라, 우리 자신이 자유가 되어야 하는 자기 제어임을 언명한 것이다. 소유론적 자유는 아만我慢의 아집我執과 참을 찾았다는 법집法執을 버리지 못한다. 우리의 존재를 자유롭게 하는 초탈만이 우리를 자유롭게 한다.

# 평등에 관한 명상

평등도 자유처럼 근대 사상의 핵심 주제다. 무엇보다 먼저 평등을 요구하는 것은 불평등한 현실이 참을 수 없기 때문이다. 불평등한 현실은 사회의 생존경쟁이 불공정한 게임의 법칙에 따라 이루어진다는 것과 같다. 그것은 동일한 조건에서 사회생활이 출발하지 않고, 어떤 사람에게 아주 불리한 조건으로 출발하는 경우를 말한다. 신분과 계급에 따른 불평등, 학벌에 따른 불평등, 종족에 따른 불평등, 성별에 따른 불평등, 직업에 따른 불평등 등이다. 이런 불평등이 무엇인지는 누구나 쉽게 알 수 있다.

근대적인 평등의 요구는 저런 중세적 불평등을 부정하는 것이다. 단적으로 불평등 부정의 사상은 인간사회에 억울함이 있어서는 안 된다는 자비 정신의 반영이다. 어떤 이들은 불평등 부정의 정신을 불의에 분노하는 사회정의의 요구로 읽기도 한다. 나는 불평등 부정의 정신이 정의의 요구라기보다 오히려 자비의 정신에 더 가깝다고 여긴다. 왜냐하면 불의에 대한 분노의 정신인 정의감은 어딘지 화가 나 있어서, 정의란 이름으로 나온 불의에 대한 증오가 복수심으로 새로운 불평등을 낳을 수 있기 때문이다. 나는 불평등 부정의 정신이야말로 사회적으로 억울함을 느끼는 자들이 받는 마음의 고통을 풀어 주는 자비의 정신이라고 여긴다.

그러면 왜 사회적으로 이러한 불평등이 생겼을까? 18세기 프랑스의 철학자 루소Jean-Jacques Rousseau는 『인간 불평등 기원론』에서 자연 상태에서 인간은 불평등이란 억울함을 당할 필요가 없었다고 밝혔다. 루소는 자연 상태와 사회 상태를 대칭적으로 읽으면서 자연 상태에서 인간은 선량했지만, 사회 상태에서는 타락하기 시작했다고 보았다. 말하자면 '생각하는 인간은 타락한 동물'이라는 것이다. 이것이 루소 철학의 출발점이다.

생각하는 인간은 지능을 가진 동물이다. 자연 상태에서 인간은 단순히 생물학적 본능으로 생존을 추구했는데, 인간의 지능이 동물의 본능 역할을 대행하면서 생물학적 본능의 자연 상태를 떠나 사회학적 지능의 사회 상태로 이행했다는 것이다. 모든 인간의 악은 이 사회 상태에서 발생하기 시작했다고 한다. 즉 인간의 악은 사회 상태를 가져온 지능에서 유래한 것이다.

지능으로 인해 인간 사이에 우열이 생기고, 더 많은 이익을 낳는 기술과 지식을 습득하게 되고, 더 많은 사유재산을 확보하면서 불평등한 지배 체제가 굳어졌다. 인간은 자연에서는 자유롭고 평등하게 태어났지만, 지능의 차이 때문에 인간 스스로 족쇄에 갇혀 사는 불평등과 부자유의 신세가 되었다는 것이다. 루소의 이런 철학은 20세기 프랑스의 레비스트로스가 주장한 구조주의 인류학에 영향을 미쳤다. 레비스트로스는 자연 상태에서 서로 교환하는 거래였던 토테미즘이, 다른 집단에 비해 자기 집단의 지능이 우위임이 입증되면서 순식간에 카스트제도로 변했다고 한다.

루소가 말한 감각적 본능과 자연적 균형으로 살 수 있었던 인간의 자연 상태나 레비스트로스가 말한 토테미즘적 완전 교환의 상태는, 모두 유가의 요순시대나 마르크스가 본 원시 공산사회와 비슷하다. 그러나 저런 원시공동체는 인간에게 사회적 지능이 등장하면서부터 잃어버린 낙원이 되었다. 낙원의 상실은 사회적 지능이 등장하며 가져온 필연적 귀결이다.

구약 창세기에 아담과 이브가 먹었던 금단의 열매도 지능이 생겨서 낙원을 잃어버린 인간의 현실을 보여주는 탁월한 신화이다. 지능은 문명의 편리함을 상징하는 경제 기술을 발명했으나 지배 종속의 차별을 낳았다. 더 나아가 의기양양한 승자와 앙앙불락한 패자 사이에 주인과 노예의 변증법적 투쟁이 일어날 수밖에 없는 결과를 낳았다.

　루소와 마르크스 같은 근대 철학자들의 한결같은 염원은 낙원을 상실한 인간의 사회생활을 어떻게 지능을 통해서 자연 상태의 원시적 순수성으로 되돌릴까 하는 문제였다. 여기서 사회주의를 실습하여 공산주의를 부활시키려고 한 마르크스의 온갖 헛수고 뿐 아니라, 루소의 저서인 『사회계약론』도 그런 의도와 같은 맥락이다. 그의 정치사상은 사회생활에서도 자연 상태를 부활시킬 수 있는 길을 터놓기 위한 도덕적 정치 이념들을 담고 있다.

　그러나 루소와 마르크스가 생각한 이상적 도덕성의 요구는 실질적으로 선의 도덕성만 구현한 것이 아니다. 그것은 그들이 예견하지 못한 불선不善이란 짙은 어둠을 동반했다. 현대 생활은 그 어둠을 경험하고 있다. 자유 사회의 이상은 뜻하지 않게 이기주의의 보호막으로 이용되는 측면이 생겼다. 평등 사회의 이상은 불평등의 억울함을 씻기보다 오히려 대등적 평등주의의 가치관을 정당화시키는 결과를 불러왔다.

　대등적 평등주의 가치관은 소유론적 평등주의 가치관과 같다고 할 수 있다. 가브리엘 마르셀이 그의 저서 『인간적인 것을 거역하는 인간들』에서 잘 지적했듯이, 대등적 평등주의 가치관에는 "나는 너와 같다"는 의식이 강렬하게 깃들어 있다. "너는 나의 형제다"라는 형제애를 나타내는 말과 달리 "나는 너와 같다"라는 대등 의식은, 불평등한 소유에 참을 수 없는 질투와 시샘을 느끼는 심리를 품고 있다.

대등적 평등주의는 불평등을 부정하는 자비 정신과는 다르다. 대등적 평등주의는 강한 자아의 아상我相과 아만我慢으로 으쓱대고 싶어 하는 자아의 심리와 자기보다 능력이 좋은 타자를 증오하고 질투하는 심리를 안고 있다. 그런 사회는 오직 소유의 많고 적음만을 비교한다. 사회적 불평등을 자연적 평등 관계로 복원하려고 한 루소의 정치사상은 근대사회에서 소유적 대등주의로 미끄러지는 역효과를 낳았다. 불평등을 부정하고자 하는 루소의 정신은 오히려 사회 전체를 대등 심리로 분열시키는 결과를 낳았다.

동양의 순자荀子는 대등주의가 오히려 사회 전체에 원한怨恨의 심리를 더 자극하리라는 것을 통찰했다. 순자는 효과적으로 사회를 통치하고 질서를 유지하며 전쟁을 방지하고, 경제복지생활과 문화생활을 향유하기 위해서는 사회 기능을 분회시켜야 한다고 주장했다. 순자는 그 이념을 유가의 경전인 『서경書經』에서 빌렸다. 그것은 바로 '유제비제維齊非齊(큰 평등은 동등하지 않게 함)'이다. 그는 사회가 소유론적 욕망의 대등한 요구로 나아가면 그만큼 사회가 혼란하고 무질서해지리라 생각하여, 사회를 차이의 예법으로 구분하자고 주장했다.

이러한 순자의 사상은 맹자의 공상적 덕치주의와 달리 매우 유효하고 실질적이지만, 한편으로는 우리가 앞에서 거론한 불평등을 부정하는 정신과 잘 맞지 않는 점도 생길 수 있다. 즉 '유제비제'가 대등주의의 혼란은 막을 수 있을지 모르나,

불평등의 억울함을 씻는 데는 매우 인색할 수 있다. 순자가 말한 차이의 제도화가 자칫 차별의 불평등을 촉진할 수 있기 때문이다.

우리는 불평등 부정의 정신을 이으면서 대등적 평등주의에 빠지지 않고, 또 차별적 불평등으로 고착되지도 않는 제3의 길을 찾아야 한다. 루소가 의도하지 않았던 대등적 평등주의나 순자의 '유제비제'라는 이념이 겨냥하고 있는 것은 모두 소유론적 평등관이나 소유론적 차등관이다. 대등하게 물질을 소유하자는 주장이든, 대등한 소유가 오히려 사회질서를 붕괴시키는 요인이라는 주장이든지 간에 저 두 주장은 모두 소유론적 사상을 견지한다.

인간이 소유론적 평등을 주장하면 그것은 필연적으로 대등론으로 미끄러진다. 또 소유론적 차등을 주장하면 계급적 차별론으로 흘러가기 십상이다. 나의 주장은 평등론이 결코 소유론적으로 정착되어서는 안 되고, 존재론적으로 이해되고 생활화돼야 한다는 것이다. 존재론적 평등론은 첫째로 불평등 부정의 정신을 견지하는 것이고, 둘째로 루소가 생각한 것처럼 인간의 사회 상태를 자연 상태로 복원시키려는 원력을 함의해야 한다.

불평등 부정의 정신은 대등한 평등주의의 이념과 다르다. 불평등 부정의 정신은 억울함이 발생하지 않게 하는 자비의 정신이지, 결코 당돌하게 대등한 소유 의식을 요구하는 것이 아니다. 존재론적 평등은 인간의 사회생활을 자연의 만물이 지니는 존재 양식인 '상관적 차이(pertinent difference)'로 바라보는 사고방식을 통해서 이룰 수 있다. 상관적 차이는 자연의 만물이 서로 다르기에 상관관계를 맺을 수밖에 없는 필연성을 말한다. 자연의 만물은 자기동일성을 지닌 독립적 존재가 아니라, 타자와 관계를 맺어 자기 존재를 발생시키는 의타기적依他起的(다른 것에 의존해서 생기는)인 존재일 뿐이다. 쉽게 말하면 새는 벌레들과의 상관적 차이에서, 벌레는 풀들과의 상관적 차이에서 존재하는 의타기적인 존재일 뿐이다.

타자가 없다면 자기의 존재도 실존하지 못한다. 이런 상관적 차이가 바로 존재론적 평등의 존재 양식이다. 지금 이 글을 쓰는 나는 독립적인 자기 동일적 존재가 아니라, 살림출판사에 『마음 혁명』이란 글을 쓰는 의타기적 존재다. 살림출판사가 없다면 이 글을 쓰는 나는 실존하지 않는다. 나는 살림출판사를 통하여 내 생각을 발표하기에 그만큼 살림출판사는 나에게 고마운 존재고, 살림출판사도 나의 현전으로 조금은 영향을 받을 것이다. 이것이 의타기적인 존재 방식이다.

기업의 자본가는 자본과 경영을 상징하고, 노동자는 기술과 노동을 대변한다. 또 우리는 기업의 제품을 사는 소비자다. 자본가와 노동자와 소비자는 모두 기업의 존재를 평등하게 유지시키는 의타기적 존재 양식을 띤다. 이 셋의 관계에서 한쪽이 없으면 다른 쪽도 존재하지 않는다. 이것이 의타기적인 차이의 상관성이다. 대등주의나 차별주의는 모두 자연의 길이 아니다. 자연의 길에 미래 인간의 희망이 있다. 평등은 인간의 자존심 대결을 정당화시키는 대등 이데올로기가 아니라, 서로 다르기에 의존하며 살 수밖에 없는 자연적 존재 방식을 말한다.

# 마음과 의식의 차이

우리는 별로 의식하지 않고 자연스럽게 표출되는 생각이 마음이라고 생각하고, 의식은 분명하게 주제화하는 자의식이나 도덕적·논리적 자각의 깨어 있는 상태라고 여긴다. 대체로 그 말이 옳다. 마음과 의식의 차이를 비교함은 사진적 의미의 개념을 정리하는 것이 아니라, 미래 문명에 대한 비전을 숙고한다는 깊은 뜻이 있다.

20세기 프랑스의 무신론적 실존철학자 사르트르는 확고한 의식의 철학자다. 그는 사물의 존재 양식과 의식의 존재 양식을 철저히 구별한다. 그는 사물의 존재 양식은 의식 없이 멍청한 상태에서 자기와 자기 자신 사이에 완전한 일치를 이루는 자기 동일적 존재인 즉자卽自 존재(being in itself)라고 한다. 그리고 인간의 의식은 자기와 자기 자신 사이에 늘 거리를 두고 반성하고, 자기 자신을 부정하면서 자신의 어제를 극복하려 애쓰는 대자對自 존재(being for itself)라고 규정했다. 또한 그는 인간이란 날마다 스스로 자기 자신을 만들어 가는 투명한 의식의 존재로서, 인간의 의식은 자기만족이란 게걸스러운 존재 방식을 거부하는 무한한 자유의 존재라고 높이 평가했다. 사르트르에게 명중한 자의식의 포기는 곧 인간의 죽음과도 같다.

의식의 철학자 사르트르와 달리 자연스런 마음의 뜻을 가장 철학적으로 정교하게 밝힌 사유는 불교의 유식학唯識學이다. 불교의 유식학에 따르면 일체가 다 마음이고, 모두 마음으로 만들어졌다고 한다. 그렇다면 집, 산, 구름, 자동차, 사람 등이 모두 마음으로 만들어졌는가? 그렇다. 이것을 유식학의 용어로 만법유식萬法唯識(모든 것은 마음이 자기 마음을 알아차리는 것과 같음)이라 부른다. 마음은 바깥으로 지향하는 탈자脫自(자기를 벗어남) 운동으로서, 이 운동을 통해 마음이 자기의 수준과 차원만큼 무의식적으로 바깥에 그림을 그린다. 이 그림이 바깥의 경계인 집, 산, 구름, 자동차, 사람 등으로 나타난다는 것이다.

그러면 집, 산 등의 개념이 모든 사람에게 동일한 것일까? 그렇지 않다. 저것들도 사람들 마음의 욕망 수준이나 차원만큼 저마다 다르게 그려진다. 어떤 이는 집을 투기의 대상으로, 어떤 이는 집을 낭만적인 공간으로 여길 수 있다. 산도 마찬가지다. 산을 자연의 온상으로 여기는 이가 있는가 하면, 이익을 위한 경제 개발의 대상으로 생각하는 이들도 있다. 이렇게 모든 것들은 마음이 욕망하는 대상이고, 그 대상은 마음의 욕망이 그린 사이버에 지나지 않는다.

  유식학에서는 마음이 곧 식識(자기 마음을 알아차리는 마음)이라고 한다. 알아차리는 마음은 마음이 세상을 향하여 무의식적으로 탈자적인 운동을 하고 있는 욕망과 분리되지 않는다. 탈자 운동은 내가 결심해서 하는 것이 아니라, 나도 모르는 사이에 그런 것이기에 무의식적이라고 한다. 눈이 색을 보면서 그냥 알아차리고, 귀가 소리를 들으면서 그냥 알아차리는 것은 눈과 귀가 각각 무의식적으로 보고 들으려는 욕망의 운동을 하고 있기에 그렇다. 더구나 눈과 귀는 보고 싶고 듣고 싶은 것만 보고 들으려 하는 무의식적 기호를 지닌다.

  사람마다 보고 들으려는 욕망이 다르면, 색과 소리를 알아차리는 마음의 각도도 달라진다. 이런 자연적 마음의 알아차림과 욕망은 의식 수준의 결심과 다르다. 도덕의식은 인간이 도덕적 양심을 실천하기 위하여 자각하려는 결의와 함께 가고, 과학적 의식은 인간의 의식이 대상을 과학적으로 인식하기 위한 명석하고 명백한 판단 능력을 요구한다.

  우리가 흔히 말하는 문제의식은 문제를 잘 해결하기 위한 문제 파악 능력을 상정하고 있다. 이처럼 의식은 자의식의 자각을 촉구하면서 도덕적·과학적 대상에 대한 주관의 가치 우위를 염두에 둔다. 데카르트의 "나는 생각한다(cogito)"는 철학이 바로 의식 철학의 꼭대기다. 이 '코기토cogito'의 출현으로 철학사에서 의식이 두드러지게 떠올라, 객체에 대한 의식의 주체가 세상에 도덕과 과학을 낳는 진원지가 되었다. 그래서 서양철학은 대체로 의식 철학이 되었다. 18~19세기 독일의 철학자 헤겔은 데카르트에 의해 의식과 주체가 철학의 영역에서 솟아난 것을 콜럼버스가 신대륙을 발견한 일에 비유했을 정도다. 이 말은 서양철학사에서 데카르트의 '코기토' 철학이 의식 철학을 낳고, 의식 철학은 주체 철학을 키우고, 주체 철학은 인간이 주인이 되는 새로운 삶의 지평을 개척했다는 뜻이다.

서양의 근대 400여 년은 이처럼 의식의 철학사였다. 의식의 철학은 의식의 사회도덕적 자각과 과학적 눈으로 세상을 소유론적으로 지배하려는 강렬한 의욕을 불러 일으켰다. 단적으로 의식의 철학은 세상을 자아의 보편적 의식으로 지배하려는 소유론의 철학이라고 해도 지나친 말이 아니다. 사회도덕적 의식의 이상주의도 경제 기술적 의식의 현실주의에 못지않은 소유론이라는 것은 앞글에서 여러 번 지적했다.

불교의 유식학에서도 의식을 취급한다. 그러나 그 의식을 신대륙의 발견처럼 자랑스러운 성과가 아니라, 오히려 인간의 마음에 번뇌와 고통을 안기는 진원지로 여긴다. 유식학에서는 의식을 제육식第六識이라고 부른다. 이것은 의식이 오감五感의 지각인 안眼·이耳·비鼻·설舌·신식身識(전오식前五識)의 데이터를 나의 의식으로 통합하는 통각統覺 기능을 수행하는 여섯 번째 마음의 알아차림이라는 뜻이다.

공상처럼 의식이 자기 홀로 생각하는 일도 있지만, 원칙적으로는 오감이 작용하지 않으면 의식은 쉰다. 의식은 신체의 오감이 작동하면 그 오감의 지각을 늘 나의 생각으로 모으는 역할을 한다. 그러므로 의식은 늘 '나의 의식'이다. 동물도 감각이 있기에 알아차리는 마음이 있고, 따라서 마음의 욕망인 탈자 운동을 한다고 볼 수 있다. 모든 동물도 각자 마음의 차원만큼 살아가기 위하여 알아차리는 본능적 욕망을 지닌다. 식물도 생존하기 위하여 알아차리는 마음을 지니고 있다. 식물도 공격이 오면 그것을 알아차리고 자기를 방어하려는 기제를 쓰기 때문이다.

동식물은 마음은 있지만 의식은 가지고 있다고 보기 어렵다. 왜냐하면 동식물은 '나의 의식'이란 생각을 하지 않기 때문이다. 왜 인간만 '나의 의식'이란 생각을 할까? 인간은 사회생활을 영위하는 동물이다. 사회생활은 언어생활과 다르지 않고, 인간은 그 언어생활을 통하여 지능에 의한 소유론적 욕망을 성취해 나간다. 사회생활이 없으면, 즉 언어생활이 없으면 인간은 인간일 수 없다.

17세기 독일의 황제 프리드리히 II세는 갓 태어난 아기가 독일어를 전혀 듣지 않으면, 인류의 원초적인 언어인 히브리어를 할 것이라고 생각했다. 그래서 그는 간호원들에게 병원에서 유아들이 독일어를 전혀 듣지 못하도록 명령을 내렸다. 하지만 그 유아들은 신의 말인 히브리어를 하기는커녕 얼마 뒤 모두 죽었다고 한다. 이처럼 언어생활은 사회생활의 길이고, 이 길은 인간의 길이다.

그리고 이 길에 지능이 동반된다. 지능은 사회생활을 통하여 남들에게 인정받기 위해 경쟁을 벌인다. 경쟁은 소유욕에서 발단하는 것이다. 인간의 언어생활은 동물의 생물학적 욕망의 마음을 사회학적 욕망의 마음으로 바꾼 대가다. 생물학적 욕망의 마음은 자기 생존을 위하여 다른 생명을 먹을 수밖에 없는 것으로 끝나지만, 인간의 사회학적 욕망의 마음은 그것으로 그치지 않고 다른 생명을 사회적으로 지배하고자 한다. 여기서 나와 타자 사이에 투쟁이 일어난다.

서양의 의식 철학에서 아무리 도덕의식이나 과학의식을 강조해도, 그 의식은 모두 사회적 지배 의지의 투쟁에서 벗어날 수 없다. 그래서 불교 유식학은 의식이 마음의 평화와 지혜를 어둡게 하는 번뇌와 고통의 원천이라고 본다. 사회생활에서 언어생활은 이미 인간의 무의식적 마음에 깊은 골을 새겨놓은 것과 같다. 그래서 유식학에서는 이 언어생활이 잉태한 자의식이 아상我相, 아만我慢, 아애我愛를 형성하여 자아 중심적 무의식인 제7식 말나식을 형성했다고 한다.

이 말나식은 의식과 오감의 지각을 모두 자기중심적 편견과 색깔로 채색하게 만드는 진원지와 같다. 그래서 의식의 도덕적 결의가 무의식인 말나식의 이기주의를 전혀 바꿀 수 없다. 우리는 앞글에서 자주 모든 이성주의와 이상주의의 헛수고를 지적했다. 원효 대사는 『이장의』에서 의식 수준의 번뇌를 '기起 번뇌'라고 부르고, 무의식 수준의 번뇌를 '주지住地 번뇌'라고 했다. 그의 비유를 풀이하면 '기 번뇌'는 풀과 같고 '주지 번뇌'는 풀이 자라는 땅과 같아서, 쉽게 풀뿌리를 뽑아도 다시 거기서 풀이 자란다는 것이다.

그러면 주지 번뇌도 일어나지 않게 하는 길은 무엇일까? 오감과 의식이 쉬면 제7식인 말나식도 고요해지고, 말나식이 진정되어 평온해지면 제8식인 아뢰야식도 맑아져 여래장인 불성佛性(神性)이 피어오른다. 아뢰야식은 사실상 마음의 궁극적 본질이다. 죽으면 다른 마음들은 모두 소멸하지만, 이것만은 불생불멸한다. 여기에 부처님(하느님)의 종자와 번뇌에 찬 중생의 종자가 함께 공존한다.

본디 마음의 본질은 부처님(하느님)인데 사회생활(언어생활)을 하면서 번뇌의 때가 끼어서, 인간이 타인과 괴리되고 우주의 모든 동식물들과도 단절된 고립된 생활을 괴롭게 영위한다. 그런 생활에서 벗어나고자 타자를 욕망하지만, 소유론적 욕망만 하기에 서로 싸운다. 그런데 의식 철학은 그 소유욕을 더욱 부채질하지만, 마음의 철학은 우주의 만물로 향하는 존재론적 욕망의 길을 가르쳐 준다.

우주의 만물도 인간처럼 모두 마음이다. 곧 우주는 한마음(一心)이다. 인간의 마음에서 의식의 무게를 제거하면, 우주의 동식물과 한마음으로 공명할 수 있다. 심지어 광물까지도 잠자는 마음이라고 느끼리라. 의식 철학은 의식과 사물을 나눈다. 그러나 마음의 철학은 의식과 사물이 둘이 아니라 한마음의 동기同氣라고 여긴다.

# 몸의 느낌과 구체적 사유

철학의 화두로 몸이 등장한 것은 우리가 일생 동안 몸에 의지해서 삶을 유지하기 때문이다. 우리는 몸과 함께 세상에 등장하고 몸을 두고 세상을 떠난다. 그래서 몸은 이 세상을 사는 인간의 절대 한계인 것 같다. 이 몸은 무엇일까? 서양철학에서 19~20세기에 생철학이나 실존철학이 대두할 때까지는 오랫동안 몸을 영혼의 생각을 현실화시키는 객관적 도구 정도일 뿐이라고 하찮게 여겼다.

프랑스의 베르그송이나 독일의 쇼펜하워Arthur Schopen-hauer, 니체 같은 생철학자 시대를 지나, 본격적으로 가장 먼저 철학의 화두로 몸을 떠올린 이는 20세기 프랑스의 철학자 가브리엘 마르셀과 메를로퐁티라고 생각한다. 두 사람은 모두 철학적 현상학자다. 현상학은 세상의 진리가 의식 현상 속에 숨어 있다고 여기고, 의식 세계의 모든 현상적 활동을 분석하는 철학의 방법론을 말한다.

의식이 생활 세계에 축을 박고 있기 때문에 생활 세계의 의식 현상은 몸을 떠나서는 해명할 수 없다. 그래서 현상학은 자연스럽게 의식 활동 속에 몸을 내재화시키지 않을 수 없다. 몸은 의식의 실존화를 뜻한다. 몸이 놓여 있는 '여기'와 '지금'이라는 구체적 상황을 떠난 의식은 뿌리 없는 가공의 생각에 그칠 뿐이라는 것이다. 인간은 죽을 때까지 자기 몸을 떠날 수 없다는 조건은 그가 죽을 때까지 그의 실존적 생활 세계를 빠져나갈 수 없다는 것과 같다. 그렇기에 몸이라는 인간의 실존적 조건을 도외시하는 어떤 의식이나 관념도 모두 허구적이라는 것이다. 몸은 직접 느끼고, 의식은 몸의 지각을 개념적으로 생각한다. 몸의 느낌(지각)이 의식의 생각으로 통일되면, 그것이 나의 느낌을 개념화한 나의 생각이다.

그런데 몸은 현실 상황 속에서 느끼고 있는데 개념적 생각은 선진국에서 빌려와, 몸의 느낌과 외국에서 배운 개념적 생각을 따로 보편성이란 이름으로 펼치면 몸의 느낌과 의식의 개념이 따로 놀든지, 아니면 개념이 실존적 느낌을 자기 식대로 왜곡한다. 이런 현상이 우리나라 대학의 인문학과 사회과학의 일반적 모양새가 아닌가? 그래서 우리 대학에서 배운 학문은 헛돌거나 겉돈다.

이는 우리나라 대학의 인문학과 사회과학이 이 땅의 특수한 역사적 상황이 무심결에 토하는 무의식적 정감의 형용사나 부사의 내용을 보편적인 명사 개념으로 승화시키지 못하는 상황을 가리킨다. 오히려 그것을 좌절시키거나 무의미한 것으로 취급하여 현실 상황의 실존적 말을 봉쇄하는 결과를 빚고 있다.

나는 세계적인 유수의 인문학과 사회과학은 모두 그 학문이 자란 몸과 같은 상황이 토하는 정감적 언어를 보편적인 개념어로 승화시키거나 승진시킨 결과라고 생각한다. 몸과 실존적 상황은 비슷한 뜻이다. 몸의 느낌은 실존적 상황의 분위기와 같다. 몸은 그 분위기를 직접 느낀다. 그리고 그 상황의 분위기가 몸에 쌓여 습기習氣를 이룬다. 몸은 단지 객관적인 이 몸뚱이를 말하는 것이 아니다. 우리는 시체를 몸이라 부르지 않는다.


여기서 나는 다시 율곡의 이통기국과 기발이승氣發理乘(기가 발양하면 이미 이가 그 기를 타고 있음)의 사상을 생각한다. 이통기국은 이라는 생각의 보편성이 기라는 몸의 기질과 별개로 떨어져서 존재하지 않음을 가리킨다. 기발이승은 몸의 정감적 기질이 기운의 힘으로 바뀌면, 보편적 이의 개념어가 그 기운 속에 같이 타고 있음을 말한다. 이통기국은 보편적 생각이 상황이란 몸을 떠나서 실존하지 않음을 말하고, 기발이승은 기질이 기운의 힘으로 바뀌는 문화 창조 속에 이미 보편적 이가 깃들어 있음을 가리킨다.

기질은 늘 보편적 생각(개념)을 특수하게 제약한다. 특수한 기질이 장애가 되기도 한다. 그 기질이 운명의 역할을 하기도 한다. 그러나 장애와 운명적 제약의 역할을 하는 그 기질은 동시에 우리를 일으키는 기운을 주는 원천이 되기도 한다. 땅으로 쓰러진 자가 그 땅을 다시 밟고 일어서는 것처럼 기질의 제약으로 갇힌 자는 다시 그 기질을 기운으로 승화시켜야 해방될 수 있다. 기질을 기운의 힘으로 돌리는 것이 인문·사회과학이고 예술의 역할이다.

몸의 느낌을 배제한 개념은 생활 세계에서 늘 공허하다. 몸의 느낌보다 앞선 경험은 없다. 몸의 느낌과 괴리된 개념은 빌려온 생각일 뿐이다. 빌려온 생각은 아무리 화려해도 가짜 꽃에 지나지 않는다. 마르셀이 그의 저서 『형이상학 일기』에서 참다운 철학은 "자신의 몸이 느낀 한계 경험(limit-experience)을 실현하는 역사"라고 했다. 이 말은 매우 의미심장하다.

철학사에 등록될 만한 가치를 지닌 철학은 모두 철학자가 몸으로 느낀 '한계 경험'을 보편적 의미로 승화시킨 것이다. 한계 경험이란 말은 경험의 시원인 한계 상황과 같은 의미다. 인간이 몸을 벗어나지 못하듯이, 자기가 태어난 한계 상황(역사적·언어적 상황)도 탈출하지 못한다. 이것이 인간의 조건이다. 그런데 그 한계 경험인 한계 상황이 괴롭거나 고통스럽지 않으면, 철학적 사유가 잉태되지 않는다. 창조적인 모든 철학은 몸이 느낀 한계 상황이 주는 아픔에서 해방되려는 자기 치유의 과정이다.

마르셀은 몸의 느낌이 상황의 고통과 직접 접목할 때 거기에는 거짓이 끼어들지 않는다고 보았다. 그는 자신의 저서 『존재의 신비』에서 모든 거짓은 개념적으로 간접적인 생각에서 발동하는데, 느낌은 상황 속에 직접 '잠기는 관여(immerged participation)'라고 했다. 내 몸은 상황의 거짓 없는 역사요, 분위기다. 몸은 각자가 살아온 집안과 나라의 분위기를 나타낸다. 몸은 각자가 생각하기 이전에 이미 배어 있는 생활 경험의 원초적 한계다.

인간은 그 원초적 한계를 넘어서 개념적 생각을 비상시킬 수 없다. 몸은 자기와 상황이 공동으로 겪는 경험이므로, 같은 한계상황 속에서 살아온 사람들은 같은 몸의 행동 양식을 공유한다. 그래서 몸의 지각은 내가 느끼는 것이 아니라, 우리가 반성 이전에 함께 느끼는 차원이다. 이런 공동 지각을 메를로퐁티는 "세상 사람이 지각한다(It is perceived)"고 했다.


마르셀이 말한 상황 속에 '잠기는 몸의 관여'는 메를로퐁티가 그의 저서 『지각의 현상학』에서 몸을 '세상에 바쳐진 주체(the subject devoted to the world)'라고 표현한 것과 닮았다. 몸을 주체로 표현하고 있으나, 그 주체라는 개념은 자의식의 명증한 주체가 아니라 의식과 세상이 애매하게 혼융되어 있는 주체다. 메를로퐁티에게 주체인 몸은 재래의 의식 철학이 주장한 순수의식의 주체가 아니고, 생활 세계와 뒤섞인 애매모호한 주체다.

『지각의 현상학』에서 메를로퐁티는 "내 몸은 세상에 속하면서도 나에게 속한다"고 했다. 내 몸이 세상에 속하기에 생활 세계가 안고 온 무의식적인 역사를 벗어나지 않는다. 또 내 몸이 나의 것이므로 몸이 느끼는 것에 대해서 반성할 수 있다. 몸은 생활 세계의 역사적 무의식의 사실인 '반성되지 않은 것(the unreflected)'과 의식의 반성(reflection) 사이에 놓인 애매모호한 중간 영역과 같다. 메를로퐁티에게 철학은 의식의 반성인데, 그것은 반성되지 않고 있는 무의식적인 공동 정감의 모호한 느낌을 철학적 반성의 토대나 출발점으로 삼는다. 이 말은 마르셀이 철학을 '한계 경험을 실현하는 역사'라고 말한 것과 비슷하다.

그러므로 학문이나 예술이 되는 철학적 반성은 생활 세계에 젖은 몸의 공동 습관인 '반성되지 않은 것'을 반성해서 그것을 의미화하고 자유화하는 것이다. 몸은 생각을 낳는 모든 경험의 토대인 느낌을 뜻한다. 우리의 몸은 우리가 일생 동안 살면서 경험하는 역사일 뿐만 아니라, 내 이전의 역사가 배어 있는 생활공간의 분위기이기도 하다. 그런 몸의 경험을 우리는 업業이라고 부를 수 있다.

그 느낌에서부터 생각이 발단한다. 철학은 우리의 몸에 공통적으로 배어 있는 역사적 공동업共同業에 대한 반성과 같다.

업은 기질이다. 철학은 그 업의 기질에 대한 반성이다. 철학은 업의 기질을 기운의 힘으로 승진시키는 개념적 생각이다. 하지만 그 개념적 생각은 업의 기질을 모두 투명하게 반성할 수 없다. 왜냐하면 철저히 투명한 반성은 몸의 경험을 벗어난 순수 관념의 영역에서나 가능한데, 인간의 철학적 사유는 그 몸의 한계 상황을 초월할 수 없기 때문이다.

그래서 인간의 철학은 몸을 통해 그 업의 괴로운 소리를 부분적으로 들으면서 그것을 기운의 힘으로 변형시킨다. 하지만 그 철학적 반성은 업이 지닌 무의미의 짐을 다 내려놓게 할 수는 없다. 이처럼 철학적 반성인 업의 해방은 무의미의 어둠을 온전히 지울 수 없기에, 마치 선악의 이중주처럼 현실에서 의미와 무의미를 분리할 수 없이 함께 간다는 것을 인식해야 한다. 부드러운 선의지로만 평화를 유지할 수 없다. 잔혹한 폭력을 가장 잘 제어하는 덜 잔혹한 폭력을 용인하지 않으면 평화를 유지할 수 없다. 완전히 진선진미한 역사 현실을 이룩한다는 주장은 모두 현실성 없는 공상에 지나지 않는다.

철학사에 등장하는 구체적 철학 사상은 철학자들의 몸이 느낀 원초적 역사 경험을 토대로 몸의 아픔을 치유하고자 하는 의학 사상이라고 할 수 있다. 그러나 몸을 지닌 인간이란 조건 때문에 모든 병을 완전히 치유할 수는 없다. 철학 사상은 어떤 부분적 업의 아픔만 처방했을 뿐이다. 모든 정치·문화적 아픔을 한꺼번에 다 제거하겠다든지, 그렇게 할 수 있다고 여기면 큰 오만이다. 천천히 치유할 수 있을 뿐이다.

우리는 대박을 꿈꾸는 기질이 있다. 정치적 · 경제적으로 대박을 꿈꾸는 기질이 장구하고 원대한 원력의 기운으로 승화하기 위해서는, 양은 냄비가 아니라 인내심을 가지고 가마솥으로 요리하는 법을 익혀야 한다. 그러한 철학의 처방은 역사적 상황 속에서 몸이 절실하게 느낀 무의식적 말을 잘 들으려고 고요히 사색하는 사람이 할 수 있지, 어디서 빌려온 관념에 사로잡힌 유식한 이들이 큰소리치는 곳에서는 할 수 없다.

# 공자의 도

나는 공자의 『논어』를 여러 번 읽고서 그의 도는 이 세상을 보는 종합예술이라고 확신했다. 왜냐하면 『논어』에는 상충하는 것처럼 보이는 공자의 언행이 여러 군데 나오기 때문이다. 그럼에도 불구하고 공자는 제자인 증심曾參에게 자신의 생각은 일이관지一以貫之(하나로 꿰뚫고 있음)하다고 술회한다. 공자는 이 일이관지의 내용은 밝히지 않고 그냥 밖으로 나가고, 증삼도 더 이상 되묻지 않고 긍정했다. 다른 제자들이 도대체 무슨 뜻인지 증삼에게 물었다. 이에 증삼은 그것이 "충서忠恕(스스로 최선을 다하고 타인들에 대하여 자기를 미루어 생각함)일 뿐이다"라고 단정했다. 과연 공자의 도를 하나로 종합하면 충서일까? 나는 언제부터인가 증삼의 해석은 공자의 도를 이해하는 하나의 보기일 뿐이라고 생각했다. 공자의 도는 증삼의 해석보다 훨씬 다양할 것이다. 그리고 한국의 유교 사상이 너무 주자학이란 창을 통해서만 공자를 보아, 의리지학적義理之學的으로만 이해하는 것에 늘 안타까움을 느꼈다.

공자의 도는 노자나 석가, 예수의 도처럼 이미 스스로 진리에 이른 자의 가르침이 아니고, 끊임없이 깨닫고자 하는 사람의 정신적 탐구라는 의미를 담고 있다. 그래서 공자는 인간 세상이 '어진 마을(里仁)'이 되게끔 끝없이 탐구하고 고뇌하며 모색한 자유로운 영혼의 순례자와 같다. 단정적으로 공자는 증삼이 술회한 '…뿐이다'와 같은 표현을 잘 쓰지 않는 공부하는 사람이라고 생각한다.

예컨대 공자는 정치의 요체를 설명하면서 '족식足食(경제적 풍족), 족병足兵(전쟁 억지력), 민신지民信之(국민의 신뢰)'라고 언급했다. 이에 제자 자공子貢이 우선순위를 묻자 먼저 국방을 버리고, 그 다음 경제를 버리고, 마지막에 남는 것은 국민의 신뢰라고 했다. 이 구절은 많이 회자된다. 그런데 제자 염유冉由가 인구가 많을 때에는 정치의 우선순위가 무엇이냐고 묻자, 공자는 먼저 국민을 부지富之(부하게 만듦)하고, 이어서 교지敎之(가르침)하라고 대꾸했다.


공자는 부국강병의 상징인 제나라의 재상 관중管仲도 인자仁者에 가깝다고 할 정도로 높이 평가했다. 공자의 제자들은 관중이 자기 주군을 죽인 환공에게서 벼슬했기에 죽음보다 지조를 중시해야 할 도덕군자가 아니라고 생각하고 있었다. 심지어 뒤에 맹자는 누가 그를 관중에 비유하면 화를 낼 정도였다. 그는 자기를 부국강병의 패도를 상징하는 관중에 비유하는 것은 자기의 왕도 사상을 모욕하는 것으로 생각했다. 공자는 관중의 부국강병책 덕에 중국이 오랑캐의 말발굽 아래에 점령당하지 않고 문화를 유지할 수 있었다고 진단했다. 소인배가 조그만 절개를 지키는 것과 관중의 언행은 다르다는 것이다.

그런데 관중의 소행은 무왕의 은나라 정벌에 항의하여 수양산에서 굶어 죽은 백이, 숙제의 절개와는 다르지 않은가? 공자는 백이와 숙제의 지조도 높이 사고, 주군을 배신하고 부국강병을 이룬 관중도 매우 격찬했다. 공자의 진면목은 도대체 무엇일까?

공자의 초점 불일치의 사고방식을 하나 더 소개하겠다. 공자는 자신 있게 "사람이 도를 넓히지 도가 사람을 넓히는 것이 아니다"라고 역설했다. 엄청난 인본주의의 신념이다. 그런 그가 은나라의 세 현자가 비극적 종말을 맞이했음을 침통하게 말했다. 또 자기 제자 가운데 가장 덕행이 출중한 안연顏淵이 지독한 가난 속에서 요절하고, 염백우冉伯牛가 문둥병에 걸려 괴로워하는 것을 보고, 공자는 비통한 슬픔을 이기지 못하고 통곡했다. 덕인이 반드시 행운을 받는 것이 아님을 보고 자신만만한 그의 인본주의가 알 수 없는 천도 앞에 좌절하기도 했다.

그의 제자들도 한 가지 사상으로 수렴되지 않는다. 증삼은 세상에 인의를 세우기 위하여 도덕적 사명감으로 가득 찬 인물이었고, 안연과 자공은 스승의 사상을 전혀 다른 방식으로 이었다. 공자는 안연에 대하여 거의 도를 터득하고 '누공屢空'했다고 언명했고, 자공에 대하여 천명을 받지 않았으나 재산을 불렸고 그의 예측은 현실적으로 자주 적중했다고 기술했다.

저 '누공'이란 개념을 주자학에서는 "경제적으로 가난하여 뒤주가 자주 비었다"는 뜻으로 풀이했고, 양명학에서는 "마음을 허공처럼 자주 비웠다"고 읽었다. 이것은 공자의 사상 속에 이미 주자학과 양명학이란 두 뿌리가 잠재하고 있었음을 암시한다.

공자가 말한 '극기복례克己復禮(극기하여 예를 회복함)'의 의미도 주자학에서는 승기지사勝己之私(이기심을 이김)로 해석하고, 양명학에서는 진기즉무기眞己卽無己(참 자기는 자기를 없애는 것)로 읽는다. 이는 공자 사상이 이미 당위 사상과 무위 사상으로 해석될 수 있는 여지가 있다는 것을 말한다. 더구나 자공은 형이상학에는 관심이 없고, 현실적 이재 능력과 외교 능력이 탁월하여 많은 실용적 업적을 낳았다. 그래서 공자도 그를 은나라의 비싼 제기祭器인 호련瑚璉에 비유할 정도로 귀중하게 여겼다.

이렇게 보면 공자의 도는 쉽게 하나의 개념으로 집약할 수 없다. 공자의 도에는 증삼의 도덕적 당위 유학이란 흐름도 있고, 안연의 자연적 무위 유학이란 흐름도 있으며, 자공의 실용적 기술 유학이란 흐름도 있다. 앞의 두 가지는 맹자의 유학에 수렴되고, 후자는 따로 순자의 유학으로 이어진다.

이처럼 공자의 도는 어느 하나로 정의되지 않고 열려 있다. 주자학적 통로인 당위 유학으로만 공자를 읽으면 안 된다는 나의 생각은 여기에 기원한다. 자극적인 언설을 좋아하는 요즘 사람들은 『논어』를 읽으면 너무 싱겁다고 말할지 모른다. 강력한 메시지도 없고, 흔드는 깃발도 없으며, 맹물 같은 맛이라 별로 관심이 가지 않을 것이다. 그러나 그 밋밋한 맛이 바로 공자의 도라고 생각한다. 술은 술로서만 쓰이고, 커피는 커피로서만 쓰인다. 그러나 자연수 같은 맹물은 모든 음식을 만드는 데 다 쓰이지 않는가? 나는 공자의 도가 그런 맹물 같은 쓰임새를 지녔다고 여긴다.

도가 자연수 같아야 인간의 생각을 흥분시키지 않고, 모든 일에 적용되는 지혜를 일군다. 그래서 나는 '일이관지'한 공자의 도를 '중화中和'라고 여긴다. '중화'의 도를 공자는 "군자가 천하의 일에 대하여 꼭 그래야 한다는 것도 없고, 절대로 안 된다는 것도 없으며, 의義를 따른다"는 말로 표현했다. 주희는 의를 도덕적 당위로 읽었지만, 나는 반드시 그럴 필요는 없다고 본다. 도덕적 당위는 이미 어떤 선의지적 결의로 무장된 상태를 말하므로 '중화'의 참뜻에는 맞지 않다. 더구나 공자는 스스로 '절사絶四'라고 술회하지 않았던가? '무의無意, 무필無必, 무고無固, 무아無我'가 그 내용이다. 이런 '절사'의 인품이 어찌 도덕적 당위의 법을 고집하겠는가?

자연수와 같은 맹물의 도가 곧 '중화'다. 위의 '절사'는 나중심적 사고가 없고, 불변하는 최고를 고집하지 않으며, 주어진 상황에서 가장 알맞은 것을 도라고 간주한다는 사상이 깃들어 있다. 나는 공자의 도는 주어진 시대 상황에서 가장 알맞은 진리를 발견하는 것이라고 생각한다. 최고(maximum)는 딱딱하지만, 최적(optimum)은 아주 부드럽다.

맹자는 시대 상황에 가장 알맞은 진리를 발견하는 것을 공자의 정신이라고 부르고, 그런 정신을 시중時中이라고 명명했다. 그렇다. 나는 공자의 '일이관지'한 도는 증삼이 지적한 '충서'라기보다, 오히려 '중화'와 같은 '시중'이라고 보고 싶다. 가장 인구에 회자되는 『논어』「학이」편의 첫 구절인 "배우고 시습時習하면 또한 즐겁지 않은가(學而時習之 不亦說乎)"에서 '시습'은 입시 공부하듯이 '때때로 익히면'이라고 해석하기보다, 오히려 '시중'의 지혜를 공부하기 위하여 '자기 시대를 익히면'으로 해석해야 하지 않을까? 도를 탐구하는 이가 어찌 입시 공부하듯이 복습을 즐겁다고 했겠는가? 더구나 『논어』의 다른 구절과 뜻이 회통해야 한다.

공자의 유명한 '온고이지신溫故而知新(옛것을 익히고 새것을 안다)'이란 구절도 이 '학이시습'과 연관되어야 한다. 흔히 온고이지신을 "옛 학문을 익히고 새 학문을 안다"라고 생각한다. 그러나 우리가 배우는 모든 학문은 다 옛 것이다. 학문의 지식은 다 지나간 것을 정리하는 것이지, 현재진행형의 지식은 이 세상에 없다. 지식은 오래되었건 가까운 과거의 것이건 모두 지나간 것을 정리하는 것이다. 새 것은 각자가 살고 있는 시대 상황이다. 그래서 '온고이지신'은 옛 지식을 새 시대의 상황에 잘 비추어 어느 것이 새 시대에 가장 알맞은 지혜인지 면밀히 검토하고 숙고해야 한다는 뜻이다.

나는 시대에 가장 알맞은 도가 도덕적인지, 실용적인지, 또는 자연적인지 잘 검토하는 것이 '학이시습'의 의미라고 생각한다. 그것이 '절사'의 공자 정신과 부합한다. '시중'은 시대에 적중한 '중화'의 정신문화를 생각하는 것이다. 공자의 도는 한 가지만 외곬으로 고집하는 그런 교조적 원리주의가 아니다. 공자의 도는 매우 자유로운 사유의 유연성을 그 생명으로 여겼다. 그래서 중세기적 주자학으로 공자를 읽으면 지금의 시대에는 맞지 않는다. 그는 참으로 학문하는 성인의 전범을 보여주었다.

그는 지나간 학문의 지혜와 새로운 시대의 상황을 늘 동시에 사유하는 길이 도를 공부하는 길이라고 여겼던 것 같다. 공자는 『논어』에서 지나간 학문만 골똘히 공부하고 새 시대를 사유하지 않으면 그 학문은 맹목적이고, 시대를 알기 위하여 끝없이 사색하되 경험적 학문의 축적이 없으면 그 사색은 매우 공허하다고 설파했다. 나는 주자학을 넘은 공자의 유교가 한국 정신문화의 교조적 업을 반성하는 데 새로운 자양을 줄 수 있으리라 본다. 공자 안에는 적어도 세 가지 도가 있다. 조선은

그 세 가지 가운데 하나만 부각시켰다. 그 점에서 우리는 편협
했고, 지금도 그러하다.

"공중의 새를 보라. 심지도 않고 거두지도 않고
창고에 모아들이지도 아니하되 너희 천부께서 기르시나니,
너희는 이것들보다 귀하지 아니하냐. 너희 중에 누가 염려함으로
그 키를 한 자나 더할 수 있느냐. 또 너희가 어찌 의복을 위하여
염려하느냐. 들의 백합화가 어떻게 자라는가 생각하여 보라.
수고도 아니 하고 길쌈도 아니 하느니라.
그러나 내가 너희에게 말하노니, 솔로몬의 모든 영광으로도
입은 것이 이 꽃 하나만 같지 못하였느니라."

예수의
「마태복음」에서

# 일체유심조

나는 대학 철학과 학생시절 강의 시간에 '일체유심조一切唯心造(모든 것은 마음이 지은 바)'라는 구절을 들었다. 일체가 다 마음이 지은 바라면, 내가 지금 교실 창 너머로 보고 있는 교정의 나무도 내 마음이 만든 것이란 말인가? 하교한 뒤 내 마음이 나무를 보고 있지 않으면, 그 나무는 없단 말인가? 이런 의문들이 줄곧 생기면서 나는 불교의 화엄 사상이 말하는 '일체유심조'에 동의할 수 없었다. 그러다가 나이를 먹으면서 불교가 말하는 '일체유심조'의 법을 나름대로 이해할 수 있었다. 화엄학에서는 마음의 본질을 알아차림(識)이라고 읽고, 우주의 일체가 모두 마음이라고 말한다. 우주를 통일적으로 이해하여 한마음(一心)이라고 읽는다.

과연 무엇이 마음일까? 먼저 마음은 알아차리는 능력(識)을 구비하고 있다. 그래서 불교는 마음론을 유식론唯識論이라 부른다. 마음에 바깥 경계가 비치면, 마음은 곧바로 그 경계를 알아차린다. 그 알아차리는 능력은 마음이 줄곧 바깥을 향하여 자기 자신을 벗어나는 탈자脫自 운동을 시행한다는 것과 같다. 알아차림과 탈자 운동은 같은 의미를 조금 다르게 언명한 것이다.

마음의 알아차림과 탈자 운동을 다른 말로 종합적으로 표명하면, 마음은 곧 욕망과 다르지 않다는 결론이 도출된다. 마음은 욕망이다. 욕망은 자기와 다른 것을 알아차림과 동시에 그것에 대한 끊임없는 관심에서 타자와 연결고리를 형성하는 운동을 말한다. 화엄학의 '일체유심조'가 유식학에서는 만법유식萬法唯識(모든 것은 다 알아차림으로 이루어져 있음)으로 이행된다. 보통 사람들은 인간만 마음이라고 여기는데, 화엄학과 유식학은 삼라만상의 모든 것이 다 마음이라고 한다. 나도 오랫동안 인간만 마음이라고 착각했다.

모든 것이 다 마음이라면 굼벵이나 사자도 마음이며, 난초와 대나무까지도 마음인가? 동식물의 생명은 모두 스스로 살려고 하는 본능의 욕망을 지니고 있기에, 그 본능의 욕망만큼 그들도 알아차린다. 굼벵이와 사자도, 난초와 대나무도 다 알아차린다. 알아차리는 방식이 서로 다를 뿐이다. 인간의 마음도 알아차리는 방식의 탈자 운동을 시행하고 있다. 이 우주의 일체가 모두 마음의 알아차리는 저마다의 방식을 띤다.

그럼 무생물인 광물에도 마음이 있을까? 어떤 이는 그렇다고 생각한다. 무생물도 자연계에서 타자와 인연을 맺으며 그 자리에 놓여 있다. 무생물도 타자와 관계를 맺으므로 깨어 있지는 않지만 잠자는 마음 상태를 이루고 있다는 것이다. 17세기 독일의 철학자 라이브니츠Gottfried Wilhelm Leibniz의 단자론單子論(monadology)이 바로 이러한 생각을 펼쳤다.

자연계의 동식물과 인간이 다 마음이라면, 모두가 다 같을까? 마음이라는 측면에서 보면 다 같지만, 모두 저마다 마음의 차원이 다르다. 알아차림과 탈자 운동의 차원들이 모두 다르다는 것이다. 여기서 우리는 불교의 유식학이 중요한 또 하나의 사실을 가르치고 있음을 놓치면 안 된다. 불교 유식학의 마음론은 서양철학이 분류한 유물론과 대립하는 유심론 사상과 같지 않다는 점이다.

서양철학의 유심론은 물질에 대한 정신의 우위를 강조하는 사상으로서, 진리의 차원에서 정신은 물질보다 더 상위에 속한다고 주장한다. 그러나 불교 유식학의 마음론은 물질과 대립하는 의미의 정신이 아니다. 굼벵이의 마음은 이미 굼벵이의 몸을 통하여, 사자의 마음은 사자의 몸을 통하여 표현된다는 것이다. 그리고 난초의 마음도 대나무의 곧고 굳센 몸통과 다르게 유연하지만 쉽게 꺾이지 않는 몸을 현시하고 있다는 것이다. 그래서 인도의 고승인 아슈바고샤(馬鳴)는 그의 저서 『대승기신론』에서 색심불이色心不二(물질과 마음은 둘이 아님)의 사상을 개진했다. 동식물의 물질적 몸은 이미 그 마음의 질을 현상적으로 알려주고 있다는 것이다.

그런 점에서 대학 시절의 나는 불교의 '일체유심조' 사상을 서양철학의 유심론과 같은 뜻으로 오해했다. 더구나 그 마음을 인간중심적 사유라고 오인하기까지 했다. 그래서 내가 보고 있지 않으면 교정의 나무가 존재할까 존재하지 않을까 하는 질문을 품었던 것이다. 나는 교정의 나무들과 새들도 모두 그들 마음의 욕망을 표현하며 자신들의 존재를 현시한다는 것을 미처 생각하지 못했던 것이다. 나는 우주 자연을 지독한 인간중심주의적 법집으로 착각했다.

자연적 마음은 존재론적 욕망을 펼치고 있다. 자연의 모든 생명은 서로 상생과 상극의 이중주를 주고받는다. 상생은 서로의 삶을 증장增長시키는 방향으로 작용하고, 상극은 서로의 삶을 손감損減시키는 방향으로 작용한다. 손감의 극치가 곧 죽음이다. 자연은 서로서로 죽음을 부르기도 한다. 타자의 생명을 취해야만 살 수밖에 없는 자연의 생명현상은 곧 자연의 연결고리에 살생의 폭력이 필연적으로 얽혀 있음을 알려준다. 자연계에서 상생과 상극은 형식적으로 보면 이율배반적이나, 실질적으로 그 둘은 자연의 존재 방식의 상보적인 이중성이다. 즉 죽음의 상극이 있기에 삶의 욕망이 강렬해진다. 천적이 있기에 생명의 욕망이 그만큼 더 강해진다.

또한 상생과 상극의 이중적 존재 방식은 자연계의 신진대사의 존재 방식을 가능케 해주는 원동력이다. 왜냐하면 생명은 무한히 생존하려는 욕망인데, 죽음이 그 무한대의 욕망을 차단시켜 새 생명을 존재할 수 있게 해주는 여백을 마련하기 때문이다. 자연적 마음의 욕망이 서로서로 주고받아, 삼라만상이 의타기적 존재 방식으로써 서로 오간다. 그래서 신진대사의 법은 불교적 의미에서 만물이 돌고 도는 길상의 상징인 만卍자와 같다. 이런 삼라만상의 자연적 마음의 욕망은 존재론적 욕망이다. 존재론적 욕망이란 어떠한 중심과 주변도 없고, 서로서로 존재하도록 도와주는 상호 의존의 돌고 도는 관계만이 있다.

그러나 인간의 마음은 자연의 마음과 다른 차원의 특이성을 지닌다. 그것은 인간의 마음이 언어활동을 한다는 것이다. 동물들도 서로 의사소통을 하기는 하지만, 그것은 신호를 교환하는 것이지 언어활동은 아니다. 인간의 마음의 알아차림(識)은 언어활동을 통하여 나타난다. 인간 마음의 알아차림과 언어활동은 같은 개념이다. 이 언어활동이 탈자 운동의 현상화이며, 인간이 자연 상태를 떠나 사회 상태를 유지할 수 있도록 한다. 자연 상태를 떠나 사회 상태를 유지하게 했다는 것과 자연 상태의 본능이 인간에게서는 지능으로 자리를 이동했다는 것은 같은 뜻이다.

본능은 자연 상태에서 동식물들이 자기 생존을 알아차림이고, 지능은 본능이 사회 상태에서 자기 생존을 위한 알아차림으로 변한 것을 상징한다. 인간의 사회 상태는 인간 마음의 이중성을 잘 반영한다. 그 이중성이란 인간의 마음이 사회성을 유지하면서 한편으로는 이기심을 쥐고 있다는 것이다. 인간은 사회적인 동시에 이기적이다. 이것을 18세기 독일의 철학자 칸트는 그의 논문 『세계 시민적 관점에서 본 보편사의 이념』에서 '비사교적 사교성(unsociable sociability)'이라는 절묘한 말로 표현했다. 인간의 사회 상태는 비사교적 이기심인데, 그 이기심은 인간에게 사교성이라는 사회성이 바탕에 깔려 있기 때문에 생겼다는 것이다.

이 말은 인간의 지능은 이기적인 동시에 사회적이라는 것을 말한다. 칸트가 잘 밝혔듯이 그동안 인류의 역사는 이 지능의 '비사교적 사교성(이기적 사회성)'에 의거해서 발전할 수 있었다. 이 이기적 사회성은 자연 상태의 욕망처럼 존재론적 방식이 아니라, 소유론적 방식의 욕망을 뜻한다. 서로 비교하여 열등감과 우월감을 느끼는 모든 인간의 마음은 시샘, 질투, 원망, 투지, 결심 등과 같은 모든 종류의 심리 현상을 빚는다.

이 심리 현상을 18세기 프랑스의 철학자 루소는 그의 저서 『인간 불평등 기원론』에서 '부글부글 끓는 발효(fervent fermentation)'라고 표상했다. 소유론적 욕망의 언어활동은 양자택일의 구조를 이루고 있다. 왜냐하면 소유론은 배타적이고 배척적인 사고방식을 기본 문법으로 지니기 때문이다. 소유론의 언어활동은 호/오好/惡, 이/해利/害, 진/위眞/僞, 선/악善/惡에서 늘 전자를 취하고 후자를 버리는 태도를 옳다고 여겼다. 그러기 위하여 소유론의 철학은 판단론을 중시했다. 판단을 통하여 어느 것을 선택할지 인식하기 때문이다.

그러나 자연의 존재론적 욕망은 인간의 소유론적 욕망과 달리 의타기적이라서 이중성의 성격을 띤다. 예컨대 상생과 상극도 배타적으로 분리되는 것이 아니라, 신진대사를 가능케 하기 위한 이중적 사실로 읽을 수 있다. 상생과 상극이 서로 다르지만, 각각 상대방에게 상보성이 성립하도록 자신의 흔적을 던져 준다. 천적이 자기를 죽이는 존재인 동시에 자기의 생기를 북돋아 주는 존재이기도 하다. 마치 도장에서 양각과 음각이 서로 다르지만, 음각이 없으면 양각이 성립되지 않고 양각이 없으면 음각이 존립하지 않는 것과 비슷하다.

자연의 삼라만상은 서로 다르지만, 그 차이(difference)가 적대적 배타성을 띠지 않는다. 그래서 현대 해체철학에서는 그 차이를 차연差延(differance)이라 부른다. 지금까지 동서고금의 철학은 차이를 적대 관계로 여겨 그것을 배척하는 언어활동을 중시했다. 그러나 이제 새로운 철학 사상은 차이를 적대적 모순으로 여기지 않고, 불교의 연기 사상처럼 차이를 차연(차이를 띠면서 서로가 상대방에게 자기의 흔적을 연기시킴)이라는 뜻으로 읽으려는 사유가 등장하고 있다. 이것은 인간의 알아차림이라는 말을 지능의 소유론으로 해석해 온 지나간 역사를 해체하고, 인간의 알아차림과 그 말을 다시 자연의 존재론처럼 복원하려는 전환기가 이르렀음을 반영한다.

　세상은 변하는데, 한국은 아직도 소유론적 대결의 사고방식에 젖어 있다. 소유론과 순수론은 늘 이웃한다. 소유적 이기심은 순수성으로 둔갑한다. 한국에는 위선자가 많이 설친다. 하지만 존재론은 잡종론이다. 잡종은 순종보다 더 통합을 잘한다.

# 택일적 사고와 이중적 사고

사회생활을 통하지 않고서는 인간이 될 수 없다. 그러나 그 사회생활에서 인간은 온갖 괴로움을 경험한다. 그래서 옛날부터 철학 사상은 사회생활을 큰 화두로서 취급했다. 예컨대 순자 사상은 동물들이 본능적으로 군서 생활을 하듯이, 생존을 위한 사회적 규칙인 법을 지능적으로 잘 본받으면 사회생활의 악인 혼란을 방지할 수 있다고 여겼다. 순자는 사회 구성원이 생물학적으로 생존할 수 있도록 하는 것이 정치의 최우선이라 여겼다. 그러나 맹자 사상은 이와 전혀 다르다. 사회생활에서는 이기심이 모든 악의 진원지이므로, 그것을 도덕심으로 바꾸면 양질의 사회생활을 영위할 수 있다고 보았다.

이러한 순자의 철학은 17세기 영국의 철학자 홉스Thomas Hobbes의 현실주의 사상과 비슷하고, 맹자의 철학은 18세기 프랑스의 철학자 루소의 이상주의 사상과 이웃한다. 어느 정도

이기심을 인정하는 현실주의든 부정하는 이상주의든 모두 행복한 사회생활의 창조 방식이라는 문제와 결부되어 있다.

좋은 사회생활을 창조하기 위한 철학 사상은 역사 속에서 구체화된다. 로마사에 정통한 20세기 프랑스의 역사가 폴 벤느Paul Veyne는 그의 저술 『역사를 어떻게 기술할 것인가』에서, 현실주의적 사회철학의 경향을 '백성을 양떼로서(people as flock)' 생각하는 사고와 연계시킨다. 그리고 이상주의적 사회철학의 경향을 '백성을 어린이로서(people as child)' 생각하는 사고와 관련 있다고 분류했다.

'백성을 양떼로서' 생각하는 현실주의적 정치의 유형은 백성을 배불리 먹이고, 포식자에게서 양떼를 잘 지키는 것을 으뜸으로 삼는다는 것이다. 그에 반하여 '백성을 어린이로서' 생각하는 이상주의의 정치는 아버지의 심정처럼 자식이 부도덕한 일에 탐닉하지 않고, 정신적·도덕적으로 건전하게 키우는 일에 관심을 집중시킨다는 것이다. 로마의 정치가 원로원 중심일 때는 전자가, 황제 중심일 때는 후자가 유행했다는 것이다. 물론 두 정치 이념의 성향은 강조점의 상대적 비교 우위를 말하는 것이지, 흑백논리처럼 단순한 유무의 문제가 아니다. 나는 로마사에 근거한 두 유형의 정치 스타일이 모든 역사에 거의 다 적용될 수 있는 이념형이라고 생각한다.

이 글은 저 두 유형 가운데 어느 쪽이 실질적으로 사회생활의 질적 향상에 기여했는지 알아보기 위함이 아니다. 이 글은 저 두 유형이 공통적으로 큰 한계에 직면해 있음을 말하고, 제3의 길이 무엇인지 모색하기 위함이다. 그 공통 한계는 바로 택일적 사고방식을 사회철학의 기본 논리로 채택하고 있다는 점이다. 현실주의는 이/해利/害의 대립에서 늘 전자를, 이상주의는 선/악善/惡의 대결에서 늘 전자를 선택하도록 종용한다.

현실주의는 경제주의고, 이상주의는 도덕주의다. 이기적인 경제와 반이기적 도덕은 서로 궁합이 잘 맞지 않아 상충하지만, 모두 지성(지능의 철학적 표현)의 분별력 위에 서 있다는 점은 공통적이다. 경제적 이익은 나에게 좋은 것이고, 도덕적 선은 내가 속한 사회에 좋은 것이다. 칸트가 밝힌 사회생활의 본질인 '비사교적 사교성'에서 비사교성은 경제적 이익과 연관되고, 사교성은 도덕적 선과 직결된다.

인간의 사회생활은 동서고금을 막론하고 늘 경제와 도덕 가운데 먼저 무엇을 택할 것인지 하는 문제로 일관되어 왔다. 순자의 철학은 경제를 우선하는 사상이며 벤느가 본 '양떼로서 백성'을 생각하는 정치 이념과 상통한다. 또 맹자의 철학은 도덕을 우선하는 사상이고, 벤느가 본 '어린이로서 백성'을 생각하는 정치 이념과 상통한다. 전자는 나에게 좋은 것이고, 후자는 사회에게 좋은 것이다. 모두 좋은 것이라는 점에서 공통적이다.

하지만 맹자의 사상은 좀 애매한 데가 있다. 그는 이기적

이利와 도덕적 선善을 각각 다른 것처럼 분리시키기도 하고, 둘 다 좋은 것(好)으로 수렴시키기도 했다. 이렇게 맹자의 입장이 모호한 데는 다 이유가 있다. 분리시키는 까닭은 이기심과 사회성의 차이를 강조하는 뜻이고, 수렴시키는 까닭은 이익이든 선이든 모두 인간에게 '좋은 것'이라는 점에서 상통하기 때문이다. '좋다(好=good)'라는 말은 경제적 실용이나 도덕적 선에다 적용된다.

경제적이든 도덕적이든 좋은 것은 모두 분별심의 작용에 기인한다. 나의 지성이 분별하고 판단하여, 좋은 것은 선택하고 나쁜 것은 배제하는 택일의 논리를 공통으로 지닌다. 지성은 분별과 택일의 논리다. 그런데 인류역사가 그동안 몸 바친 그 논리는 세상을 평안하게 하고 구원하는 희망의 사상이 아니다.

경제적 이익의 분별이 사회생활에 갈등을 빚는다는 것은 이해하기 어렵지 않다. 얼음 장수와 우산 장수의 이익은 일치하지 않는다. 이것이 이익 세계의 본질이다. 도덕적 선은 이와 달리 사회적 일치의 화음을 낳는다고 그동안 인류는 착각해 왔다. 현실주의에 비하여 이상주의는 늘 그 공상적 경향에도 불구하고 명분에서 우위를 뽐내고 잘난 체했다.

그러나 도덕적 인仁의 가치는 보통 때는 좋지만, 전쟁 같은 비상 상황에서는 어리석음으로 바뀌어 작전을 실패하게 한다. 의義의 가치도 원칙적으로는 좋지만 깡패 집단의 의리로 변하기도 한다. 직直의 가치도 정직하다는 점에서는 옳지만, 너무

예리한 칼날이라서 사람을 다치게 하거나 주위를 숨막히게 한
다. 용기의 가치는 위험을 무릅쓰고 선을 집행하는 가치지만,
그 이면에는 늘 거칠고 난폭한 폭력을 안고 있다. 2차 세계대
전 때 중죄인 집단으로 구성된 미 육군의 특공대가 올린 혁혁
한 전공은 용기의 이중성을 잘 보여준다.

인간은 사회를 떠나서 존재할 수 없다. 그러나 인간은 사
회생활에서 늘 무수한 이해관계와 가치관의 갈등 때문에 괴롭
다. 또 인간은 경제가 망하고 도덕이 타락하면 사회생활을 영
위할 수도 없다. 어떻게 경제와 도덕이 모두 건강하면서 사회
적으로 괴로움을 덜 받으며 살 수 있을까? 나는 여기서 원효가
사유한 길을 다시 음미한다. 그의 사유는 철학적으로 이중부정
과 이중긍정의 길을 현시한다. 이것은 개인적이든 사회적이든
택일의 사유가 지니는 분별적 지성의 한계를 지적한 것이다.

택일적 경제주의는 이기적 아집을 낳고, 택일적 도덕주의
는 위선적 법집을 낳는다. 위선적 법집이란 사회적으로 순수하
게 선할 수 없는데, 도덕주의로 순수한 선인 것처럼 위장하기
에 위선적이라는 것이다. 그 주장이 사회를 행복하게 하는 절
대적 진리라고 우기는 고집이 결국 법집을 낳는다. 그 법집은
아집보다 훨씬 더 고약하다. 왜냐하면 정의와 진리를 주장하는
사람들은 이기심과 다른 대의명분에 따라 살고 있다고 착각하
기 때문이다.

원효는 아집과 법집을 탈출하는 길로서 이중긍정의 사유

를 제시한다. 얼음 장수와 우산 장수의 손익을 아주 다른 것으로 생각하지 말라는 것이다. 이익과 손해는 맑고 흐린 날씨처럼 교대한다. 원효는 영원히 지속되는 이익과 손해는 없으니, 이중긍정의 차원에서 내가 웃으면 이웃에는 우는 사람이 있음을 배려하는 마음의 여유를 갖도록 설파한다. 이익의 이면에 손해가 엎드려 있고, 손해는 이익에 기대고 있음을 생각하는 이중긍정의 사고가 세상의 사실임을 자각케 한다.

도덕도 마찬가지다. 원효도 노자가 언명한 "선은 불선의 스승이고, 불선도 선의 자산이다"라는 말에 동의한다. 선이 불선의 스승이라는 말은 쉽게 이해할 수 있는데, 불선이 어떻게 선의 자산이 될까? 그것은 불선이 선을 증장增長시킨다는 의미다. 불선이 선의 바깥에 별개의 독립적 실체로 실존하는 것이 아니라, 선의 이면에 은닉되어 있기에 불선은 선의 배설물과 같다. 모든 선이 불선을 머금고 있기에 선은 오만방자해지거나 독선의 아만을 띠지 않게 된다. 자기의 선행이 절대적일 수 없고, 또한 이미 불선의 역기능을 세상에 뿌렸다. 그런데도 위선자들은 절대선을 사회에 심어 놓은 것처럼 설친다. 그래서 노자는 불선이 선의 자산이라고 언급했다.

원효는 노자처럼 선악으로 명칭을 대립화하지 않고, '선/불선' '악/불악'의 이중성처럼 상관적으로 세상을 보도록 종용한다. 그 양면성이 곧 상관적 차이(pertinent difference)로서 차연差延(differance)이다. 차연은 차이差異와 연기延期를 합한 현대 해체철학의 용어다. 이는 차이가 변증법적 모순의 관계가 아니라, 상보적으로 상대방의 것이 자기에게 연기되어서 서로 이중적 잡종으로 존재한다는 말이다.

원효는 이런 이중긍정이 실제로 성립하기 위해서는 먼저 이중부정의 사고방식이 요구된다고 한다. 이중긍정은 세상의 사실을 보는 방식이고, 이중부정은 이중긍정이 이원성(duality)으로 빠지지 않고 이중성(duplicity)으로 인식되게 하는 방식이다. 선/불선, 악/불악의 이중성은 각 변이 자기 동일성을 지니는 고정적 실체가 아니라, 서로 상대방이 있기에 자기도 성립하는 상대방의 흔적이다. 도장의 양각과 음각이란 양면성을 생각하면 쉽게 이해할 수 있다. 그러므로 양각과 음각은 모두 자기 것이 없는 공空이다. 모든 색色(물질)의 이중긍정적 구조(善/不善)는 자기 것이 없는 이중부정(非善/非不善)의 공과 같다.

원효는 사회생활을 하지 않을 수 없는 인간은 괴로움 속에서 사는데, 거기에서 탈피하면서 경제와 도덕이란 두 마리 토끼도 잡을 수 있는 길은 세상사를 이중긍정적인 포괄법으로 읽는 것이라고 갈파했다. 포괄법은 세상사를 호오와 선악이란 택일법으로 보지 말도록 종용한다. 그래야만 인간이 시건방지게 자기 것만 절대적으로 옳고, 다른 것은 절대적으로 그르다고 여기지 않을 수 있다.

또한 원효는 그렇게 이중성을 긍정하려면 이중부정의 초탈법도 익히도록 종용한다. 초탈법은 세상사 일체가 모두 인연법에서 생긴 환영幻影이므로 이익과 선 앞에서 좋아 흥분하지 말고, 손해와 불선 앞에서 좌절하지 말도록 제의한다. 초탈법은 허무주의나 염세주의 사상이 아니다. 지성으로 사회생활의 기준을 삼으면 인간은 호오의 선택에 갇힌다. 철학의 종말은 지성의 종말과 같다. 과학에 지성을 맡기고, 철학은 세상사가 환영임을 깨닫게 하면서 본성의 길을 떠나자.

# 세상사는 환영

불교 사상은 세상의 사실, 즉 세상사를 모두 환영幻影으로 본
다. 그래서 이런 불교 사상을 그동안 허무주의나 염세주의로
오해했다. 하지만 나는 불교 사상이야말로 세상사를 있는 그대
로 여여하게 보도록 하는 사실주의라고 생각한다. 그런데 우리
는 세상사라고 말하면 객관화시켜야 옳다고 생각한다. 그만큼
우리는 그동안 객관과 사실을 하나의 동의어처럼 여기는 사고
관습에 길들여졌다.

객관은 인간의 의식에 의하여 대상화된 사실을 가리킨다.
우리는 객관적 사실만 가치 있고, 나머지는 무시해도 좋다고
여길 정도다. 하지만 이 글은 정반대로 세상의 근원적 사실은
객관적 대상이 아니라, 오히려 환영이라는 것을 말하려 한다.
사람들이 객관적 사고를 신뢰하는 까닭은 자의적인 개인 의식
과 달리, 보편 의식을 상징하는 '누구든지(whoever)'가 똑같은

생각을 한다고 착각하기 때문이다.

사람들은 주관적 사고는 나 중심(자아)이고, 객관적 사고는 '누구든지(보편적 자아)'의 생각이라고 여기면서 서로 이질적이라고 착각한다. 그러나 그렇지 않다. 인간은 누구나 주관적 사고를 한다. 이것은 나 중심으로 세상을 유리하게 이용하려는 도구적 생각이다. 객관적 사고는 주관적인 도구적 생각에 문제가 생겨, 그것을 해결하기 위하여 문제를 대상화할 때 생긴다. 하이데거가 전기의 대표작인 『존재와 시간』에서 논한 바를 살펴보자.

내가 망치를 사용하다가 갑자기 이것이 너무 무겁다는 생각이 들었다. 나는 그 망치를 바꾸거나 고치려고 마음먹고, 내 팔 힘에 적합한 망치의 무게를 알기 위하여 수학적 정밀성에 의존하여 사고한다. 돌출된 문제를 풀기 위하여 나는 제3자가 되어서 내 팔 힘과 망치의 무게를 수학적으로 검토한다. 내가 그 문제를 적절히 해결했다면, 그 해결 과정에서 얻은 수학적 정밀성의 데이터는 나와 같은 조건을 가진 '누구든지' 다 적용할 수 있다. 객관적·과학적 사고는 결국 세상사를 주관적인 도구적 사고로 보는 것의 우회적 표현이다.

세상사를 도구적으로 이용하려는 나의 생활에 문제가 생겼다면, 그것은 세상을 도구적으로 이용하는 나의 소유욕에 제동이 걸린 것이다. 이 경우에 나는 문제를 해결하기 위하여 제3자의 입장에서 그 문제를 대상화한다. 이 대상화는 객관적으로 문제를 해결하려고 수학적(이론적) 정밀화라는 수단을 요구한다. 그러나 과학적·객관적 사고의 가장 밑바닥에는 나의 소유론적 욕망이 숨어 있다. 객관적 사실은 '누구든지' 똑같이 보는 사실인 것 같지만, 그 '누구든지'라는 이름 아래에는 세상을 도구적으로 유리하게 이용하려는 나의 소유욕이 깊숙이 은닉되어 있다.

이것이 하이데거가 본 객관적 사고의 본질이다. 수학적 문제 해결일수록 과학적이고 객관적이며, '누구든지' 다 소유할 수 있는 해결책이 된다. 정밀성은 과학의 핵심이고, 과학은 전문성을 요구한다. 전문성은 범위가 좁을수록 더 정밀해진다. 객관성은 실용성의 이론화(수학화) 작업이다. 하이데거는 『강연과 논문집』에서 '과학은 현실적인 것(the real)의 이론'이라고 표명했다. '현실적인 것'은 사회적인 실용성의 다른 이름이다. 과학은 실용적인 것을 더 고급화하기 위하여 정확성과 정밀성을 추구한다. '현실적인 것의 이론'은 모두 지적 소유욕의 소산이다. 과학 전문가는 세분된 문제를 푼 전공 지식을 소유하고 있으나, 자기 전공 분야를 벗어나면 거의 까막눈이 된다.

무엇이 객관적 사실인가? 그것은 소박한 실용적 소유욕을 우회적으로 만족시키기 위하여, 세분화하고 계량적으로 측정하고 증명할 수 있는 방향으로 작위된 데이터를 말한다. 이런 객관적 사실을 극단화하면, 심장 전문의와 위장 전문의는 서로 의사소통할 수 없는 미세한 정밀과 전공의 극치를 달리게 된다.

철학 분야에서도 이런 현상이 부분적이나마 대두되어, 이 분야의 전공자와 저 분야의 전공자가 서로 대화할 수 없는 일이 생기고 있다. 이 정도면 철학은 이미 끝난 것이다. 철학이 과학을 어쭙잖게 닮으며 전문가 행세를 하는 꼴이다. 객관화된 대상적 사실과 그 지식은 세상사를 미세하게 쪼개어 인위적으로 서로 회통되지 않는 고도孤島를 만들고 만다. 전문가는 아주 유식한 동시에 세상사의 전체를 유기적으로 보지 못하는 장님이기도 하다.

철학적 사유는 세상사를 그 전체에서 존재론적으로 보려 한다. 그토록 세분화된 지식들을 통일하는 과학을 어떻게 수립해야 할까? 과학은 본질적으로 그렇게 할 수 없다. 하이데거는 그의 후기 저작인 『무엇이 사유라 불리는가』에서 "과학은 사유하지 않는다"고 언명했다. 이 말은 과학이 존재를 망각하고 있다는 말이다.

하이데거가 말하는 사유는 오직 존재론적 사유를 의미한다. 과학은 비록 소박한 소유욕은 떠났지만, 지성적 소유욕은 한 번도 포기한 적이 없다. 존재론적 사유는 소유론적 사고와 구별된다. 존재론적 사유는 자연의 자연성(physis)과 상통한다. 자연성은 인간의 사회생활이 펼치는 진위와 정사를 판단하거나 선택함 없이 자동사적으로 생멸의 순환이 반복된다. 생멸의 순환 속에 자연성은 저절로 신진대사의 존재 방식을 엮어 간다. 하이데거가 말하는 존재론적 사유는 생멸하는 자연의 순환을 보면서 우주를 그 전체에서 유기적으로 관통하는 불변적 존재 방식을 깨닫는 것을 뜻한다.

실용을 위한 객관적 사고에 얽매인 과학은 소유를 초탈한 철학의 존재론적 사유를 모른다. 하이데거는 위의 책에서 다시 과학을 '일방통행(one way-passing)'이라고 진단했다. 즉 과학은 자연처럼 쌍방이 서로 왕래 교역하는 관계를 표현하지 않고, 오직 의식이 일방적으로 대상에게 향하기만 한다는 것이다. 이는 의식이 생각하는 문제를 해결하기 위한 길만 요구한다는 것이다. 이 길이 곧 소유와 실용의 길이다. 세상사가 오직 객관적이어야 한다고 여기던 문명의 관습은 인간의 소유론적 사고방식에서 기인한다. 과학은 소유론적이고, 소유론은 객관적인 것만 사실이라고 집착한다. 이제 우리는 전문적으로 세분화된 소유론적 사실 말고도 유기적인 세상사를 그 전체에서 보는 존재론적 사유가 있음을 깨달아야 한다.

원효의 이중부정과 이중긍정의 사고방식은 하이데거가 말하는 존재론적 사유와 이웃한다. 그것은 객관적 사고가 근거하는 판단적(택일적) 사고방식을 거부하는 것과 같다. 이중부정의 사유는 세상사에 대한 의식의 소유론적 생각을 소멸시키는 역할을 한다. 객관적·과학적 사고는 개인의 소유론적 사고와 무관해 보인다. 하지만 그것은 문제를 느낀 개인의 소유 의식을

추상적으로 상정된 의식일반(누구든지)의 소유 의식으로 일반화
한 것이다.

추상적 소유 의식은 지성의 판단을 통해 '진/위'와 '정/
사'의 택일을 구성한다. 앞의 것만 옳다고 하는 소유적 집착은
동시에 뒤의 것은 그르다는 배척적 집착을 낳는다. 소유와 배
척은 집착의 두 모습이다. 양자택일은 그러한 집착의 산물이
다. 이중부정은 세상에 대한 소유와 배척의 이중적 집착을 초
탈하는 길이다.

우리는 이중부정의 초탈을 비현실적으로 도피하는 길이라
고 읽어서는 안 된다. 소유와 배척에 집착함은 하이데거가 말
하는 '일방통행' 사고와 다르지 않다. 그러한 사고는 객관적
대상을 일방적으로 공격하는 사고와 비슷하여, 객관에서 의식
으로 역행하여 사고할 수 없다. 그러한 사고는 결국 서구의 지
성이 줄곧 주장한 지배적 권력의지와 다를 바가 없다.

권력의지는 진리의지와 동격으로서 판단적(객관적) 지성이
진리라고 표상한 것을 최고의 존재자라고 여겨, 그것의 난공불
락의 권위를 향유하기 위해 싸워야 한다. 하이데거가 갈파한
것처럼 서구의 자연과학은 끊임없는 진리의 투쟁사여서, 늘 이
전 이론을 부정하는 새 이론을 개발하고 극복하는 역사였다.
그리고 사회과학은 자가성自家性의 진리를 옹호하고 다른 진리
를 허위로 배척하는 투쟁적 택일의 논리를 강화시켜 왔다.

원효가 갈파한 이중부정은 결국 인간이 세상에 일방적으

로 설립하고자 하는 지성적 사유인 진리의 소유와 허위의 배척 같은 택일적 판단을 초탈하고자 하는 의미다. 그런 이중부정은 세상을 보는 인간의 생각을 한없이 자유롭게 한다. 어느 한 곳에 걸리지 않는 마음의 자유가 세상사를 도구적 실용으로 보는 것을 중단하게 한다. 그런 이중부정의 자유는 일방적으로 인간이 대상에 매긴 가치 가격인 '진/위'의 택일로 세상사를 보지 않게 하고, 자연의 자연성(physis)처럼 만물의 기적氣的 상호 거래의 존재 방식으로 읽도록 한다. 이것이 곧 이중긍정이다.

만물은 서로 다르므로 서로 의존한다. 나무의 존재는 비목非木의 존재(흙, 물, 공기, 햇볕, 바람)와 차이나는 동시에 상호 교섭하며 존재한다. 그래서 나무의 존재는 고유성(自家性)이 없고, 비목과의 잡종이라고 인식할 수밖에 없다. 나무는 이미 비목과 함께 이중적 사실로서 인식된다. 나무는 개념이다. 하지만 그 개념은 인간이 지성적으로 매긴 명사고, 실제로는 비목들과 서로 얽히고설켜 자동사적으로 일어난 생기적 사건(Ereignis=event)이나 사라지는 사건(Enteignis=dis-event)에 지나지 않는다.

하이데거는 나무와 같은 존재를 명사적으로 보지 않고, 자동사적인 '사건'으로 해석한다. 이 해석은 모든 존재의 여실한 사실은 인간이 판단하기 위하여 명사적으로 의식 앞에 세워 놓은 고착된 대상이 아니라는 것이다. 이는 돌고 도는 회전문을 가능케 하는 '돌쩌귀(樞)'와 같다고 설파한 장자의 사상과 상통한다. 돌쩌귀는 문이 돌거나 여닫게 하는 이중적 장치다. 모든 소유는 진/위와 정/사의 선택적 구조를 갖고 있지만, 모든 존재는 양자택일이 아닌 오로지 생멸처럼 여닫는 이중성으로 엮여 있을 뿐이다. 이것이 세상사를 환영으로 보는 원효의 이중긍정이다.

세상사를 환영으로 보는 법은 자연성의 존재 방식에 집착하지 않고, 일체가 흔적으로 오갔다가 다시 가고 오듯이 그렇게 사회생활을 읽도록 종용하는 사상이다. 원효의 사유는 소유론적으로는 영원히 풀리지 않는 인간사회의 고통과 불행을 아침 이슬처럼 사라지게 하는 자연성을 관조하는 마음의 법이다. 그러면 세상에 진리와 비진리는 없는가? 이에 대해서는 다음 글에서 보도록 하자.

# 진리와 비진리

우리는 세상을 살면서 '맞다'와 '틀리다'는 말을 쓴다. 저 말은 지성적 판단의 결과인데, 그런 판단은 세상사를 분별해야 할 필요성에서 생겼다. 세상사를 분별해야 할 필요성은 생존 문제가 등장했기 때문이다. 산에 터널을 뚫고, 강에 다리를 놓고, 경제적인 빈곤을 해결하고, 안보상의 위협에 대처하는 모든 것은 생존 문제를 풀기 위한 판단을 요구한다. 판단을 통하여 문제 해결의 정/오正/誤를 구분한다.

지성은 사회생활에서 생존을 위한 꾀를 인위적으로 강구한다. 이것이 그동안 인류 문명의 성격이었다. 지성이 진/위를 판별한다. 지성적 진리의 기준은 실용성과 정합성과 공정성이다. 실용성은 경제적 편리의 척도에서 이해를 분별하고, 정합성은 수학적 정밀성과 논리적 합리성의 척도에서 진/위를 가늠하고, 공정성은 사회적 공공성의 척도에서 정/사의 기준을 정립한다. 물론 문제의 성격에 따라 진리의 세 가지 기준 가운데 우선순위의 가치가 달라질 수 있으나, 저 세 기준은 공통적으로 인간이 세상을 소유하고 장악하려는 태도와 무관하지 않다.

공정성의 진리는 인간의 소유 의지와 달라 보인다. 왜냐하면 저것은 정의의 진리를 의미하기 때문이다. 그러나 정의의 진리도 정/사를 분별하여 공정하게 정의가 지배하기를 욕망하는 뜻을 지닌다. 그러기 위하여 정의는 불의와 싸워야 한다. 공정성도 소유적 진리의 지배 의지를 떠난 것은 아니다. 아무튼 과학은 지성이 인지한 문제를 해결하는 소유적·객관적 지식을 탐구한다. 이 지식이 진리다.

문제가 없으면 지식이 없고, 진/위의 구별도 생기지 않는다. 지성의 진리는 결국 인간의 사회적 생존에 도움이 되는 가치만을 가리킨다. 문세 해결의 정답이 되는 지식은 결국 문제를 지성적으로 소유했다는 것을 상징한다. 경제적 부자가 세상을 지배하듯이, 과학 기술적 지식이 세상을 장악한다. 20세기 프랑스의 구조주의 철학자 푸코Michel Foucault가 지적했듯이 문명이 '권력, 즉 지식(power-knowledge)'의 방향으로 이행해 왔다는 것은, 지식과 돈과 권력이 하나의 소유적 지배의 삼원三元 체제를 구성해 왔다는 것을 말한다.

동식물의 본능이 생존을 위한 자연의 사심 없는 술術이듯이, 인간의 지능(지성)도 사회적 생존을 위한 인위적 술이어서 흠결이 없어 보인다. 그러나 동식물의 본능은 생멸의 굴러가는 바퀴 속에서 일어나는 상생과 상극의 존재 방식이므로 거기에는 소유 의식이 없다. 동식물이 자기 생존을 위하여 다른 생명과 싸우는 상극적 일이 생기지만, 그 투쟁은 무한히 살려는 생명의 의지를 제한하는 필연적인 죽음의 등장을 표시할 뿐이다.

자연은 생멸의 균형을 그 존재 방식으로 이룬다. 그러나 인간의 지성은 자연의 존재 방식과 다른 질서인 소유를 세상에 부과한다. 지성은 문제를 해결하는 능력으로 수단(savoir-faire)을 갖고 있다고 말하는데, 그 수단이 클수록 더 많은 지배력을 향유한다. 지성은 진리를 소유하고 허위를 배척한다.

20세기 프랑스의 가톨릭 실존철학자 가브리엘 마르셀이 그의 저서 『존재와 소유』에서 잘 지적했듯이, 소유의 생리는 '자기 중심적(heauto-centric)'이면서 동시에 타자 중심적(hetero-centric)이다. 소유의 생리는 자기든 타자든 다 중심을 형성하려는 욕망을 지닌다. 왜냐하면 소유론은 곧 권력론이기 때문이다. 지배적인 중심은 종속적인 주변을 전제해야 가능하다. 중심적인 것은 지성적 진리의 세 기준에서 사회나 세상을 지배하려는 권력 주체이기를 바라는 것과 같다. 그 권력을 내가 소유하려고 하는 만큼, 타자 역시 자기 중심적으로 소유하려 한다. 이것이 마르셀이 말한 '자기 중심'과 '타자 중심'의 이율배반적 사고방식이다. 세상의 정치는 늘 지식과 돈을 수단으로 권력의 중심이 되려는 욕망과 다르지 않고, '자기 중심'과 '타자 중심'이 서로 격렬하게 싸우는 소유 중심의 역사다.

세상은 절대로 소유론적 진위의 판단적 분별로써 진리에 귀일하지 않는다. 소유론은 중심론이고, 중심론은 자기와 타자의 끝없는 대결과 투쟁을 낳는다. 자연과학의 진리도 가치중립적이지 않다. 그 진리도 이미 권력론의 중력 안에 있다. 사회생활의 사고방식을 소유론에서 존재론으로 이행하지 않으면, 인류는 저마다 자기가 중심이 되려는 이기적 탐욕에서 해방되지 않는다. 소유론적 지성은 필연적으로 세상을 문제로 여겨 판단의 대상으로 활용한다. 그러나 존재론적 사유는 세상을 문제로서 보기보다, 오히려 세상에 존재하는 시원적 법을 본받으려고 고요히 보고 귀를 기울인다. 그 시원적 법을 하이데거는 자연성(physis)이라고 보았다.

자연성은 자연과학의 대상이 되는 자연(nature)이 아니다. 그것은 자연이 스스로 나타나는 '생기의 사건(event)'과 스스로 사라지는 '소멸의 사건(dis-event)' 사이에서 왕복하는 자동사적 운동을 말한다. 하이데거는 세상사를 명사적으로 생각하는 것을 존재자적인 사고(ontical thinking)라고 불렀다. 명사와 존재자는 비슷한 개념이다. 존재자는 지성이 세상사를 보는 객관적 사고방식의 일반적 대상을 가리키는 개념이고, 명사는 세상사를 개별적 대상으로 분류해서 지적한 개념이다.

하이데거가 말하는 존재론적 사유(ontological thinking)는 세상사를 명사적 개별개념으로 쪼개서 보는 존재자적 사고방식이 아니라, 자연성처럼 세상사를 서로 유기적인 그물망으로 읽는 방식을 말한다. 우리는 앞글에서 자연의 나무(木)는 비목非木과 얽히고설킨 관계로 읽어야 한다는 것을 보았다.

20세기 프랑스의 해체철학자 데리다는 그렇게 그물처럼 얽힌 존재 방식을 차연이라고 명명했다. 그것은 형식으로는 명사 같지만, 사실은 명사가 아니라 차이를 지니고 있는 만물들 사이(the between)의 거래 관계와 같다고 했다. 데리다는 이런 차연을 초점이 일치하지 않는 사팔뜨기와 같다고 비유했다. 모든 명사는 개념적 초점이 분명한데, 이 차연은 선명한 개념의 중심이 없으므로 개념적 소유론에 해당되지 않는다. 존재가 차연이라는 것은 존재는 이중성이라서 지성에 의해 개념적으로 장악되기를 거부한다는 뜻이다.

세상을 존재론적으로 본다는 것은 세상을 지성의 판단 대상으로 여기지 않는 것을 말한다. 세상이 지성의 판단 대상이면, 세상은 어김없이 택일적 선택(진/위眞僞, 선/악善惡, 정/사正邪, 이/해利害)의 가치론으로 심문 당한다. 세상에 그런 가치를 부여한다는 것은 세상을 그런 가치로 소유하겠다는 지성의 결심과 같다. 마르셀이 말했듯이 소유론은 '자기 중심적'인 동시에 '타자 중심적'인 역설을 지니고 있기에 반드시 양자가 나뉘어 싸우게 마련이다. 인간이 선택한 어떤 진眞, 선善, 정正, 이利도 그 이면에는 약점을 지니므로, 상대방은 내가 택한 가치를 정반대의 약점인 위僞, 악惡, 사邪, 해害로 해석한다.

역사적으로 인간의 판단이 선택한 가치가 대립의 갈등 없이 일치된 적이 있던가? 자연성에는 소유론적 대립이 없고, 오직 생멸生滅의 이중성만 있을 뿐이다. 생멸은 인간이 선택할 수 있는 택일적 가치가 아니다. 생멸은 자연의 자동사적인 사건이다. 생은 비생非生의 멸을 머금고 있고, 멸도 비멸非滅의 생을 안고 있다. 꽃은 이미 비생의 멸을 내포하고 있고, 꽃이 죽으며 남긴 열매는 이미 비멸의 생을 품고 있다. 이것이 2~3세기 인도의 고승 나가르주나(龍樹)가 언급한 생멸과 유무의 이중성을 동시에 고려하는 중관中觀 사상이다.

원효는 나가르주나의 중관 사상을 본받아 불교의 공 사상이 '정공定空(고정된 공)'이 아니라 '역공亦空(불공不空과 또한(亦) 연계된 공)'이라고 언명했다. 원효는 『대승기신론소』에서 공이 독자적인 개념이 아니라 차연처럼 '불공과 또한 연계된 공'임을 알리려고, '정공'과 '역공'이란 용어를 대비하여 사용했다. 그것은 공과 불공이 차연으로 존재한다는 것을 표시하기 위한 의도다. 그러므로 존재론적 세상보기에는 진위, 선악, 정사, 이해의 대립은 없고, 진과 비진非眞, 선과 비선非善, 정과 비정非正, 이와 비리非利의 이중 관계의 차연만 있을 뿐이다.

여기에는 어떤 중심도 없다. 이 중심이 있으면 저 중심이 생겨서 반드시 대립과 갈등을 빚는다. 중심주의와 소유주의와 택일주의는 모두 동격이다. 하이데거가 후기에 존재의 계시啓示인 진리(truth)와 존재의 은적隱迹인 비진리(un-truth)를 천명한 것은, 존재론적으로 이 세상이 독자적인 진/위로 대립할 수 없다는 것을 암시한 것이다.

하이데거의 비진리는 허위를 말하는 것이 아니다. 그것은 공과 불공을 한 쌍으로 보는 원효처럼 진리와 비진리를 한 쌍으로 보는 차연적 사유를 말한다. 비진리는 진리가 무의 방향으로, 곧 밤의 휴식으로 '은적하는(hiding)' 것이고, 진리는 비진리가 유의 방향으로, 곧 낮의 활동으로 '현시하는(disclosing)' 것을 의미한다. 이것이 돌고 도는 자연의 자연성이다.

원효와 하이데거는 사회생활의 소유론적 사고를 자연성의 존재론적 사유로 치환하도록 종용하는 철학자다. 그들은 모두 존재론적으로는 세상에 취하거나 버릴 진/위는 없고, 다만 인간의 미망迷妄이 있을 뿐이라고 언급했다. 이 미망을 하이데거는 '길 잃음(erring)'이라고 명명했다. 그는 자신의 논문 『진리의 본질에 관하여』에서 길 잃음은 마음의 '집착(insistence)'에서 기인한다고 했다. 마음의 집착인 소유욕이 세상을 재단하는 것이 병이지, 세상의 시원적 사실은 마음의 병을 지닌 인간의 심판 대상이 아니라는 것이다.

비진리가 허위나 오류가 아니고 진리의 이면이라는 하이데거의 철학은 타자가 자기의 이면이라는 뜻을 암시한다. 중심주의 철학에서는 자기 중심과 타자 중심이 대결 구조로 이원화되지만, 중심을 해체시킨 차연의 철학에서는 타자는 비非자기로서, 자기는 비非타자로서 각각이 각각의 이면임을 말한다.

차연의 철학은 일체가 다 자기와 별개의 대립적인 존재가 아니라는 동기同氣의 사유를 낳는다. 삼라만상 일체가 다 동기다. 이것은 낭만적인 공상이 아니다. 이것의 중요성을 다음 글에서 보도록 하자.

# 일심과 일즉일체

바로 앞글에서 나는 차연의 사상이 동기同氣의 사유를 이끈다고 말했다. 동기라는 것은 삼라만상이 형제와 같다는 것을 암시한다. 이미 11세기 북송의 유학자 장재張載가 그의 논설『서명西銘』에서 인간과 사물을 우주적 일기一氣의 다양한 나눔이라고 봐야 한다고 역설했다. 그는 효孝의 덕을 확장해서 건곤乾坤을 우리의 부모처럼 모셔야 하고, 사람들을 우리의 형제로서 간주해야 한다고 주장했다. 그러면서 "백성은 나의 동포고, 만물은 나의 짝이다(民吾同胞, 物吾與也)"라고 천명했다.

본디 유가 사상은 도가 사상과 달라서 사회의 인륜적 가치를 매우 강조한다. 장재의 사상이 도가적인 요소와 닮았음에도 불구하고 유가로 인정되는 것은, 사회생활에서 효제충신과 같은 인륜적 가치를 실천해야 할 덕목으로 내세우며 도가와 불가에는 인륜이 없음을 비판했기 때문이다. 장재의 유가 사상이 비록 도가적 자연철학을 함의하더라도 그가 유가인 한 맹자가 말한 별애別愛 사상을 떠나지 못했을 것이다.

맹자의 별애 사상은 춘추시대 묵자墨子의 겸애兼愛 사상을 비판한 데에서 기인한다. 단적으로 묵자의 겸애 사상은 인류에 대한 평등한 사랑을 실천하라고 강조한 사상이다. 맹자는 그런 겸애가 현실적으로 실현하기 어려운 공소한 이론이라고 비판하고, 자기와 가장 가까운 부모형제에게 효제하는 차등적 사랑부터 실천하자고 주장했다. 이 차등적 별애 사상은 모든 유가가 공통으로 안고 있는 사상적 특징이다. 별애 사상은 세월의 흐름을 타고 결과적으로 자기 혈연과 비非혈연, 자기가 잘 아는 사람과 잘 모르는 사람을 차별하는 이분법적 사고방식을 굳힌 계기가 되었다.

이 친소와 혈연, 비혈연의 차별은 삼라만상을 동기로 느끼는 차연의 철학과 같이 가지 않는다. 맹자의 별애 사상은 양자택일의 논리와 일치하는 것은 아니지만, 친소와 혈연, 비혈연에서 선후와 중심, 주변을 따진다는 점에서 결국 선택의 사상을 은닉하고 있다. 이런 사유는 결국 호/오와 선/악을 분별하는 지성의 판단을 벗어나지 않는다. 주자학이 도덕 판단을 중시하는 주지주의主知主義 경향을 띠는 것은 우연이 아니다. 주자학은 지성의 철학이다. 주자학은 물활론(animism)을 미신에 가까운 것으로 경멸한다. 삼라만상에 다 살아 있는 정령이 있다고 여기는 물활론은 원시인들의 무지에 지나지 않다는 것이다.

그러나 우리가 사유하는 존재론에서 보면, 물활론은 엄청난 의미의 옷을 입고 다시 나타난다. 물활론은 생명이 있는 일체가 공명 체계를 이루고 있어서 너와 나의 차별이 없다는 것을 말한다. 내가 남에게 끼친 불행과 기쁨은 결국 나에게 되돌아온다는 일체동기一切同氣의 사유는, 단지 도덕적 의미를 부각시키기 위해서 나온 덕담이 아니다. 나 개인이나 계급의 이익만 챙겨 남들에게 손해를 입히는 투쟁 행위는 결국 나와 내 계급에 몇 배로 더 큰 손해를 준다는 사실을 일체론적 물활론은 가르쳐준다.

또 일체론적 물활론은 세상에 나와 남이라는 차이는 있지만, 그 차이는 상관적 차이일 뿐 대립각을 세워야 할 차별이 아니라고 말한다. 이것은 존재론적 사실이지 교훈적인 덕담이 아니다. 이 우주의 존재 방식은 노자가 말한 바와 같이 자타自他가 함께 병작하는 공동 유대이다.

장자는 이를 만물일지萬物一指(만물은 한 손가락), 만물일마萬物一馬(만물은 하나의 말)라고 불렀다. 또 만물제동萬物齊同(만물의 일체평등)이나 영녕攖寧(연계되어 있는 편안)이라고 표현하기도 했다. 장자가 무엇이라고 말했건 그 표현들은 만물이 모두 동일하다는 것을 가리킨 것이 아니다. 그것은 만물이 서로 다양하게 다르지만, 하나의 그물망처럼 서로서로 얽혀 있다는 뜻이다. 이것이 장자가 말한 '영녕'의 뜻이다. 영녕은 우리가 앞에서 본 차연이란 뜻을 떠올리게 한다.

장자는 「제물론」에서 "작은 풀줄기와 큰 기둥, 문둥병자와 미인 서시西施 등이 다르지만, 도의 입장에서 보면 서로 상통한다"고 설파했다. 다르기에 서로 상관적이라는 것을 뜻하는 차연의 의미와 장자의 말이 다르지 않다. 원효가 공空과 불공不空을 역공亦空의 이름 아래 한 쌍으로 읽고, 하이데거가 진리와 비非진리를 동전의 양면으로 보듯이 장자도 작은 풀줄기는 비非-큰 기둥, 문둥병자는 비非-미인 서시로 동시에 읽으라고 했다. 이것은 '비동시적인 것의 동시성'을 생각하는 사유이지, 별애처럼 나를 중심으로 우선순위를 따지는 선택적 사고가 아니다.

차연은 '비동시적인 것의 동시성'을 생각하는 사유다. 7세기 당나라의 화엄학 3조인 현수賢首 법장法藏이 그의 논술 『화엄금사자장華嚴金獅子章』에서 말한 황금사자상의 비유가 여기에 해당한다. 황금사자상을 보면서 그것을 황금이라고 생각하면 사자라는 생각이 숨고, 사자라고 여기면 황금이라는 생각이 뒤로 물러난다. 이렇게 황금과 사자는 비동시적 동시성의 구조를 지닌다.

이러한 법장의 비유를 장자의 비유와 다른 구조라고 생각할지도 모르겠다. 왜냐하면 황금사자는 한 물건인데, 풀줄기와 큰 기둥, 문둥병자와 미인은 각각 떨어진 별개의 것이라고 생각할 수 있기 때문이다. 그러나 장자가 말한 앞의 대조는 대소의 상관적 차이고, 뒤의 것은 미추의 상관적 차이를 말하는 것이 아닌가? 한쪽의 생각이 없으면 다른 쪽의 것도 발생하지 않는다. 따라서 장자와 법장의 비유는 모두 차연적 사유를 의미한다.

장자와 법장의 사유에는 어떤 중심도 없다. 그러나 맹자가 말한 별애는 자기 혈연부터 사랑한다는 중심이 있다. 이것이 유가적 사유의 역설이다. 맹자는 인의예지의 사단四端을 사회도덕의 기축으로 생각하면서 성선을 실현하자고 역설했다. 거기에는 사해동포의 보편성이 깃들어 있다. 그런데 현실적으로 그것을 실현하는 방식은 자기 혈연부터 중심으로 잡고 서서히 물결처럼 넓혀 간다는 것이다. 유가의 고상한 도덕 명분에도 불구하고 역사적으로는 혈연 중심주의를 초탈한 적이 있었던가?

장자의 철학은 삼라만상이 다 다르지만 서로 그물처럼 얽히고설켜 있다는 것을 가리킨다. 이것이 장자의 평등론적인 제물齊物 사상이다. 그의 평등사상은 일체가 똑같다는 동일 사상이 아니고, 7세기 신라의 고승 의상義湘이 『법성게法性偈』에서 말한 "하나의 개체가 곧 일체이고, 다양이 곧 한 몸이다(一卽一切 多卽一)"라는 화엄 사상과 닮았다. 삼라만상은 존재론적으로 완전히 평등하게 서로 주고받는 상응 작용을 한다는 것을 말한다. 나의 행위는 가역可逆작용을 통하여 언젠가 나에게 되돌아온다. 이것이 불교의 화엄 사상과 노장 사상이 공통으로 생각하는 일체주의(holism)다.

　의상은 "조그만 먼지가 온 우주를 머금고 있고, …한없는 긴 시간이 곧 한 생각이다(一微塵中含十方, …無量遠劫卽一念)"라고 갈파했다. 조그만 먼지를 내 밥그릇의 밥알 하나라고 생각해보자. 밥알이 된 쌀 한 톨은 농부의 수고로 영글었다. 그와 함께 햇빛과 비와 적절한 구름과 땅 힘 등이 서로 어울려 작용했다. 내 밥으로 여기에 놓이기까지 물류를 도운 운전자와 도소매 상인과 아내의 노력이 들어갔다.

　그뿐만 아니다. 이 쌀 한 톨은 볍씨 하나를 심은 결과다. 그 볍씨는 우주 일체와 사람들의 협동으로 형성되었고, 또 자연과 인사의 무한 상응 속에서 거슬러 올라간다. 이렇게 보면 내가 먹는 밥알 하나가 엄청나게 많은 다른 것들과 상입상즉相入相卽(상호개입과 상호연세)의 존재 양식을 띠고 있다. 지금 내가 이 글을 쓰기 위해 생각하고 있는 일념은 지난날 내가 바친 많은 공부 시간의 응축이기도 하고, 또 무의식적으로 내가 철학 공부를 좋아하게 한 전생의 기가 작용하는 것도 상관있다. 내가 마시는 이 한 방울의 물은 그동안 무수한 재생의 순환을 지나온 흔적을 안고 있는 것이 아닌가?

　물 한 방울의 존재가 무시 이래로 지구에 있던 일체의 물과 상입상즉의 연관성을 지니듯이, 사회생활에서 한 개인의 생각과 행동은 전체 사회의 분위기와 결코 분리되지 않는다. 또 사회 전체 분위기는 자연환경과도 연관을 맺는다. 서로 미워서 적대감으로 엉킨 사회는 맑고 고운 자연을 일구지 않는다. 투쟁장으로 엉망이 된 일터가 정돈되어 있던가?

우리가 살 길은 투쟁을 통해 미움과 한을 발산하는 것이 아니라, 네 일이 곧 내 일이라고 여기는 일심一心의 사상이다. 사회는 다양한 인격들이 서로 직간접적으로 의존해서 통일된 그물을 형성할 수밖에 없다. 개인주의는 전체주의만큼 망상이고 허상이다. 사회 속에 개인이 독립된 단위가 아니듯이, 개인은 전체를 위하여 강압적으로 희생되어도 좋은 하찮은 부품이 아니다. 개인은 일심이다. 그 일심이 일체적인 일심을 돕는 일심일수도 있고, 일체적인 일심을 파괴하는 일심일 수 있다.

차연적 사유는 일체적인 일심을 돕는 길이다. 일체주의(holism)는 전체주의(totalitarianism)와 다르다. 전자는 서로 다르기에 교응하는 자연적 사실주의와 닮았고, 후자는 모든 차이를 지우고 중심주의를 조작하여 그 중심을 열광적으로 경배하게 한다. 남은 나와 전혀 동떨어진 별개의 인물이 아니고, 타자는 비非─자기이고 자기는 비非─타자이다.

이 자타의 차연이 상처를 받으면 자타가 모두 병들고 불행해진다. 그런 사회생활은 지옥을 방불케 한다. 마음에 정치적·종교적·계급적·민족적·성별적 생각이 똬리를 틀고 앉아 있으면, 어떤 것도 올바르게 듣거나 볼 수 없다. 투사는 또 다른 적대적 투사를 낳는다. 투사의 문화는 투쟁적인 만큼 편파적이라는 것을 깊이 깨닫자. 우리는 투사의 말에 흥분하기보

다 한 떨기 들꽃의 하찮은 모습도 고요히 응시하는 평정심을
귀하게 여기자.

"너희들은 마땅히 알아야 한다.
모든 중생들이 시작이 없는 아주 오래전부터 나고
죽음이 서로 계속됨은 다 항상 머무르는 참마음의 맑고
밝은 본체는 알지 못하고 허망한 생각만 작용한 탓이니,
이 허망한 생각이 참되지 못하므로 나고 죽는 세상에 윤회하나니라."
"선남자들아! 내가 항상 말하기를 물질과 마음의
모든 인연과 마음에 끌려 다니는 것과 반연되는 모든 현상들이
오직 마음에 나타난 것이라고 하였다. 너의 몸과 마음이
모두 오묘하게 밝은 참되고 정밀한 마음속에서 나타난 물건인데,
어찌하여 너희들은 본래부터 오묘한 원만하고 밝은 마음과
보배롭고 밝고 오묘한 성품을 잃어버리고,
깨달음 속에 혼미한 것만을 인정하는고?"

석가모니의
『능엄경』에서

# 은유법과 환유법의 철학

우리는 날마다 말을 한다. 그 말은 무의식적으로 어떤 법칙을 띠고 나타난다. 그 가운데 가장 중요한 법칙은 프랑스의 정신분석학자 라캉이나 러시아의 언어학자 야콥슨Roman Jakobson이 말한 은유법(metaphor)과 환유법(metonymy)이다. 먼저 은유법과 환유법에 대해 간략히 설명하겠다.

　수사학적으로 은유법은 '백합화 같은 소녀'나 '사자 같은 소년' 등으로 소녀의 순결성과 소년의 용맹성을 표현하는 것을 뜻한다. 단적으로 소녀의 순결성과 순진성, 아름다움이 백합화로 '압축'되었고, '상징적'으로 그 소녀가 백합화로 '대체'되었다. 대체될 수 있는 까닭은 소녀와 백합화 사이에 정신적으로 같은 계열에 속한다는 '계열체적 집합(paradigmatic set)' 또는 '유사성'이 있다고 보았기 때문이다. 여기서 작은따옴표는 은유법의 의미를 알리는 핵심적 개념이다. 은유법隱喩法은 소녀와 소년을 보는 현장에는 없는 그들과 유사한 숨은(隱) 단어를 상징적으로 찾는다고 해서 붙여진 이름이다.

환유법換喩法은 '술 마시자'를 '한 잔 하자'로, '30척의 배'를 '돛 30개'로 표현하는 방법이다. 이것은 술과 술잔의 상호 '인접성'과 전체(배)와 부분(돛)을 양적으로 비교하면서 장소를 '치환(換)'시키는 사고방식에서 생긴 수사법이다. 환유법은 은유법과 달리 이미 현장에 출현한 대상들을 보고서 술을 술잔으로, 배를 돛으로 '장소 이동'하여 두 낱말의 생각을 결합시키는 '결합체적 맥락(syntagmatic context)'을 중시하기에 장소 이동이 필수적이다.

이런 은유와 환유의 수사학은 인간이 세상을 더 잘 이해하고 지시하기 위한 소유의 방편에서 생긴 언어활동이다. 은유법은 세상에 대한 '내면적 이해'와 연관되어 있고, 환유법은 세상을 '외면적'으로 결합시키거나 분석하는 '과학적 지시'의 방법과 뗄 수 없는 관계를 맺는다. 그것은 수사학이 세상을 인간 중심으로 더 잘 소화하기 위한 소유욕의 표현임을 말한다. 무의식적으로 은유법과 환유법을 사용하는 철학은 도가와 불가나 서양의 해체철학이라기보다, 오히려 유가와 신학 또는 서양의 구성철학에서 더 많이 나타난다. 왜냐하면 세상을 인간중심적으로 구성하는 지성의 철학은 이상주의와 현실주의로 세상을 장악할 때, 무의식적으로 은유적이고 환유적인 언어를 쓸 수밖에 없기 때문이다.

이상주의는 은유법적으로, 현실주의는 환유법적으로 세상을 소유하려 한다. 은유와 환유에 의한 소유의 두 양식을 마르셀의 철학 용어로 바꾸면, 각각 함유(implication)와 점유(possession)에 해당한다. 전자는 정신적 소유를, 후자는 물질적 소유를 의미한다. 은유적 이상주의와 환유적 현실주의를 가장 잘 대변하는 철학 사상으로는 맹자와 순자의 유가 철학을 내세울 수 있다.

맹자의 유학은 천명天命과 성인聖人을 일치시키는 사유의 틀을 기본으로 하고 있다. 그 천명이 세상을 올바로 세우는 불멸의 도이며, 그 도가 곧 인의仁義로 표현된다. 맹자는 인을 '인간의 마음(人心)', 의를 '인간의 길(人路)'이라고 해석했다. 또 그는 "인은 인간의 편안한 집(安宅)이고, 의는 인간이 다니는 올바른 길(正路)"이라고 표명했다. 이런 맹자의 비유는 매우 은유적이다.

'인간의 마음'을 '인간의 편안한 집'과 동격으로 비유한 것은, 인간의 마음이 『논어』에서 말하는 '어진 마을(里仁)'과 같아야 한다는 것을 함의한 것이다. '편안한 집'은 부모형제가 동고동락하는 공동체와 같다. 마음은 화기애애하게 부모형제가 사는 '편안한 집'이나 '어진 마을'처럼 공동체 의식을 가져야 한다. 이것이 맹자가 내린 마음의 정의다. 의는 그 공동체를 마비시키지 않고 혈액이 순환하게 하는 올바른 길이다. 인의는 바로 천명이 명령한 자연성의 법도다. 맹자는 그 자연성의 법도가 사회성의 법도로 '대체'되면 그것이 곧 성선性善의 사회라고 생각했다.

그런 천명의 법도인 인의를 의인화한 것이 요순과 같은 성인이다. 맹자가 생각한 자연성은 『시경詩經』의 시구처럼, "물고기가 뛰고, 솔개가 하늘에 날듯이" 인의 생의生意가 천지에 가득하고, 각각의 생물이 모두 제 마땅한(宜=義) 길을 가는 그런 낭만적 자연관에 입각해 있다. 그런 자연적 인의를 의인화한 요순은 성선의 '압축'인 셈이다. 요순은 단순히 성선의 압축인 것만이 아니다. 요순은 자연성인 생의(仁)와 자연 만물의 마땅한 행로(義)를 '대체하는' 인의적 인성의 표본이다. 그리고 그 인성은 자연성과 '비슷하지만' 자연성이 현전적으로 인성에 나타난 것이 아니라, 단지 상징적으로 '숨어 있을' 뿐이다.

맹자는 "인간은 누구나 요순이 될 수 있다"라고 긍정적으로 대답했다. 그런 긍정의 증거로서 그는 인간이라면 누구나 감히 잔인한 짓을 하지 못하는 '불인인지심不忍人之心(차마 하지 못하는 사람의 마음)'이 인간의 본성이라고 보았다. 인간이 이 '불인인지심'의 본성을 회복할 수만 있다면, 누구나 요순이 되고 사회적 이욕심의 악을 이길 수 있다고 여겼다.

맹자는 후천적 사회생활의 이욕심이 인간의 본성을 흐리기에, 인의예지의 마음을 확충하는 도덕심으로 무장하여 인간의 본성을 회복하는 당위의 의지를 매우 강조했다. 그러한 도덕 의지로 복성復性한 인물이 바로 탕湯·무武 임금이다. 이것이 맹자의 낭만적 이상주의다. 그의 이상주의는 인의를 자연성에서 빌려 인간 본성으로 은유화하고, 그 은유적 이상의 가치가 사회를 장악하도록 이기적 이욕심에 흔들리지 않는 도덕적 지성의 판단을 강조했다. 하지만 요순처럼 무위적 자연성과 인성이 일치하는 지고지선의 순정무구한 역사는 다시 생기지 않으므로, 탕무의 도덕적 노력의 길을 대안으로 제시하지 않을 수 없었다.

문제는 탕무 이후에 대성大成으로 상징되는 공자 말고는 아무도 그 탕무의 길을 회복한 현실적 인물이 없다는 것이다. 이에 율곡은 공자와 맹자가 도를 밝혀 놓았음에도 불구하고 그들의 도를 숭상하는 사람들이 정치를 해도, 왜 세상에 인의의 도가 실현되려는 기미가 조금도 보이지 않는지 심각하게 질문을 던졌다. 지금까지 맹자의 길은 늘 꿈꾸는 낭만주의자의 헛된 이상의 투사로 끝나든지, 아니면 참담하게 실패할 수밖에 없는 지상 유토피아 건설의 혁명적 열병으로 오염되어 왔다.

사람들은 맹자의 사상이 형이상학적으로 소유론인 것을 모르고 존재론으로 착각해 왔다. 인간중심주의는 존재론이 되기 어렵다. 맹자의 형이상학이 헛된 정열로 끝난 가장 큰 이유는, 사람들에게 요순의 본성을 회복시키게 하려고 도덕의식을 고취하는 것만 강조하는 당위 윤리에 초점을 맞췄기 때문이다. 요순의 본성은 도덕적 지성의 판단에 따라 사회악과 대결하는 의식에서 회복되기보다는, 오히려 모든 지성적 분별심을 쉬는 데서 피어난다고 생각한다. 그래야만 분별심이 끝없이 흥분시키는 무의식의 뿌리가 고요해질 수 있다.

맹자가 자연을 본성적 성선의 차원에서 읽었다면, 순자는 자연을 본능적 생존 투쟁의 잔혹한 경쟁으로 보았다. 맹자의 천天은 목적론적 하늘(heaven)이지만, 순자의 천은 그냥 기계론적 하늘(sky)이다. 맹자는 자연성과 인성의 일치를 겨냥한 '천인합일天人合一'을 생각했으나, 순자는 '천인지분天人之分'으로 자연과 인간을 완연하게 구별했다. 이것은 자연의 본능과 인간의 지능을 분리시킨 사상이다. 순자에게 자연의 본성은 오히려 본능에 해당하고, 인간의 지능은 인위적인 능력이다.

그는 또 '성위지분性僞之分(본능과 지능의 구분)'을 주장했다. 여기서 위僞는 거짓이란 뜻이 아니라 인위성을 가리킨다. 지능은 자연적인 것을 가공하여 사회적인 것으로 전환시키는 능력이다. 순자는 그런 능력을 가진 지도자를 '지인至人'으로 보았다. 곧 지인은 도덕적 성인이 아니라 지능적 기술인이다. 이 지인은 야생적 자연을 기술적 문명으로 변환케 하는 능동적 지성의 참여인 '능참能參'을 실시하는 자다.

자연적인 것은 모두 본능적인 생존 투쟁을 마다하지 않는 이기심의 경향이 있기에 순자는 이 자연의 본성인 본능의 이기심을 성악性惡이라 보았다. 인간의 지능이 사회생활을 경영하기 위해서는 저 이기적 소유욕을 없앨 수 없다. 다만 그는 사회가 파괴되지 않고 생기 있게 돌아갈 만큼 그것을 '양적으로 감소'시키는 것이 중요하다고 여겼다. 순자는 자연의 소유욕은 대개 물질적 점유욕인데, 그것을 좀 둔화시키는 방법이 바로 '예법禮法'이라 생각했다.

자연과 사회를 구분하긴 했지만, 보통 생각하듯이 완전히 쪼개지는 않았다. 순자는 지인의 경제정책을 '천양天養', 복지정책을 '천정天政', 경험적 인식을 '천공天功' 등으로 표상했다. 그가 완전히 분리했다면, 지능적 사회 경영의 개념에 자연(天)이란 의미를 덧붙여 명사화했을 리 없다. 이것은 순자가 자연적 본능과 사회적 지능을 상호 '인접' 개념으로 여겨, 자연에서 사회로 '장소 이동(置換)'을 시킨 환유법적 사고를 했다는 뜻이다. 베르그송이 말한 것처럼 본능과 지능은 다르지만, 생존술이라는 공통점이 있음을 이미 간파한 것이다.

그리고 그는 자연적 본능을 없애지 않고, 그것을 예법으로 조절된 사회적 욕망으로 '결합'시켰다. 그는 정치의 요체를 '화성기위化性起僞(본성을 변화시키는 인위적 지능을 일으킴)'라고 생각했다. 맹자의 철학이 의사 소유론(함유적 소유론=형이상학적 소유론)이라면, 순자의 철학은 진짜 점유적 소유론(형이하학적 소유론)이다. 환유법은 은유법처럼 낭만적 마음으로 세상을 화학적으로 영구히 바꾸려 하지 않고, 생존경쟁에서 살아남는 현실적 · 물리적 대처 방안을 임시로 강구한다.

　소유론적으로 세상을 보면, 맹자보다 순자의 사상이 훨씬
더 유효하고 실질적이다. 그러나 존재론적으로 보면, 순자의
철학은 적과 싸우는 사령관의 심리처럼 너무 냉엄하고 승부욕
에 집착해 있다. 세상은 전쟁터인 것만이 아니다. 그렇다고 공
상적 낭만파로 되돌아가자는 것은 결코 아니다. 존재론적 사유
는 맹자와 순자의 길이 아닌 제3의 길을 사유한다.

# 같다는 것과 다르다는 것

우리는 오랫동안 '같다는 것(同)'과 '다르다는 것(異)'을 서로 대립적으로 여기도록 사회생활을 해 왔다. 이런 생각은 아주 긴 세월 동안 반복되어서 하루아침에 소멸되지 않을 것이다. 그리나 이제 우리는 깨달아야 한다. 같다는 것은 다른 것에 반대하는 것(反−異)이 아니라, 다른 것이 아니라는 것(非−異)이다. 또한 다르다는 것도 같은 것에 반대하는 것(反−同)이 아니라, 같은 것이 아니라는 것(非−同)이다. 이 말은 같다는 것과 다르다는 것을 대립하는 사이로 읽지 말고, 상관적 사이로 읽어야 함을 말한다.

　같다는 것과 다르다는 것을 적대적 대립의 관계로 읽는 논리는 내가 이 글을 통하여 줄곧 비판해 왔던 택일적 사유와 밀접한 연관이 있다. 그런 택일적 사유는 분별력을 귀하게 여기는 지성의 논리와 별개의 것이 아니다. 과거의 철학 사상에서는 지성보다 더 고귀한 가치로 취급받은 개념이 없었다. 이는 대학을 '지성의 전당'으로 부르는 것이 바로 전통적으로 지성에 최고의 예우를 바쳐 왔다는 증거가 아닌가?

지성의 논리는 택일적 판단에서 빛난다. 택일적 판단은 늘 정/오正/誤와 선/악善/惡의 대결 양상을 띠고 나타난다. 그 대결이 자의적인 개인적 심리에 기인한 호/오好/惡의 대결이 아님을 과시하기 위하여, 전통적 지성의 논리는 그 대결을 보편적 논리에 의거한 정/오의 대결인 양 호도했다. 그래서 사람들은 심리적 호/오의 대결은 비이성적·감정적 대결이라 폄하하고, 논리적 정/오의 대결은 이성적이고 품격이 높은 지성의 대결이라고 착각했다.

서양철학은 이런 지성적 판단의 정당성을 제공하기 위하여, 개인 의식이 아닌 '의식일반(consciousness in general)'인 보편 의식을 논리적으로 정립했다. 그러나 의식일반은 개인 의식의 심리적 호/오 판단을 아주 희석하려고 수행한 우회 전략일 뿐이다. 즉 의식일반도 심리적 호/오 판단을 아주 깊숙이 무의식에 감춘 논리적 명분이다. 스위스의 심리학자 융이 『심리학적 유형론』에서 통찰했듯이, 논리적 정/오 판단의 가장 깊은 저변에 심리적 호/오 판단이 숨어 있다.

심리적 호/오이든, 논리적 정/오이든 거기에는 자기동일성(self-identity)에 대한 강한 애착이 숨어 있다. 자기 것에 대한 감정적 동일성이든 이성적 동일성이든, 자기동일성은 다른 것과 대립된 자기 것이 실재한다는 착각에 근거한다. 이러한 자기동일성이 자기중심주의를 낳는다. 이 자기 중심의 논리는 반드시 타자 중심의 논리와 대결한다. 소유론적 사회생활은 마르셀이 잘 통찰했듯이, 자기중심주의(heauto-centrism)와 타자중심주의(hetero-centrism)를 동시에 생산한다.

이러한 자기나 타자중심주의적 사고방식에 의한 같음과 다름의 대립은 꼭 경제적·물질적 이해관계에서만 생기는 것이 아니다. 도덕적·종교적·정치이념적 차이가 대립을 자아내는 경우도 많다. 정신적 대립이 경제적 대립보다 더 극렬한 때가 많다. 예컨대 단순한 물질적 대립은 이해관계 당사자들 사이에 타협하는 길을 찾게 하지만, 정신적·이념적 대립은 타협하는 길을 배제하는 자가성自家性 충족률로 채워지기 쉽다. 이런 충족률이 역사에서 잔혹한 종교전쟁과 이념전쟁을 불러왔다. 특히 종교전쟁은 늘 절대적 진리라는 이름으로 싸운다. 이 말은 정신적 이념의 동일성이 자기와 다름을 상관적 차이로 보지 않고, 적대적 차이로 여기는 공격성을 더 강하게 낳을 수 있다는 것이다.

지금 우리 사회의 위험성은 경제적 이해관계의 대립에서 오는 것보다 정신적 이념들의 대립에서 오는 것이 더 크다. 소유는 물질적인 것만이 전부가 아니다. 정신적 소유론이 더 위험하다. 정신적 소유론은 형이상학적이고 이념적이어서 소유론이 아닌 것처럼 보인다. 정신적 소유론은 자가성의 사회적 지배를 위하여 같음과 다름을 적대적 차이로 생각하도록 만인을 선동한다.

여기서 사회적 여론을 어떻게 생각해야 하는가 하는 문제가 생긴다. 사실 여론은 철학적으로 사유하기가 단순치 않다. 자연에는 자연적 필연성이 있듯이, 사회에도 그 사회가 어겨서는 안 되는 규범이 있다. 이미 내가 앞글에서 규범을 여론이라고 말한 적이 있다. 나는 여론이 곧 사회적 진리 자체라고 생각하지 않는다. 사회적 진리는 여론으로 나타나지 않고 다른 곳에 외롭게 실존할 수 있다. 특히 여론이 일진광풍(문화대혁명, 나치즘, 페로니즘)으로 회오리바람을 일으킬 때, 진리와 여론의 괴리 현상이 생긴다.

그러나 사회적 진리가 여론과는 다른 곳에 존재하더라도, 사회적 진리는 결코 여론을 등지고 나타나지는 않는다. 왜냐하면 사회적 진리는 만인이 싫어하는 바를 거스르며 나타날 수는 없기 때문이다. 여론이 진리 자체는 아니지만, 진리가 여론의 틀을 떠나서 현실화되지 않는다. 그러나 나는 여론이 완전히 지배하거나 점유하기 위한 열광 의식(fanaticism)으로 미쳐 있을 때에는 약성보다 독성을 더 강하게 분비한다고 생각한다. 열광적 소유 의식의 의견들은 자기와 다른 것을 적대감으로 대한다.

이것은 정치적 견해에서뿐만 아니라, 종교적 신앙에서도

마찬가지다. 인류는 오랜 세월 동안 이런 정치투쟁과 신앙 행위를 용기 있는 신념으로 존중해 왔다. 다행히 자유민주주의적 가치관의 도입으로 열광적 정치투쟁과 의견이 일방적인 방향으로만 진행되지 않고, 반대 의견도 개진할 수 있게끔 제도화되었다. 그러나 자유민주주의가 자기중심주의와 타자중심주의의 상충적 소유론을 모두 허용한 점에서, 그것은 대립이나 적대적 차이론의 상대화를 이끄는 소유론적 제도이지, 같음과 다름을 상관적 차이로 엮는 존재론적 사유를 구체화한 것은 아니다.

더구나 종교적 세력 확장의 문제에서 자가성의 절대주의가 매우 심각하다. 초월적 절대자를 믿는 종교에서는 다른 종교를 배척하는 사고가 급한 곡선을 그으며 상승한다. 그 절대자는 사랑이다. 그런데 다른 종교를 배척하며 신도 수를 확장하고 점유하려는 열광 의식과 그 사랑의 이율배반은 어떻게 해석해야 하는가? 신도 수를 늘리고 점유하는 것은 정치적으로 다수의 지지를 얻으려는 정치투쟁과 매우 비슷해 보인다.

우리는 어떻게 해야 같은 것과 다른 것, 동일성同一性과 이타성異他性이 대립적 차이가 아니라, 상관적 차이로 엮이는 그런 존재론적 사유를 구체화할 수 있을까? 이것은 또 하나의 공상적 낭만주의에 지나지 않는 것이 아닌가? 나는 앞글에서 세상을 헌집 수리하듯이 고칠 수 없는 이유를 설명했다. 세상은 객관적 대상이 아니기 때문이다. 세상은 세상을 보는 만인의 마음이 그리는 사이버 시공간이므로 마음을 소유론에서 존재론으로 전향하지 않으면, 세상은 달라지지 않는다.

그러면 정치적·종교적 소견을 소유론에서 존재론으로 어떻게 바꾸나? 나는 여기서 가톨릭 철학자 마르셀이 그의 저작 『존재의 신비 II』에서 한 사유를 도입한다. 그에 따르면 소유론적인 마음에서 발동하는 정치적·종교적 소견일수록, 그 소견은 남들 앞에서 선전하듯이 국민의 생각이나 민족의 생각, 민중의 생각, 또는 어떤 절대자의 생각과 일치한다고 '주장한다(pretending)'는 것이다.

그런 주장은 적어도 남들 앞에서 자기 믿음의 '확신(conviction)'을 전파하여, 자기 생각과 일치하는 자들을 '국민' '민족' '민중'이나 또는 '절대자'의 이름으로 소유하려는 '열광적 추상의 정신(the spirit of fanatic abstraction)'과 다르지 않다. 그런 정치적·종교적 확신은 이미 그가 소유하고 있는 소견을 개진하여, 자기 소견과 다른 소견을 확연히 적대적인 것으로 구분해 빗장으로 문을 잠그는 '판결 선고'나 '내적 철책'을 치는 것에 비유할 수 있다. 아무리 민족적·정치적·종교적 통일을 주장해도 그 주장은 겉으로 떠드는 명분이고, 속으로는 완전히 다름을 거세시킨 자기들만의 잔치에 지나지 않는다.


독재를 싫어한다는 독선주의보다 더 무서운 소유주의는 없다. 결국 소유론에서 존재론적 사회를 일구는 길은 마음을 존재론적으로 전향시키는 길밖에 없다. 그러기 위하여 정치나 종교도 모두 소유론의 수압으로 잠자는 인간의 본성을 일깨우는 역할만 하면 된다. 미래의 종교는 신자 수의 양적 확대를 겨냥하기보다, 종교 건물의 벽을 넘어 인간 본성을 자각하도록 도와주는 것으로 집약되어야 할 것이다.

어떤 이가 무슨 종교 신자라는 것은 부차적인 문제다. 무종교의 종교가 최적의 종교다. 20세기 가톨릭의 성녀 테레사는 일생을 인도에서 빈자들의 간호사로 살았는데, 단 한 번도 힌두교 빈자들에게 가톨릭으로 개종하라고 선교하지 않았다 한다. 성녀 테레사, 그녀는 존재론적 사유의 화신이다. 그녀는 자기 종교를 소유물을 자랑하듯 타인들에게 선전하지 않았다. 그녀의 마음이 그리스도로 존재했다. 그리스도 안에서 같음과 다름은 단지 상관적 차이에 불과했으리라.

이 점에서 그녀의 사유는 중국 화엄학의 3대 조사인 법장이 그의 『화엄경의해백문華嚴經義海百門』에서 "지금 자타自他라고 말하지만, 별도로 다르게 보는 것이 아니다. 자기는 곧 타자의 자기고(自是他自), 타자도 곧 자기의 타자다(他是自他). 자타가 한 사이(一際)에 지나지 않는다"고 언명한 것과 다르지 않다.

이것은 또 20세기 프랑스의 해체철학자인 데리다가 그의 저서 『표지와 차이』에서 밝힌 "같음은 다름의 다름이고, 다름은 같음과 다르게 같은 것"이라는 사유와 맞먹지 않는가? 데리다의 정의는 곧, 같음은 다름의 타자고, 다름도 같음과 다르지만 같이 동거하는 사이라는 의미다.

　7세기 중국의 법장과 20세기 프랑스의 데리다는 분명히 같은 사유를 전개하고 있다. 이 사유를 그동안 인류는 사회과학적이지 않다고 도외시했다. 근대 세계는 소유론적 사회과학이 지배적이었다. 개인주의와 전체주의, 자유주의와 사회주의의 대결에서 전자가 이겼다. 21세기 사회과학은 전자의 소유론마저 극복하는 지혜를 모색하는 시절로 접어들 것이다. 그 지혜는 반드시 존재론적인 사유를 화두로 삼을 것이다.

# 인격적 정신주의의 문제점

철학에는 각각 세상의 근본진리가 인격적이라고 보는 것과 자연적이라고 보는 것이 있다. 전자는 세상의 근본진리가 신과 인간의 정신에 의하여 현재적으로 늘 창조되는 것으로 여기는 정신주의와 상통한다. 후자는 세상의 근본진리가 자연적 필연성의 법칙으로 생기하고 소멸하는 세상의 여여한 사실과 다르지 않다는 사실주의를 천명한다.

진리의 인격성을 주장하는 정신주의 철학은 세상의 근본적 진리를 창조하는 인격적 저자가 있고, 그 저자의 의도에 따라 세상에 진리가 나타난다고 본다. 그 입장에서는 신은 정신이고 정신은 인격이며, 인간의 정신도 인격이고 그것은 인간의 영혼을 통하여 신의 인격과 접목된다고 주장한다. 정신주의에서 이 세상을 보면 이 세상은 인격적 정신이 쓰고 있는 책과 같다. 그래서 그 줄거리가 역사의 전개 내용과 다르지 않다고 한다.

18~19세기 독일의 헤겔George Wilhelm Friedrich Hegel은 신과 같은 절대정신이 자기 스스로 구체적인 역사의 시대정신으로 각각 구현했다가, 종국에는 자기의 절대정신으로 자각되어 되돌아오는 과정을 역사로 보았다. 이 헤겔의 정신주의는 능동적으로 말하는 절대정신과 각 역사 시대를 통하여 수동적으로 말하여진 시대정신의 통사적 일치를 겨냥하고 있다. 헤겔이 본 세상은 신과 같은 절대정신이 저자로서 스스로 쓴 자기 역사책과 다르지 않다.

인격적 정신주의 철학에서 등장하는 정신과 영혼과 의식의 관계에 대해 잠시 설명하겠다. 정신은 더 신학적 개념이고, 영혼은 정신이 인간학적 의미로 하강한 것이며, 의식은 영혼이란 종교적 의미를 철학적 사고의 주체로 변용한 것이다. 정신, 영혼, 의식의 개념을 중시하는 철학을 나는 인격적 정신주의라고 부른다. 여기서는 일단 인격적 정신주의에 대해 말하고, 그와 다른 자연적 사실주의는 다음에 언급하겠다.

서구에서 정신주의 철학의 전통은 오래되었다. 독일의 하이데거가 그의 『휴머니즘에 관한 편지』에서 지적했듯이, 정신주의 전통은 고대 그리스에서 자연주의가 종말을 고하고 소크라테스부터 휴머니즘의 전통이 생기면서 흥기하기 시작했다. 기독교 이전의 고대 그리스에서 소크라테스와 플라톤, 아리스토텔레스가 공통적으로 영혼과 이성의 위대함을 드높인 정신주의 철학을 펼쳤다.

스승인 소크라테스를 지고의 진리로 여겼던 플라톤은 그의 대화편 『파이드로스』에서 소크라테스가 씌어진 문자와 같은 기록을 죽은 정신 또는 소피스트처럼 여러 사람들에게 판매하려는 지식으로 경멸하고, 오직 살아 있는 영혼의 숨결이 담긴 말의 대화를 진실한 정신으로 여겼다는 내용을 기술한다. 풀라톤은 스승의 입을 빌어 문자 기록은 밖에서 들어온 정보를 기록하는 매체이기에 영혼의 내면적 자각이 없는 죽은 지식이고, 우리 영혼의 내면적 목소리인 말이야말로 진정한 학문의 얼이 살아 있는 것이라고 했다.

이런 말을 중시하는 정신주의가 기독교의 '말씀(logos)'의 신학과 결부되어, 말의 진리는 서양 정신주의 철학의 인격성을 더욱 두드러지게 했다. 이 말의 진리는 다시 아리스토텔레스의 논리학과 결부되었다. 정신주의 철학은 도덕을 말하면서 신의 말을 대변하는 내면적 영혼의 말로서 양심의 소리를 인격의 중심으로 등장시켰다. 또 지식을 설파하면서 이성의 논리를 지고의 기준으로 삼아 세상을 이성의 법칙으로 재편하려고 했다. 정신주의 철학에서 신은 곧 이성이기 때문이다. 영혼과 이성이 인격적 정신주의 신학의 생명이다.


프랑스의 해체철학자 데리다는 이 정신주의를 말씀중심주의(logocentrism), 소리중심주의(phonocentrism)라고 그의 저서

『표지와 차이』에서 비판적으로 기술했다. 데리다는 정신주의는 나의 인격과 신의 인격이 내면의 성역인 영혼에서 만나 내가 신의 말씀을 듣고 그에 순종하는 내면적 일치의 형이상학이므로, 그런 인격적 정신주의는 '스스로 말하는 것을 듣기(hearing oneself speak)'의 철학이라고 지적했다. 신의 말씀이 나의 영혼의 말과 동일하고, 내가 그 말을 듣는 것이다. 이 '스스로 말하는 것을 듣기'의 철학이 강한 '자가 애정(auto-affection)'의 사상을 잉태하면서 자기와 다른 것을 배척하는 심리를 낳았다고 한다.

데리다는 20세기 독일의 현상학 창시자인 후설Edmund Husserl을 공부하면서 철학을 출발했다. 그는 자신의 저서 『목소리와 현상』에서, 후설은 절대적 진리의 명증성을 내면적 의식의 자기동일성인 '생각하는 의식(noesis)'과 '생각되는 의식(noema)'의 현존적(현재적으로 존재하는) 일치에서 발견하려고 시도했으나 완전히 실패했다고 논파했다. 그래서 그는 후설을 떠났다. 의식의 자기동일성은 과거도 아니고 미래도 아닌 생생한 현재의 시각에서 신과 영혼의 합일처럼, 또는 헤겔이 겨냥한 절대정신과 역사의 합일처럼 명증하게 입증되어야 한다. 그러나 데리다가 생각하기에 후설은 그런 현재적 시각에서 '스스로 말하는 것을 듣기'와 같은 자기 일치의 명증성을 찾을 수 없음을 예감했다.

자의식의 자기동일성이 정신주의 철학의 환상이라는 것이

데리다의 소견이다. 후설도 이 환상을 극복하기 위해 신과 인간이 만나듯 '생각하는 의식'과 '생각되는 의식'이 순수하게 일치하는 의식의 근원을 찾으려고 애썼으나 헛수고했다는 것이다. 후설이 찾고자 한 의식의 자기동일성은 순수하게 지금이라는 생생한 영혼의 현재적 시각에서 일어나야 한다. 그런데 데리다는 그 순수한 지금은 실제로 존재하지 않는 허구이며, 지금이라는 시각도 사실 시간적으로 조금 전의 내 생각과 조금 뒤의 내 생각 사이에 낀 간격과 차이에서 생기는 쉼표와 같은 빈틈에 지나지 않는다고 보았다. 말하자면 순수한 현재적 시각이라는 것은 하나의 환상인 셈이다.

순수 현재의 한 점으로서 지금 이 시각인 '딱' 하는 순간도 내가 그것을 의식하는 순간 이미 조금 흘러간 과거에 해당한다. 기독교 신학과 후설의 현상학이 귀중하게 여기는 영원하고 절대적인 진리는 순수 현존적 시각으로 존재하는 것이다. 하지만 그 시각은 실존하는 시각이 아니라, 의식이 근접한 과거에서 다시 당기는 기억(retention)과 근접한 미래에서 미리 당기는 예상(protention) 사이에 있는 차이와 틈에 지나지 않는다는 것이다. 자기동일성의 절대적 근원을 찾기 위한 순수 지금이 정신과 영혼과 의식의 자기동일성을 보장하기는커녕, 오히려 의식의 자기동일성이란 무수한 차이와 간격들의 연속에 지나지 않는 셈이다.

데리다가 지적한 후설의 자기동일성에 대한 착각은 불교

의 유식학에서 말하는 폭류瀑流처럼, 빨리 거세게 물이 흐를 때 사람들은 사실 앞의 물과 뒤의 물이 다른 물인 줄 모르고 똑같은 물이 흐르는 것처럼 착각한다는 이야기와 같다. 물의 흐름이나 의식의 흐름도 순간적으로 표변하고 달라지는데, 마치 영화필름처럼 각각 다른 장면들을 빨리 돌리면 연속으로 동일한 것이 흐른다고 착각하는 것과 같다. 데리다가 분석한 것은 의식이 동일하게 지속하기는커녕 찰나마다 무상하게 변한다는 것이다. 물도 같은 물이 흐르지 않고 새 인연을 찰나적으로 만나면서 앞의 물과 단절되지만, 워낙 빠르게 흐르니까 연속적인 것처럼 보인다.

데리다는 자기동일적 정신주의의 근거를 찾기 위한 후설의 현상학적 모색은 결국 그 근거를 부정하는 결과에 이르게 되었다고 진단했다. 그러나 정신주의는 후설의 실패로 막을 내리지 않았다. 서구 사회에서는 정신의 인간학적 샘터인 인격과 영혼의 자기동일성을 사랑하는 낭만주의 철학이 워낙 강하게 남아 있어서, 하루아침에 정신과 인격의 동일성이란 근거가 무너졌다고 인정하기가 어렵다. 그러나 지금은 해체주의가 등장하여 서구에서 인격적 정신주의의 철학이 흔들리기 시작했다. 즉 불변적 인격 정신과 그 정신의 인간학적 현상인 영혼이라는 인격적 존재자가 있다는 믿음이 서서히 약해지기 시작했다.

그런데 지금까지 인격적 정신주의는 자기 영혼과 이성이 자기 안에서 정신적으로 분비한 자기의 목소리 듣기처럼 강력한 인격적 자가 애정의 자부심을 금과옥조로 여겨 왔다. 영혼의 내면적 말은 나의 자의적인 말이 아니라 정신인 신의 말과 같고 논리적 이성의 법칙에 타당한 소리이기에, 정신과 영혼의 이성적 말과 소리는 현재에서 보편적 의식의 자기동일성을 줄곧 창조하고 표현한다고 주장한다. 이에 보편적 의식의 자기동일성이 곧 절대 진리가 된다. 데리다는 서구의 역사에서 인격적 정신주의는 늘 절대 진리의 추구에 모든 노력을 경주한 역사와 분리되지 않는다고 지적했다. 이것이 서구 역사와 서구 지성이 굳세게 견지하고 있는 배타적 자가 애정의 원천이 되는 '백색신화(white mythology)'의 뿌리다.

정신주의가 귀하게 여겨 온 영혼의 말과 소리는 두 가지 측면을 동시에 표현하지 못한다. 지금 내가 "밖에 비가 온다"라고 말하면, 그것은 참과 거짓 가운데 하나가 된다. 즉 내가 참을 말했든지, 아니면 거짓을 말했든지 둘 중 하나다. 여기에는 지킬 박사와 하이드처럼 양면을 다 고려하는 이중성의 생각이 스며들 여지가 없다. 즉 인격적 정신주의가 이끄는 철학은 이성주의가 언표하는 양자택일적 판단의 양식과 다르지 않다. 인격의 정신은 선하든지 악하든지, 참이든지 거짓이든지 둘 중 하나로 귀착되지 않으면 안 된다.

절대주의적 진리를 신봉하는 인격적 정신주의의 철학 사

상이 여기서도 하나의 역설을 만난다. 왜냐하면 절대주의는 자기와 상반되는 어떤 가치나 실재를 인정하지 못하기 때문이다. 하지만 절대주의를 따르는 말과 소리의 현상은 뜻밖에도 늘 절대적이지 않은 양자택일의 현실 앞에 서 있다. 즉 의식은 늘 참이든지 거짓이든지, 선이든지 악이든지 양자택일적 판단의 기로에 놓여 있다. 이것이 절대주의적 진리의 역설이다.

현실적으로 세상은 양자택일의 구조로 구성되어 있기에, 정신주의는 절대 진리의 이름으로 세상을 절대 진리에 맞도록 판단하고 구성하도록 노력하지 않으면 안 된다. 그래서 절대주의와 정신주의는 늘 세상이 인격적 절대 진리와 합치될 때까지 투쟁의 긴장을 놓쳐서는 안 된다. 절대적 정신주의는 인간에게 거짓이나 악과 투쟁하라고 소리 높여 외친다. 여기서 인격적 정신주의와 다른 자연적 사실주의의 모습이 새로 떠오른다. 이것은 다음에 음미할 것이다.

# 자연적 사실주의의 인식

바로 앞글에서 인격적 정신주의의 철학적 문제점을 논의했다. 그 문제점은 크게 두 가지로 압축된다. 인격적 정신이 세상을 창조하고 주재한다면, 세상은 그 인격이 쓴 책과 같다. 그런 경우 세상의 그 숱한 역사적 무의미와 부조리를 어떻게 설명할 수 있나? 그 인격적 정신이 절대적이라면, 그 정신은 자기동일성을 유지해야 한다. 그래야만 내부가 분열되지 않는 절대성을 확보할 수 있다. 그런데 사실상 정신의 인간적 주체인 의식은 자기동일성을 유지하고 있지 않다는 결론이 나온다. 이것이 앞글의 요약이다. 이런 인격적 정신주의에 비해 자연적 사실주의는 세상을 책으로 보지 않는다.

해체철학자 데리다는 세상을 책이 아닌 '텍스트text'라고 규명했다. 여기서 '텍스트'는 흔히 말하는 교재라는 뜻이 아니다. '텍스트'는 직물(textile)과 같은 어원으로 단지 책과 대비하기 위하여 그렇게 불렀을 뿐이다. 데리다는 그의 저서인 『표지학(문자학)』에서 유명한 명제를 던진다. "텍스트 바깥은 없다." 저 구절은 이 세상이 온통 가로세로로 실을 엮으면서 천짜기(텍스트)를 하는 것과 같은 그런 차연의 법칙이라는 것이다.

그동안 차연의 의미를 몇 번 설명했으니, 여기서 더 설명하지는 않겠다. 간단히 예를 들자면 부부로서 남편과 아내는 서로 다르지만 제각각 독자적으로 존재하지 않고, 남편 속에 아내의 흔적이 연기 또는 연장되어 있고 그 역도 그러하다고 보는 것이 차연적 세상보기다. 세상이 다 그런 상관관계로 엮여 있다는 것이다. 따라서 세상사가 일방적으로 결정되지 않고 작용과 반작용이 함께 왕래하므로, 일방만 100% 옳고 타방은 100% 그르다고 흑백으로 결정할 수 없다. 또한 세상은 순수와 비非순수로 선명하게 쪼개지지도 않는다. 순수와 비순수는 서로 연기법처럼 얽혀 있어서 노자가 말한 화광동진처럼 뒤엉켜 있다.

앞글에서 인격적 정신주의는 말과 소리를 매우 귀하게 여기고, 문자를 천시한다고 지적했다. 말과 소리는 신과 영혼의 내면적 일치를 표현하는 인격적 정신의 영역인데, 문자는 외적 정보만을 기록하기 때문이다. 그런데 자연적 사실주의는 문자(writing)나 표지(mark)를 말소리(speech & voice)보다 더 진리의 본질에 적합하다고 여긴다.

말소리는 단가적이다. 내가 진실을 말하든지, 거짓을 말하든지 둘 중 하나다. 그러나 문자나 표지는 두 가지를 동시에 알린다. 즉 문자와 표지는 차연과 천짜기처럼 이중적이다. 내가 종이 위에 줄을 그으면, 거기에 대뜸 차이가 나누어진다. 하나의 종이가 두 공간으로 나뉜다는 점에서, 원효 대사가 자주 쓰던 불일이불이와 같은 현상이 일어난다. 두 공간이 중간의 선 때문에 생겼지만, 두 공간은 서로 상대방이 있기에 자기도 성립하는 차연의 상관성이다. 도장의 양각과 음각도 이중적 현상이지만, 완연히 이원론적으로 갈라지는 것은 아니다. 높은 산과 깊은 골짜기, 긴 줄과 짧은 줄도 서로 상관적이므로 한 사실의 이중성이다. 일방이 없으면 타방도 생기지 않는다.

인간의 사회생활은 인간들의 자기중심적 이기심 때문에 자기 것만 보려고 하지만, 자연의 사실은 늘 이처럼 이중성을 동시에 머금고 있다. 상생과 상극은 자연의 생명 세계에서 이원적으로 분리되어 있지 않고, '비동시적인 것의 동시성'으로 존재하고 있다. 상생을 보면 뒤에 상극이 숨어 있기에 비동시적이나, 둘은 늘 함께 동시에 존재하고 있다. 죽음을 불러오는 상극은 늘 삶의 생기를 촉진하는 상생을 가능케 한다.

삶과 죽음이 비동시적이지만, 동시에 상관성을 유지하고 있다. 이것이 자연적 사실이다. 자연적 사실은 문자(writing, 이것을 '글쓰기'로 잘못 생각하는 학계의 풍조가 있음)나 표지처럼 같음(同)과 다름(異)이 서로 의지해서 동시에 이루어지는 의타기적인 차연적 사실과 비슷하다. 우리는 문자를 '글자(letter)'와 같은 의미로 좁게 읽으면 안 된다. 데리다는 씌어 있는 모든 흔적과 표지를 문자나 문자학(표지학, grammatology)으로 사용하고 있다.

해체주의에서 말소리 대신 문자나 표지가 중요한 것은 그것이 우주의 자연적 사실을 상징한다고 여기기 때문이다. 여기서 다시 무엇이 사실인가 하는 철학적 문제가 제기된다. 보통 사실이라고 하면 사람들은 객관적 사실만 연상한다. 하지만 객관적 사실 말고 자연적 사실도 있다. 하이데거는 그의 저서 『존재와 시간』에서 '인위적 사실(arte-fact)'과 '자연적 사실(fact)'을 구분했다. 전자는 어떤 데이터를 얻기 위하여 제한된 시공의 범위 안에서 일어난 일과 행위의 결과를 제3자 입장에서 검토하는 것이다. 후자는 어떤 사건을 인위적으로 제한시키지 않고 자연스럽게 그 사건을 일체 세상사와 연관된 구조에서 함께 읽는 태도를 말한다.

예컨대 교통사고를 조사하는 경찰관은 제한된 시공 안에서만 일어난 교통사고의 가해자와 피해자의 행동을 가리고, 교통법을 위반했는지 조사한다. 이것이 인위적 사실이다. 그러나 자연적 사실은 교통사고를 일으키게 한 모든 직간접적인 원인들의 연관관계를 다 보는 사고방식이다. 자연적 사실은 사법적으로 가해자와 피해자를 나누기 위한 행정적 조치로는 전혀 쓸모가 없다. 모든 것이 모든 것에 다 얽혀 있다는 일체 연관의 사유 방식으로는 세상사를 판단할 수 없다. 세상사의 일체 연관 구조는 자연적 사실처럼 서로 얽히고설켜 있어서, 남미의 자연적 사실이 남미의 것만이 아닌 지구적 차원의 충격으로 다가오고, 이것이 또 다른 행성에도 영향을 미치는 것과 같다.

자연적 사실주의는 사법적 판결이 시비 고리의 문제를 푸는 제한적이고 인위적 제도이긴 하지만, 그런 판단의 진리가 세상을 있는 그대로 보는 길이 아님을 말하려 한다. 사법적 판결은 인격적 독립성의 실체를 인정하는 가설에서 출발한 제도다. 이처럼 저 제도는 인격적 정신주의 문명과 분리되지 않는다.

그동안 인격적 정신주의 철학은 판단으로 진리가 구성된다고 주장해 왔다. 전통적 서양철학의 진리론은 곧 판단론이었다. 이것은 동양의 주자학에서도 예외가 아니다. 둘은 모두 도덕 판단을 통해서 선악과 시비를 가리고, 도덕의지로 악을 교정해야 한다고 역설했다. 모든 판단적 진리는 진리의 절대성을 주장한 사유에서 파생됐다.

진리의 절대성은 절대적 선과 호환되므로 진리와 선의 순수성을 옹호하는 사유는 객관적 사실에 근거한 판단에 의지해서 불순한 사회악을 도려내야 한다. 철학적 판단론은 외과적 수술론과 같다. 정/사正/邪와 시/비是/非를 가리기 위한 엄격한 기준이 필요하다. 기준의 절대성이 없으면, 판단이 의지하는 권위도 사라진다. 순수성(절대성, 불변성)은 판단적 진리를 가능케 하는 원동력이다.

그러나 자연적 사실주의는 이 세상에는 그런 순수성이 어

디에도 없다고 말한다. 20세기 프랑스의 시인 발레리Paul Valéry
는 정신의 순수성을 찾으려고 모든 철학적 노력을 경주했다.
그는 순수성을 발견하기 위해 노력하면 할수록 원초적 순수가
있기는커녕, 모든 것은 다른 것들과 이미 매개되어 있음을 느
꼈다. 나라는 의식은 너라는 것이 있기에 생겼고, 나(I)도 자기
동일성을 유지하기는커녕 늘 나 자신(myself)과 어떤 간격을 지
니고 있는 차이에 지나지 않음을 깨달았다. 그는 순수가 허상
이고 낭만적 환상이라는 것을 깨달은 것이다.

자연적 사실주의는 절대주의가 철학적 신화라는 것을 폭
로한다. 전체주의와 사회주의는 국가 전체와 사회 공동체를 대
표하는 불변의 유일한 진리인 절대선이 있다고 믿는다. 자연적
사실주의의 입장에서 보면 이런 점 때문에 이들 사상은 순수한
절대주의의 신화에 현혹된 허상이라고 생각한다.

개인주의와 자유주의는 절대주의를 좀 부드럽게 한 상대
주의이므로 유일 절대주의의 허상을 떨쳐 버린 장점이 있다고
할 수 있다. 그러나 이 사상도 상대주의의 이름을 내걸긴 했지
만, 다양한 개인적 절대주의들이 시끄러운 경연장에서 승리자
가 되기를 갈망하므로 나를 절대시하는 자아성의 철학에서 벗
어난 것은 아니다.

말소리와 달리 문자와 표지가 세상을 동시적 이중성으로
보게 하듯이, 세상은 노자가 말한 바처럼 '화광동진'이다. 세

상은 늘 명/암明/暗, 정/염淨/染, 선/악善/惡, 약/독藥/毒 등이 직물처럼 한 쌍으로 짜여 있다. 이것은 흔히 쉽게 생각하듯이 암, 염, 악, 독이란 국면을 어쩔 수 없이 용인하자는 패배주의를 뜻하지 않는다.

세상이 진리의지와 선의지의 판단으로 정화될 것 같지만, 실제로 그렇게 되지 않는다. 깨끗한 빛은 더러운 먼지가 있음으로 반사되어 빛나는 것이다. 세상은 인간이 인위적으로 선택해서 좋아지는 것이 아니다. 오히려 인간이 젠체하거나 오만하지 않고 일체 자연의 사실처럼 사실의 이중성을 다 수용하지만, 그 이중적 가치에 목숨을 걸고 매달리지 않고 초탈하면 세상은 이미 그리고 늘 공평무사하게 있게 된다.

밝음에 집착하는 이는 밝음을 좋아해도 자기를 보지 못하여 청맹과니가 된다. 깨끗함에 집착하는 이는 그 깨끗함 때문에 고고한 귀족주의에 젖는다. 선에 집착하는 이는 그 선을 감당하지 못해 위선이 된다. 약에 집착하는 이는 그 약 때문에 죽는다. 그래서 자연적 사실주의는 가치의 양가성을 수용하나, 거기에 집착하지 않기 위해 일체개공一切皆空(모든 것이 다 공임)의 진리를 터득한다.

데리다는 그의 저서 『산종散種』에서 세상이란 텍스트(직물)가 '파르마콘pharmkon(약이 곧 독)'의 사실이라고 밝힌다. 또한 그 '파르마콘'이 '코라khora(빈 공간)'란 자궁에서 태어난 일란성 쌍생아라고 언급한 것은, 세상을 '파르마콘'의 이중적 존재

와 '코라'의 공空 사상으로 읽도록 종용하는 것이다. 공은 절대
주의적 진리의 해체를 뜻한다.

# 님이란 무엇인가

앞의 글들을 읽고 나면 저절로 생길 수 있는 주제가 님의 진리에 관한 문제다. 인격적 정신에서 자연적 사실을 중시하는 방향으로 철학적 사색이 전개되면, 우리가 흔히 부르는 '부처님' '하느님' 같은 개념은 의미가 없는가라는 의문이 떠오른다.

님(임)이란 낱말은 내가 아는 외국어에서는 볼 수 없는 우리말의 독특한 존칭 명사다. 우리말의 님은 오로지 인격만을 존칭으로 높이는 말이 아니다. 해님, 달님, 별님처럼 자연 사물에도 붙인다. 님이 이처럼 인격과 비인격을 막론하고 두루 사용된다는 것은 한국인의 공통 무의식에 님의 존재에 대한 강렬한 귀소성이 숨어 있음을 반영하는 것이다. 민간신앙에서 한국인들이 기도하고 경배하는 일체 존재가 다 한국인의 님이다.

본디 주자학은 매우 합리적 도리의 학문으로서 종교적 기도와는 거리가 있다. 그런데 한국 주자학은 이런 도리의 학문을 넘어 은연중에 기도의 의미를 안고 사유한다. 예컨대 퇴계 유학이 이런 님의 종교성을 풍긴다. 퇴계는 주자가 아주 소극적으로 쓰던 상제上帝라는 개념을 적극적으로 사용한다. 주리主理 유학의 거봉 퇴계는 만년에 상제 개념을 상징한 듯한 이능자도설理能自到說(이가 스스로 나에게 내림함)을 제창한다. 퇴계가 만년에 말하는 태극지리太極之理는 추상적 우주의 철학적 원리인 태극보다, 오히려 우리의 경배 대상인 상제와 같은 인격적 님과 같은 뜻으로 보인다. 그래서 퇴계는 그 이理가 능동적으로 우리의 마음에 내림하여 우리를 성스러운 정신으로 초월케 하는 그런 인격적 정신주의의 사유를 추구했다. 나는 이런 퇴계의 사상이 잠재적 신학 사상과 닮았다고 생각한다. 퇴계의 유학 사상은 우리 사상사에서 저 인격적 정신주의의 전통이 가볍지 않음을 생각하게 한다.

이 인격적 정신주의의 신학 사상을 본격적으로 전개한 유명한 철학자로는 20세기 독일의 부버Martin Buber가 있다. 부버는 유대교와 기독교의 대화에 바탕을 둔 철학자로서, 그의 저서인 『나와 그대』에서 이 세상을 보는 방식을 '나/그것(I/It)'과 '나/그대(I/Thou)'의 관계로 나누었다. 전자는 객관적 대상인 인격이 없는 사물과 나라는 인간 사이의 문제고, 후자는 영혼이 있는 정신과 인간의 관계를 말한다.

부버는 인격이 없는 사물과 인간 사이에는 진실한 의미의 관계가 정립되지 않고, 나는 단지 그 사물을 바깥에서 바라보고 응시하고 판단하는 외로운 존재로 귀착된다고 기술했다. 그러나 인격이 있는 정신과 나 사이에는 진실한 대화 관계가 수립된다. 또 그 정신은 나에게 말을 건네는 2인칭 '그대'로서 치환되어, 그대는 객관적 사물처럼 나를 방관하는 자나 구경하는 자가 아니라 나의 모든 자유 안에서 현재의 나를 들어주시는 하느님인 절대자로 탈바꿈한다. 절대적 그대인 하느님은 사랑으로서 이 우주의 중심이 된다.

그런데 인격적 중심은 우주의 중심에 인격을 둠으로써, 은연중에 비인격적 존재들을 모두 인격의 도구로 여기게 하는 소유론적 사상을 뿌리내리게 한다. 인간이 신의 종이듯이, 다른 존재자들도 인간의 종으로 격하시킨다. 하이데거가 서구의 전통적 형이상학과 신학이 모두 존재론(ontology)이 아니라 존재자학(ontical science)으로만 굳었다고 진단한 이유는, 존재자학이 곧 소유론을 존재론인 것처럼 착각하게 만들었기 때문이다. 그러나 우리 사상사에서 님의 존재는 인격적 정신의 존재에만 국한되지 않는다.


여기서 나는 만해 스님의 유명한 시 「알 수 없어요」의 몇 구절을 인용하겠다. "바람도 없는 공중에 수직의 파문을 내이며 고요히 떨어지는 오동잎은 누구의 발자취입니까/ 지리한 장마 끝에 서풍에 몰려가는 무서운 검은 구름의 터진 틈으로 언뜻언뜻 보이는 푸른 하늘은 누구의 얼굴입니까/ 꽃도 없는 깊은 나무에 푸른 이끼를 거쳐서 옛 탑 위의 고요한 하늘을 스치는 알 수 없는 향기는 누구의 입김입니까/ 근원은 알지도 못할 곳에서 나서 돌부리를 울리고 가늘게 흐르는 작은 시내는 굽이굽이 누구의 노래입니까/ ……."

여기서 님의 존재가 오동잎, 푸른 하늘, 고요한 하늘의 향기, 작은 시내의 노랫소리 등으로 다양하게 구체화되는 것을 볼 수 있다. 그 님은 오직 인격적 존재만 말하는 것이 아니라, 자연의 모든 모습을 님의 화현化現으로 묘사하고 있다. 님은 한국 사상에서 사랑하는 존재를 상징한다.

사랑하는 존재가 오직 인격인 것만은 아니다. 하지만 우리는 사랑을 주관적 감상의 차원으로만 보려는 낭만주의에 너무 젖어 있다. 우리의 TV연속극은 인생에서 온통 남녀의 낭만적 사랑이 전부인 것처럼 화면을 꽉 채운다. 이런 사랑을 프랑스의 포스트모던 철학자인 지라르는 '낭만적 거짓말(romantic lie)'이라고 그의 『낭만적 거짓말과 황당한 진실』에서 언급했다. 남녀 사이의 애욕은 동물적 본능의 감정적 소유욕에서 나오는 은유법에 불과하고, 그 애욕에는 감정에 뒤얽힌 경쟁과 질투와 환멸이 필연적으로 수반된다. 그런데 인간 사회가 그런 애욕을 불멸의 사랑이란 이름으로 애드벌룬처럼 붕 띄우는 '낭만적 거짓말'을 지라르는 냉혹하게 분석한다. 한국인은 냉엄한 현실을 주관적 감상의 허구로 보지 못하는 낭만주의적 미숙아의 유치함을 지니고 있는 듯하다.

만해의 님은 낭만적 애욕의 상징이 아니다. 『님의 침묵』의 「가지 마서요」라는 절구에서 만해는 "달콤하고 맑은 향기를 꿀벌에게 주고 다른 꿀벌에게 주지 않는 이상한 백합꽃이 어데 있어요/ 자신의 전체를 죽음의 청산에 제사지내고 흐르는 빛으로 밤을 두 쪼각으로 베히는 반딧불이 어디 있어요/ 아아 님이여 정情에 순사殉死하려는 나의 님이시여 걸음을 돌리서요 거기를 가지 마서요 나는 싫어요/ 그 나라에는 허공이 없읍니다"라고 묘사했다. 또 「님의 얼굴」이란 절구에서는 "님의 얼굴을 '어여쁘다'고 하는 말은 적당한 말이 아닙니다/ 어여쁘다는 말은 인간 사람의 얼굴에 대한 말이요 님은 인간의 것이라고 할 수가 없을 만치 어여쁜 까닭입니다"라고 했다. 이상의 인용은 우리에게 만해의 님이 오로지 남녀 사이의 사랑 같은 차원의 것이 아님을 알려준다. 만해의 시를 이해하기 위하여 잠시 돌아가겠다.

조금 전 하이데거가 존재자학과 존재론을 구분했다고 말한 것을 기억할 것이다. 그것 말고 이 철학자는 또 재래의 서정시(poem=Poesie)와 존재론적 시(ontological poetry=Dichtung)도 구분했다. 서정시는 자아의 주관적 감정이 느끼는 일체의 서정을 노래하는 낭만적 시다. 그런데 하이데거가 말하는 존재론적 시는 그런 주관적 자아의 사랑하는 서정을 낭만적으로 묘사하는 것이 아니다. 그것은 바로 주관적 자아가 평온하게 사라진 무아의 마음에 비치는 존재의 사실을 그대로 현시하는 것이다.

서정시의 낭만적 말은 나의 말인데, 하이데거가 말하는 존재가 현시하는 말은 '그것(It=Es)'의 말이다. 자아의 감정이 말하는 것이 아니라, 우주의 법이자 사실의 존재가 나에게 말한다. 그는 『숲길』에서 존재론적 시인과 존재를 사유하는 자는 그 존재의 말을 받아 모시는 '존재의 목자(shepherd of Being)'라고 언급했다. 또 존재론적 시와 사유는 존재의 집(house of Being)을 지어서 존재의 진리를 보호하는 사명과 맞물린다고 언명했다. 그 존재를 하이데거는 3인칭 단수인 '그것'이라고 지적했다.

이미 나는 앞글에서 14세기 독일의 신학자 에카르트가 신을 '그것(Isness)'이나 '무(nothingness)'나 '존재가 없는 존재(beingless Being=존재자가 아닌 존재)' 등의 개념으로 기술했음을 지적했다. 이 에카르트의 신관은 부버의 신관과 아주 다르다. 그의 신은 인격적 절대자가 아니라 우주의 사실적 존재 자체와 같다.

하이데거가 말한 존재로서의 '그것'은 16세기 조선의 서산대사가 부처를 우주적 사실로서 지적한 '그것(渠)'과 다르지 않다. 존재론적 이법으로서의 '그것'과 합일하려는 존재론적 사랑을 욕망할 때 3인칭 '그것'이 2인칭 '그대'로 방향을 전환한다고 읽어야 한다. 자아도 그대와 합일하는 낭만적 사랑을 노래할 수 있다. 그러나 '그대'로 향하는 인간의 낭만적 사랑이 무엇이라 할지라도, 자아가 지워지지 않는 인간의 모든 사랑은 다 소유론적 사랑의 심리를 떠나지 않는다. 오직 마음이 자아를 비우는 무아의 경지에 이를 때만, 무아의 마음이 '그것'을 '그대'로 탈바꿈시키는 일치가 일어날 수 있다.

정신적 인격이라는 자아의 의식을 소유하고 있으면, 인간은 만물과 일체감을 이루면서 우주의 법칙이요 사실인 '그것'과 한 몸을 이룰 수 없다. 마음이 빈 거울처럼 허정虛靜해야, 인간은 자기를 잊고 우주와 일기一氣를 이룬다. 이것이 공자가 『장자』에서 설파한 심재좌망心齋坐忘(마음이 재계해서 온갖 것을 잊고 만물과 일체가 됨)의 경지겠다.

만해가 『님의 침묵』에서 이런 무아의 시를 지었다고 보이지 않는다. 그러나 만해의 시는 결코 낭만적 서정시가 아니다. 그의 시는 일본에 망한 조국과 멀리 떠난 부처님이 하나의 이중인화로 작용하면서, 부처님과 조국의 역사와 산하대지의 님이 그의 마음과 일치해 주기를 바라는 열망으로 가득 차 있다.

그러나 그 일치의 희망은 결코 자아의식이 님이라 불리는 '그대'를 소유적 자기화(appropriation)로 만들려는 감정이입을 뜻하지는 않는다. 그는 자기화의 길과는 정반대로 님의 것으로 되기를 희망하는 말을 한다. 분명히 '님의 품에 안기는 길'과 '죽음의 길' 둘 밖에 없다고 천명했다. 그는 전자의 길을 가겠다고 희구했다. 그는 「예술가」라는 절구에서 "나는 서정시인이 되기에는 소질이 너무 없나 봐요/즐거움이나 슬픔이나 사랑이란 그런 것은 쓰기 싫어요/당신의 얼굴과 소리와 걸음걸이를 그대로 쓰고 싶습니다/그리고 당신의 집과 침대와 꽃 밭에 있는 작은 돌도 쓰겠습니다."라고 했다. 그리고 그는 이런 희망을 '하나가 되어 주서요' 에서 술회한다. "님이여 나의 마음을 가져가라거든 마음을 가진 나에게서 가져가서요. 그리하여 나로 하여금 님에게서 하나가 되게 하서요." 만해가 말하는 님이 곧 우주의 존재론적 사실을 가리키는 '그것'의 현시를 가리킨다는 대목은 안 보인다. 그 점에서 그의 시는 8세기 당나라 시대의 왕유王維의 선시와 대조적이다. 이 왕유의 시에서는 일체의 님이 안 보이고 오직 '그것'만이 조촐하고 해맑게 소묘되어 있다.

그러나 우리는 적어도 만해에게서 감상적이고 낭만적 서정시를 넘어서 님의 존재와 존재론적으로 하나가 되려는 강렬한 희망을 읽을 수 있다. 이것은 아직도 만해의 마음에는 잃어버린 조국에 대한 깊은 정한情恨이 그로 하여금 초탈적이고 존재론적 시를 쓰는 것을 잡아당겼던 것이 아닌가 추측된다. 이것은 오히려 님과 하나로 일치하려는 기도의 시라고 읽어도 괜찮겠다.

"지난밤에 토굴에 잤음에도 편안하더니,
오늘밤엔 귀신굴에 의탁하매 근심이 많구나.
알겠구나. 마음이 생기면 갖가지 것들이 생겨나고,
마음이 사라지면 토굴과 고분이 둘이 아닌 것을.
또한 삼계는 오직 마음이요, 마음은 오직 아는 것에 있음을.
마음 밖에 법이 없음을.
나는 당나라에 들어가지 않겠소."

원효의 오도송
『송고승전』에서

# 기술과 기능의 양면성

인류의 문명은 기술과 기능의 토대 위에 서 있다. 칸트는 그의 논문 『추측해 본 인류사의 기원』에서 금단의 열매를 먹은 구약 창세기의 사건이 인류에게 기술과 기능적 사고를 잉태한 출발점이라고 찬양했다. 즉 기술과 기능은 원죄의 토대 위에서 탄생했다는 역설이 담겨 있다. 불교적 입장에서 봐도 아슈바고샤(馬鳴)는 『대승기신론』에서 무시 이래로 홀연히 인간에게 분별심이 생김으로써 취사선택하는 마음이 나타났다고 암시한다. 이 분별심은 인간 무의식의 가장 깊은 아뢰야식에 자리 잡고 있는 근본불각根本不覺으로서, 부처가 되기 전에는 소멸되지 않는 근본 무명과 같다.

기술과 기능적 사고를 잉태한 인간 지성이 원죄나 근본불각의 소치라는 종교의 가르침은, 기술과 기능을 사유하는 철학에게 하나의 큰 난제가 아닐 수 없다. 단적으로 기술과 기능은 소유적 무의식의 소산과 같다는 결론이 도출된다. 이 책을 시작하면서 이미 인간 무의식의 욕망에는 본능적 욕망과 본성적 욕망이 함께 이웃하고 있다고 언급했다. 전자는 소유론적 욕망이고, 후자는 존재론적 욕망에 해당한다. 전자는 자아 중심으로 모든 것을 취득하려는 욕망이고, 후자는 자아 중심이 없이 일체가 일체에 대하여 존재하도록 도와주려는 자비의 원력과 같다. 그리고 인간에게서는 본능에 의한 생물학적 소유욕이 지능에 의한 사회학적 소유욕으로 환유법적으로 자리를 이동했다는 것도 지적했다. 기술과 기능은 지능에 의한 인간의 사회학적 무의식의 소유욕과 직결된다.

여기서 우리는 두 가지 관점을 놓쳐서는 안 된다. 첫째로 인간의 무의식에서는 소유적인 본능과 존재론적 본성의 차이가 너무 가까워서, 인류는 그 차이를 뚜렷이 구분하기 어렵다는 것이다. 왜냐하면 본능과 본성은 다 마음의 자발적 기호嗜好와 같아서, 하고 싶은 것을 하려는 욕망을 공통적으로 품고 있기 때문이다.

20세기 프랑스의 언어학자 뱅베니스트가 그의 저서 『일반언어학의 제문제 I』에서 기술했듯이, 인류는 동서를 막론하고 소유와 존재를 혼동해서 사용해 왔다. 우리말에서 '가지고 있다'처럼 소유와 존재를 통용해 쓰듯이, 이런 현상은 범지구적이라는 것이다. 그래서 아무 것도 소유하고 있지 않으면, 인간은 자신의 존재 가치가 거의 없는 것처럼 여긴다. 이것이 프롤

레타리아 의식이다. 벵베니스트는 '가지다'라는 소유동사가 타동사임에도 불구하고 존재동사처럼 수동형으로 쓰이지 않는 범지구적 현상은, 소유동사를 존재동사처럼 상태동사로 봤던 인류의 무의식이라고 통찰했다.

둘째로 인간은 자연생활을 떠나 사회생활을 영위하면서 지능(지성=이성)을 금과옥조로 여기는 사고방식을 채택했다. 지능은 본능의 소유욕을 환유법적으로 장소 이동한 것이다. 지능이 사회적인 지도 원리가 됨으로써 두 가지 경향이 일어났다. 그 하나는 지능의 꾀로서 사회생활에서 편리를 추구하면서 물질적·경제적 이익을 낳으려는 경제 기술주의의 욕망이다. 다른 하나는 이기적으로 생존을 추구하는 것을 불의라고 미워하면서 공동체의 정의를 추구하려는 사회도덕주의적 욕망이다. 동양의 순자 철학은 전자의 성향을 대변하고, 맹자 철학은 후자의 것을 상징한다. 서양에서 기술적 이성이라 불리는 형이하학과 도덕적 이성이라는 형이상학이 나뉜 것도 같은 지능의 두 가지 철학적 표현이다.

우리는 위의 두 가지 관점을 잘 염두에 두어야 한다. 본디 무의식적으로는 소유와 존재가 가깝게 이웃해 있다. 그런데 지성의 철학이 경제 기술적이든 사회도덕적이든 사회생활의 지도 원리가 됨에 따라, 존재를 존재로 사유하지 못하고 다만 소유의 정신화(은유화)로서 여기게 하는 장본인이 되었다. 나는 지성이 이끄는 사회도덕의 형이상학도 사실은 경제 기술과 같은 소유의 영역임을 처음으로 세상에 알린 철학자가 하이데거라고 생각한다.

하이데거는 기술론이든 정신론(도덕론)이든 모두 존재자(존재를 실체화한 것)의 철학이고, 그 존재자의 철학은 지성이 파악한 개념적 소유 철학과 다르지 않다고 통찰했다. 명사적 개념으로 세상을 이해하려는 인류의 철학사가 존재를 소유의 정신화인 양 착각하게 했다. 아무튼 재래의 자본주의적 기술론은 성공했으나, 사회주의적 정신론은 실패했다. 이제 21세기 철학적 사유의 과제는 자본주의적 기술론을 어떻게 극복하느냐가 관건이라고 해도 지나친 말이 아니다.

자본주의적 기술론의 본질은 인간 생활을 편리하고 물질적으로 풍요롭게 만드는 데 있다. 생활을 편리하고 풍요롭게 하는 것을 우리는 기능이라 부른다. 기술론은 기능적 사고로 이어진다. 기능적 사고는 효능과 생산고生産高로 집약된다. 효능과 생산고는 계산할 수 있는 이익의 목록을 만들게 하는 기준이고, 그 목록에 빠져 있는 것은 가치로 인정되지 않는다. 그래서 마르셀이 잘 지적했듯이, 기술적 가치만을 숭상하는 기능주의는 늙음과 병약함을 비기능적 몰가치로 푸대접한다. 말하자면 비기능적 몰가치는 기능적 효율과 생산고의 증진에 걸림돌이 된다는 것이다.

늙음과 병약함은 노후한 기계처럼 폐품 처리 대상 목록에 올라간다. 기능사회에 접어들면 노인과 병약한 환자들은 남들이 평가하기 이전에 이미 스스로도 그렇게 생각하면서 절망의 쓸쓸한 나락으로 떨어진다. 노인들은 스스로 늙지 않았음을 과시하기 위해 발버둥을 치지만, 그런 행태는 절망을 재촉할 뿐이다. 그 경우에 죽음은 낡은 기계가 멈추는 것과 같다. 죽음은 소유 활동의 끝일 뿐이다. 죽음은 모든 소유의 무상함을 넘어서 존재의 의미를 다시 찾게 해주는 신비로 이해되지 않는다.

이처럼 기능주의와 기술론은 죽음이 기계의 생명처럼 끝나는 것이 아니라, 존재론적 의미를 되새기게 하는 다른 차원의 존재 방식을 시작하게 하는 것임을 이해하지 못한다. 죽음을 기다리는 사형수의 얼굴이 왜 성자처럼 해맑아지는지 기능주의와 기술론은 이해하지 못한다. 편리함과 풍요함을 주는 기술과 기능은, 다른 한편으로 인생에서 존재론을 폐지시키는 절망을 부채질한다.

하이데거의 철학이 이러한 기술론의 의미를 잘 분석했다. 그는 『강연과 논문집』에서 근대 기술의 본질을 '도발로서의 탈은폐(disconcealment as provocation)'라고 정의했다. 기술이란 낱말인 '테크닉technique'은 고대 그리스어 '테크네techne'에서 파생된 것이다. 테크네는 '현성으로서의 탈은적(disconcealment as bearing-fruit)'이란 뜻이다. 하이데거가 같은 단어인 'disconcealment(Entbergen)'를 근대 기술에서는 도발적인 '탈은폐'로, 고대 테크네에서는 현성現成(저절로 피어남)으로서의 '탈은적'으로 사용하고 있는 것을 예사롭게 봐서는 안 된다.

우리나라에서는 이 'disconcealment'를 일반적으로 그냥 '탈은폐'라고 번역하는데, 그것은 다시 생각해봐야 한다. 우리말에서 은폐와 은적의 뉘앙스는 서로 다르다. 전자는 범인이 비밀스런 것을 감추는 행위를 말하고, 후자는 스스로 사라지는 은자의 행위를 말한다. 이 구별은 하이데거의 기술론을 이해하는 핵심이기에, 재래의 번역처럼 일률적으로 옮기면 그를 오독하는 결과를 낳는다.

고대 그리스의 테크네는 자연이 스스로 현시하는 탈은적의 행위(꽃피기, 열매맺기)를 인간이 도와주는 정도의 잔기술을 말하고, 근대의 테크닉은 자연이 스스로 자신을 현시하기 전에 인간이 강제로 자연의 속살을 드러내는 거대한 기술을 말한다. 탈은폐는 인간의 소유와 이익에 필요한 것을 자연이 빨리 대량으로 토하도록 심문하는 방식과 비슷하다. 근대 기술은 자연이 은폐시켜 놓은 것을 인간이 강제적으로 탈은폐시키는 방식을 사용한다.

이런 근대 기술의 탈은폐화 방식을 하이데거는 독특한 독일어인 '게슈텔Ge-stell'이라 불렀다. 본디 독일어 'Gestell'은 '발판 사각대'나 '받침대'처럼 테크네 정도에 맞는 잔일하는 소도구를 뜻하는 말인데, 하이데거는 이것이 근대 테크닉으로 이전하자 그것을 'Ge-stell'이라고 띄어 썼다. 이 말은 피의자를 심문하고 때로는 주리를 틀면서 고문까지도 하는 심문대라는 뜻이다. 더구나 'Ge-'는 '집단적'이란 의미의 뉘앙스를 풍기는 전철이므로, Ge-stell은 단독으로 심문하는 심문대가 아니라 '집단 신문대'라는 의미를 띤다. 인간이 자본의 축적과 집단의 이익과 편리를 추구하고자 자연에게 주문 사항을 재빨리 토하라고 집단으로 도발하는 의미가 하이데거가 본 근대 기술의 본질이다.

나는 하이데거가 같은 단어를 이중의 고대 그리스적인 의미와 근대 기술론적 의미로 사용하는 것은 깊은 의미를 함의한다고 생각한다. 그는 여러 단어들을 그렇게 사용했다. 그가 명시적으로 밝힌 적은 없지만 같은 단어들을 이중적 의미로 썼다는 것은, 내가 이 책의 시작에서 언급한 것처럼 본능의 소유와 본성의 존재가 인간의 무의식에서는 종이 한 장 차이로 이웃한다는 인류사의 무의식과 밀접한 관련이 있다.

근대 기술의 '집단 심문대(Ge-stell)'의 방식은 단지 자연에 관한 인간의 도발만 의미하는 것은 아니다. 그런 도발적 심문의 사고방식이 자유주의와 사회주의를 다 잉태시켰다는 것이다. 자유주의는 집단 심문적 탈은폐의 기술 방식이 바로 인간 자유의 도발적 힘을 상징하는 의미라고 해석했다. 사회주의는 집단 심문적 탈은폐의 기술 방식으로 인간사회의 평등을 이룩한다는 명분을 내걸고, 인위적으로 사회 구성원들을 심문하고 주리를 틀었다.

하이데거는 기술 자체가 위험하기보다 오히려 그 기술을 사용하는 인간의 마음이 더 위험하다고 언급했다. 인간 마음의 위험성은 인간 자아의 무한 의지와 그 소유욕의 위험성을 말한다. 그는 인간 마음의 무한한 소유욕으로 인간이 완전히 존재를 망각하고 죽음의 신비를 전혀 이해하지 못하며, 인간 두뇌의 사이버네틱스가 철학적 사유와 시를 대신하는 시대가 도래할 것을 우려했다. 그는 지구가 사막이 되기 전에 인간의 마음이 온전히 황폐해질 것임을 예견했다. 그는 "인간이 무엇을 해야 하는가"라고 생각하기 전에, "무엇을 사유해야 하는가"라고 심각히 생각해야 한다고 주장했다. 근대 사상은 행동이 세상을 바꾼다고 착각했다. 그러나 그는 사유가 세상을 바꾼다고 생각했다.

# 희망이라는 것

누구든지 이 세상에서 희망을 품고 살아간다. 어떤 희망도 없는 경우를 우리는 절망이라 부른다. 절망은 삶의 에너지가 소진된 경우와 같다. 절망의 극치가 곧 자살로 이어진다. 희망은 삶을 지탱시키는 에너지와 같다. 고대 그리스 신화에 판도라의 상자라는 이야기가 있다. 판도라는 그녀가 가져온 상자를 열어 인간 세상에 모든 재앙들을 다 퍼뜨려 놓고 뚜껑을 닫았기에 마지막 남은 희망이 나오지 못했다고 한다. 이 신화는 인간이 고통스런 세상에 실존하면서 희망만을 기다리며 산다는 것을 상징한다.

누구나 다 희망을 간직하고 살고 싶어 한다. 보통 사람들은 인생에서 대개 어떤 것을 갖고 싶어 하는 소유욕을 희망으로 삼는다. 돈을 벌고 싶은 희망, 출세하고픈 희망, 시험에 합격하고픈 희망 등 다양한 희망을 갖고 일상을 살아간다. 이런 희망을 단적으로 소유론적 희망이라고 부를 수 있다. 희망의 철학적 의미를 화두로 삼은 20세기 가톨릭 실존철학자 마르셀은, 저 소유론적 희망을 "나는 …을 희망한다(I hope that…)"라는 구절로 간략하게 묘사했다.

이것은 희망의 내용이 객관적으로 서술되는 구조다. 객관적으로 서술되는 '…의 희망'은 내가 소유하고픈 내용과 같다. 그런 희망을 달성하는 경우에 나는 만족을 느낀다. 만족의 현상은 배고픈 사람이 음식을 충분히 먹어서 포만 상태에 이른 것과 비슷하다. 포만 상태는 거의 무의식적으로 게걸스런 기분에 젖은 식곤증처럼, 생각하고 일하기 싫은 판단 공백의 상태를 동반한다. 거기에 비하여 불만을 가진 사람들은 만족을 느끼는 사람들에 대한 시기와 원한의 감정을 표출한다. 그래서 이들은 식곤증에 취해 있는 만족 계층과 달리 또렷하게 의식이 깨어 있어서, 복수의 기회를 노리면서 계급을 전복할 준비를 한다. 이것이 헤겔이 말한 '주인과 노예의 변증법적 투쟁'의 모습이다. 만족의 게걸스러움과 불만의 분노는 모두 소유론적 희망의 취득 여부와 직결된다.

소유론적 희망은 결국 인생에서 만족을 누리려는 욕심과 직결되어 있다. 이 욕심을 불교에서는 오욕五欲(재욕, 색욕, 식욕, 명예욕, 수면욕)이라 부른다. 세상살이는 예나 지금이나 오욕을 쟁취하기 위한 드라마라고 해도 지나친 말이 아니다. 그것을 얻지 못하면 화가 나고, 그 분노가 이기적인 것이 아님을 명분화하기 위하여 그럴싸한 이론을 끌어들인다. 인간의 사회적 투쟁은 거의 대개 이 오욕의 쟁취에서 소외된 사람들이 벌이는 소유론적 불만이나 절망을 분노의 명분으로 표시한 것이다.

아집我執에 찬 분노의 명분이 진리의지와 만나면, 그 분노는 진리의 투쟁이란 법집法執으로 돌변한다. 그래서 아집과 법집이 뒤엉키면 소유론적 욕심은 결국 결사항전의 어리석은 고집으로 바뀐다. 그런데 한 사회의 정신문화가 일반적으로 속물적인 소유론적 희망만을 삶의 동력으로 여기면, 그 사회는 그만큼 만족과 불만의 두 극단에서 늘 요동친다. 속물적 희망은 인생에서 오욕의 소유만을 성공의 척도로 보는 태도를 말한다. 속물적 사회일수록 그 사회는 소유적 지배층의 거만 떨기와 상대적 박탈감으로 원한을 품은 소외층의 질투심이란 두 극단 사이에서 출렁거린다.

평소에는 속물이 아닌 것처럼 도덕적으로 온갖 좋은 말씀을 하시던 분이, 일단 자기의 출세와 직결되는 순간에는 기회를 놓칠까 봐 추하게 명예욕에 매달리는 탐욕을 자주 목격할 수 있다. 지배층의 게걸스러움을 싫어하던 소외층의 가열찬 투사가 지배층에 오르자마자 하루아침에 자기가 그토록 미워하던 오욕의 탐욕에 정신을 차리지 못한다.

이제 우리는 확실히 알아야 한다. 생각이 깊지 않은 인간은 그가 투사이든 지배층이든 소외층이든 도덕적 설교자이든 모두 속물적 소유욕을 인생의 희망으로 안고 살아간다는 것을.

사회의 부정부패는 모두가 속물적 탐욕의 근성을 희망으로 갖고 있는 한 어떤 방식으로든지 지속된다. 우리는 생각이 깊은 정신문화를 가꾸어야 한다. 악을 박살내려고 흥분하지 말고, 속물근성에 빠지지 않는 깊이 있는 사회를 일구자. 그러기 위하여 인생의 동력인 희망을 소유론적인 것에서 존재론적인 것으로 바꾸는 마음의 혁명이 필요하다. 인생의 희망을 소유론적인 만족으로 채우려 하지 말고, 존재론적 기쁨으로 인생을 승화시키려는 마음의 전환에서 마음을 혁명할 수 있다.

불만의 심리는 늘 속으로 복수의 심리를 감추고 있다. 상황이 역전되는 순간 불만의 심리는 복수한다. 만족의 심리는 남들에게 으쓱대면서 과시하려는 충동을 띠고, 불만의 심리는 속으로 응어리를 품고 비뚤어진 공격성을 감추고 있다. 과시적이든, 열등의식으로 비뚤어졌든 다 공격적이다. 이런 사회에서 어찌 서로서로 존재하도록 친절을 베푸는 열린 마음의 기쁨이 삶의 희망으로 등록되겠는가?

나는 늘 우리가 서로서로 사랑하는 법을 잘 알지 못한다고 생각해 왔다. 비록 텔레비전 드라마의 사랑극에서 사랑 때문에 울고 웃는 일상의 희비극이 화면에 나오더라도, 우리는 진실로 서로서로 존재하도록 친절을 베푸는 법을 모른다. 그래서 안이나 바깥에서나 서로 모래알처럼 살면서 제까짓 것 한다. 속물적 욕망만을 인생의 희망으로 여기는 곳에서는 절대로 서로 화합하고 융결融結하는 사회적 인간관계가 자라지 않는다. 만족한 자나 불만스런 자나 다 속으로는 타자에 대하여 제까짓 것 하는 심리를 버리지 못하기 때문이다.

만족과 기쁨, 불만과 괴로움은 다르다. 만족의 포만감은 꽉 차서 더 이상의 여백이 없는 닫힌 마음의 상태를 함축한다. 기쁨은 5세기 말의 신플라톤주의자이자 익명의 철학자인 가짜 디오니시오스Pseudo Dionysios의 말처럼 '자기의 확산(self-diffusion)'과 같다. 만족은 자아 위주의 닫힌 느낌이지만, 기쁨은 우주로 자기가 확산되는 열린 느낌을 준다. 불만은 외부로 향하는 공격성을 띠지만, 괴로움은 내적 평안을 찾으려는 긴장 완화의 요구를 품고 있다.

소유적 만족보다 존재의 기쁨을 찾으려는 희망은 단순한 낙관적 계산과는 무관하다. 낙관적 계산은 계산적으로 명백하게 속물적 욕심을 취득하려고 할 때 생긴다. 그러나 존재의 희망은 오히려 속물적 인생의 무상함과 괴로움을 자각하는 데에서부터 움튼다. 내 인생의 의미가 속물적 오욕五欲의 소유적 다과로 평가되기를 거부하는 '존재론적 요구'가 마음에서 싹틀 때, 존재론적 희망의 의미가 절실히 다가온다.

속물은 소유나 적어도 허영의 과시에 사로잡힌 수인囚人과 같다. 짝퉁으로라도 자기를 과시하고자 하는 속물은 인생의 동력인 희망을 가짜 소유로 채우려는 자기최면에 걸린 수인이다. 희망을 소유에서 존재로 돌리는 마음의 혁명은 죽음을 응시함

에서 가능하다. 죽음은 소유의 수인 상태에서 인간을 해방시키
는 약이다. 속물들은 죽음이 없는 세상을 사는 것처럼 산다. 그
들은 죽음을 생각하지 않는다. 생물학적 죽음이 있음을 그들도
알지만, 그들의 지금 생활과는 전혀 무관한 것처럼 죽는다는
생각을 유예한다. 속물들은 세상에서 가장 친사회적으로 사는
것처럼 분주하게 여기저기 돌아다니지만, 사실 그들은 가장 고
독한 인생을 산다. 소유적 만족만 추구하는 인생은 열린 기쁨
의 마음을 모른다. 속물 사회에서는 모두가 고독하다. 지옥은
사람들이 우글거리나 모두 고독한 곳이다.

존재론적 희망은 괴로운 번뇌에서 탈출하고자 하는 인생
의 요구에서 싹튼다. 모든 번뇌는 소유 의식에서 생기고, 그 의
식은 집착을 낳고 나의 마음을 뇌쇄시켜 거기에 중독되게 한
다. 앞에서 본 마르셀은 그의 저서 『편력하는 인간』에서 희망
의 철학을 가르친다. 희망의 가장 바람직한 형태는 "나는 우리
를 위하여 그대 안에서 희망한다(I hope in you for us)"라는 것이
다. 소유 의식을 지우는 것이 번뇌에서 해방되는 첩경이다. 소
유 의식은 잘난 척하거나 으쓱대는 자만심과 같이 간다. 불만
도 역설적인 소유 의식이다. 마음의 존재론적 혁명은 마르셀이
언명했듯이, 겸허하고 요란스럽지 않으며 수줍은 듯한 마음의
전환에서 시작한다.

마르셀이 말한 '그대'라는 2인칭은 고요하고 정결한 자기

마음의 본성과 같다. 소유로 들뜬 속물들은 수줍고 정결한 자기 마음의 본성이 마치 없는 것처럼 무시하면서 살아왔다. 오욕을 사냥하는 소유론적 속물근성을 떠나서 자기 마음에 늘 그리고 이미 있어 온 그 고요한 본성에 인사하고, 마음이 그 본성의 요구에 성실하게 살 것을 약속하는 순간 존재론적 희망은 문득 솟아오른다.

그리고 그 순간은 동시에 만족과 불만이라는 소유적 삶의 수인囚人 상태를 벗어나, 나의 존재와 인연 있는 모든 존재를 함께 기쁘게 해주려는 열린 마음의 상태로 변하는 순간과 같다. 그러면서 나는 내가 만나는 모든 사람들에게 하나의 이웃이 된다. 이것이 마르셀이 말한 "우리를 위하여"의 뜻이다.

존재론적 희망은 나의 본성인 '그대'와 나의 일상적 마음이 일치하기를 희망하는 것이요, 그런 일치는 이웃들과 존재론적으로 '우리'가 되는 융결의 띠를 형성한다. 이 '우리'는 소유론적 폐쇄 집단인 '우리'가 아니라, 네가 존재하도록 도와주는 자타불이自他不二(자기와 타인이 둘이 아님)의 '우리'다. 마르셀의 용어를 빌리면, 우리가 '코러스chorus'를 들었을 때 느끼는 마음의 환희가 바로 존재론적 희망에 아주 가깝다. 코러스의 감동이 식지 않는 한, 우리는 아직도 열려 있고 서로 상호주관성(inter-subjectivity)의 기쁨을 맛본다.

우리 사회가 속물근성의 자기 감옥을 부술 때, 우리는 상호주관적으로, 그리고 존재론적으로 서로서로 친절하게 대하는 법을 배울 것이다. 그와 함께 우리는 아무 내용도 없는 공허한 추상적 구호의 감상을 넘어서, 모르는 사람을 만나 경계하는 모래알이 아니라 상호주관적으로 기쁨을 주고 서로에게 친절한 이웃이 될 것이다. 속물적 희망을 존재론적 희망으로 돌리는 마음의 혁명은 곧 우리가 전대미문의 도약판을 밟고 비상하는 순간이 될 것이고, 각자의 좁은 감옥을 벗어나는 해방의 날이 될 것이다.

# 자본주의와 소비사회의 비판에 대하여

미국의 거대한 자본주의에 늘 정신적 대립각을 세워 온 유럽은 자본주의의 극복이라는 명제를 3세대에 걸쳐 시도했다. 1세대의 극복 시도는 마르크스와 엥겔스Friedrich Engels, 레닌Lenin으로 대표되는 공산주의 운동이다. 이 운동은 소비에트 사회주의가 거대한 관료주의의 괴물로 치달음으로써 실패했다. 소련의 붕괴가 이를 입증한다. 2세대는 네오마르크시즘 운동으로서, 관료화에 빠지지 않고 도덕적 이성으로 인간을 소외에서 해방시키는 것을 목표로 했다. 이들은 아도르노Theodor Wiesengrund Adorno, 마르쿠제Herbert Marcuse, 하버마스 등 이른바 독일 프랑크푸르트학파의 철학 사상을 기본으로 삼았다.

그런데 그 철학 사상이 지닌 고매한 도덕적 이상주의에도 불구하고, 나는 몇 가지 거리감을 지울 수 없다. 첫째로 60년대 내가 유학생이던 당시의 한국은 아직도 고도자본주의 사회로 진입할 기미도 없었던 저개발 최빈곤국이었다. 하지만 신좌파운동은 그들 사회가 이미 맛보고 있는 풍요한 고도자본주의를 바탕으로 그것을 극복하자는 운동이다. 그래서 이들 사상을 그대로 한국 사회에 적용하는 것은, 20세기 프랑스의 사회학자 레이몽 아롱Raymond Aron이 경고한 '지식인의 아편'인 혁명적 관념의 유희에 빠지는 것이 아닌가 하는 생각을 떨칠 수 없었다.

둘째로 나는 이들이 주장하는 이상 사회를 실현할 수 있을까 하는 현실성에 큰 의문을 가졌다. 관념적으로는 아무리 멋져도 현실적으로 실현할 가능성이 희박하면, 그것은 빛 좋은 개살구와 같다. 더구나 인간사회는 지우고 다시 쓸 수 있는 연습장이 아니기에, 나는 관념적 사유로 현실을 대체하겠다는 혁명적 발상을 저어했다. 특히 1세대 '사회주의=관료주의'의 실패가 늘 나로 하여금 2세대 신좌파운동의 사상에 선뜻 동의할 수 없게 했다.

더구나 그 당시 나의 철학 공부를 이끌어 주던 두 정신적 스승이 있었는데, 그들은 바로 프랑스의 메를로퐁티와 가브리엘 마르셀이었다. 메를로퐁티는 사회주의 사상에 심취했다가 소련의 스탈린주의가 실현하는 사회주의 혁명의 낭만적 허구를 보고서 이상주의 사상의 거짓을 고발한 철학자다. 그는 또 현실 역사가 이성의 빛과 의미로 진행되는 것이 아니라 이성이 정리하지 못하는 애매모호성으로 엮인다는 것을 서술하면서,

인간 역사를 오직 의미의 역사로 환원하고자 하는 과잉 도덕적 명분주의를 비판했다. 그리고 가브리엘 마르셀은 가톨릭 철학자로서 인류의 역사 세계가 이미 '깨어진 세계'인데, 그 세계에서 악을 박살내겠다는 결심으로 굳어진 절대선을 지향하는 것은 결국 국가주의적 나치즘과 계급주의적 공산주의와 같은 광적인 격정의 정치체제를 만든다고 고발했다.

다음 3세대의 자본주의 비판 운동이 다시 등장했다. 마르크시즘을 해방적 이성의 자기소외 극복 운동으로 승화시키려는 2세대의 노력이 물거품으로 변한 마당에서 생긴 포스트모던적인 운동이 3세대다. 자본주의 사회가 이미 너무 농염하게 성숙하여 마르크스주의로 새 사회를 창조하기 어려운 지경에 이르러, 비非마르크스적인 자본주의의 극복이 시도되었다. 이번에는 독일과 달리 프랑스의 푸코, 들뢰즈Gilles Deleuze, 알튀세르Louis Althusser, 보드리야르Jean Baudrillard를 중심으로 한 사회사상 운동이 생겼다. 이들 사상의 공통점을 몇 마디로 요약하기는 어렵지만, 자본주의적 정치권력의 상품적 대중화를 비판하는 데 있다.

이들의 사상은 자본주의가 인간에게 심어 놓는 무의미한 허무주의적인 흐름을 그대로 빨리 노출시켜, 자본주의가 허무주의로 종말을 맺게끔 하는 의도를 지니고 있다. 이들은 조금씩 허무주의자들이다. 들뢰즈와 알튀세르는 자살로 삶을 마감했고, 푸코는 에이즈에 걸려 50대에 일찍 세상을 떠난 것도 특

이한 일이다. 우리는 여기서 잠시 보드리야르의 사회사상을 훑
어보자.

단적으로 보드리야르의 사회사상은 초월의 정신을 망각한
현대 소비사회의 정신 부재의 경박성을 슬퍼하면서, 그 원인이
바로 소비사회의 자본적 본질인 모든 것의 기호화(signalization)
에 있다고 한다. 전통 사회에서 물건은 어떤 가치에 대응했다.
사용가치든 교환가치든 물건은 인간의 구체적 욕망을 충족시
켜 주었다.

예를 들어 집은 어떤 정신적이고 내면적 가치를 가족에게
주었다. 그러나 이제 집은 단지 상상적인 상품의 기호적 가치만
을 지시해서, 헌 물건을 버리고 새로 사듯이 시세차익을 노리
는 투기 품목에 지나지 않는다. 텔레비전 프로그램이 마음에 들
지 않으면 앉아서 리모콘으로 쉽게 바꾸듯, 모든 것은 소비자
의 순간적 변덕에 따라 움직이는 기호(sign)와 같은 '환영幻影
(simu-lacrum)'에 지나지 않는다.

고도소비사회에서는 자동차도 기능가치로 소유하는 것이
아니라, 유행이나 삶의 스타일이나 허세나 으쓱대고 싶은 욕망
의 환영을 만족시켜 주는 일시적 대용물일 뿐이다. 그런 욕망
의 환영은 마치 옛 소련의 한 청년이 서방 자본주의의 대명사
인 청바지를 입고 다니거나, 아프리카 부시맨의 어떤 사나이가
비행기에서 떨어진 콜라병을 무슨 신주단지처럼 모시는 것과

비슷하다. 중요한 것은 청바지나 콜라병이 그 자체로서 의미를 띠는 것이 아니라, 그것이 다른 사람들과는 다른 차이의 기호를 만들어 준다는 것이다.

소비사회에서 모든 이들은 다른 이들과 다른 어떤 기호의 환영을 소비하고 싶어 한다. 마르크스가 비판한 자본주의의 본질은 노동과 정신적 가치 등 모든 것이 다 시장의 교환가치로 전환되어 상품화된다는 것이었다. 그러나 그와 같은 마르크스의 비판 이론은 이미 지나간 시절의 유물에 지나지 않는다. 이제 사회는 모든 것이 기호적 교환과 같은 '흉내 내기(simulation)'의 차원으로 전락하여 실재적 가치가 다 사라졌다. 보드리야르는 모든 흉내 내기의 환영이 소비사회가 부추긴 차이화의 조작 코드에 인간이 멋모르고 덩달아 춤추는 껍데기임을 연상시킨다고 진단한다.

차이화 코드는 소비사회가 소비자를 유혹하는 차별화 기호의 놀이에 해당한다. 그래야만 소비자가 차이의 환영 속에서 각각 섹시sexy해지기 위해 마구 돈을 쓴다. 섹시하다는 것은 소비 시장에서 상품으로 잘 전달되기 위하여 남들을 유혹하는 기호이고, 각자는 대중사회에서 차이를 표시하기 위하여 더 섹시하게 튀어 보이게끔 과감히 스스로를 기호화한다. 모든 이는 다 섹시한 차이를 연출하기 위해 환영을 좇는다. 보드리야르가 『소비사회』에서 기술한 것처럼 "소비는 기호가 흡수하고 기호에 의하여 흡수되는 과정이다."

모든 것이 영상으로 보인다. 브라운관이나 컴퓨터의 화면이나 유리처럼 투명하면서 절연체처럼 차가운 매체의 통로를 통하여, 세상을 구경하거나 백화점의 상품을 훑어본다. 충격적인 자동차 사고를 목격하고도 사람들은 자동차 유리를 통하여 감정이 절연된 상태에서 구경하는 정도의 감정만 갖는다. 서로 관여하는 진실이 우러나오지 않는다. 그것은 금방 지나가는 일시적 참상에 지나지 않는다.

먼 나라에서 전쟁이 터져도 그것은 텔레비전 화면의 그림으로 보는 환영일 뿐이다. 지하철에 사람들이 우글거리나 그들을 사람이라고 여기기보다 오히려 사람의 환영이라고 본다. 그냥 사람 비슷한 환영들이 득실거릴 뿐이다. 아무도 대중들을 사람의 실재로 생각하지 않는다. 그런 사회는 현실을 실제로 느끼지 않고, 차가운 기호로 대체해 실제로 느끼는 척 흉내 낼 뿐이다.

보드리야르는 이런 소비사회를 형이상학적 근거를 상실한 '환영'의 사회, '흉내 내기'의 사회라고 불렀다. 또 그는 이런 사회를 실재가 증발하고 환영이 진짜보다 그 위에 살을 덧붙이는 '초과실재(hyperreality)'의 사회라고 명명했다. 초과실재는 실재보다 과장된 환영의 허깨비와 같은 부피를 말한다. 이 초과실재가 바로 환영이고, 흉내 내기의 허상과 같다. 그는 이런 환영의 흉내 내기와 같은 기호가치(value-sign)만 비대해진 소비사회에서는 환영처럼 무수하게 지나가는 기호적 '초과실재'에 의하여 내부에서 인격의 파탄이 일어난다고 말했다. 이런 파탄을 그는 '내파적內破的 폭력(implosive violence)'이라 불렀다.

예컨대 게임이나 쇼핑에 미친 사람이 상상적 초과실재를 현실로 착각하고, 자기 내부에서 환영으로 배가 불러 파열한다. 본디 내파는 음운론적으로 외파外破(explosion)에 대한 반대 개념이다. 영어의 '탭tap' '컷cut'에서 파열음의 음가인 't'와 'k'가 첫 발음에서는 바깥으로 폭발하는 외파적 파열음이 되지만, 끝 발음의 파열음인 'p'와 't'는 밖으로 폭발하지 않고 안으로 잠기는 그런 음가를 지닌다. 이것이 외파음에 대한 내파음의 의미다.

과거의 문명은 마르크스의 분석처럼 외부의 모순(계급투쟁)으로 외파하는 구조를 지녔지만, 현대 소비사회의 본질은 스스로 인간이 기호처럼 흉내 내기를 하다가 많은 기호에 헛배가 불러 내파하여 폭발하는 폭력 구조를 지니고 있다는 것이다. 이것이 보드리야르가 본 소비사회에 대한 허무적 진단이다.


자본주의를 극복하려는 3세대의 주장인 보드리야르의 사회학이 소비사회의 병을 진단하는 예리한 통찰력을 지니고 있음에 틀림없다. 그러나 나는 그의 사상이 소비적 인간사회를 구원하는 약이 아니라, 오히려 허무주의적 결말을 예견하는 것이라고 본다. 풍요와 편리, 낭비와 배금주의를 동시에 가져온 이중적 얼굴의 자본주의를 극복하고자 하는 서구의 사상은, 마르크스부터 보드리야르에 이르기까지 자본주의적 소비사회의 병리病理를 잘 보았다. 하지만 나는 그 사상들이 병을 치유할 수 있는 생리生理를 제대로 읽지는 못했다고 생각한다.

나도 그 생리를 알지 못해 많은 시간 헤맸지만, 최근에 해체적인 존재론적 사유가 자본주의를 극복하기 위한 생리의 길이라는 것을 터득했다. 자본주의의 이기적이고 물질적 소유론을 서구에서는 그동안 도덕적 형이상학의 당위적인 가치론으로 극복하려고 시도했기에 성공하지 못했다고 생각한다. 마르크시즘이나 네오마르크시즘은 자본주의의 본능적 소유론에 비하여 반본능적 정신의 소유론과 다르지 않다.

본능적 소유론을 치유하는 길은 자연적 존재론으로 가능하지, 인위적 당위론으로는 불가능하다. 보드리야르의 허무론도 결국 소비사회가 형이상학적 실체의 붕괴를 촉진했기 때문에 반사적으로 생긴 반본능적인 형이상학적 소유론에 대한 그리움과 같다. 그러나 거기에 바로 그의 사회학이 지닌 큰 약점이 있다. 이것을 나는 다음에 더 설명하려고 한다.

# 마음의 혁명

앞글에서 보드리야르가 소비사회를 비판한 내용을 훑어보면서, 그 사유의 한계를 말하겠다고 언급했다. 그의 사유의 한계는 서구의 지성주의가 안고 있는 한계와 궤적을 같이 한다. 우리가 보았듯이 3대째 내려오는 서구의 반자본주의 사상은 모두 자본주의의 물신숭배사상(fetishism)에 대한 도덕적 거부감을 표시한 것과 같다.

그런데 경제 기술적 자본주의든 사회도덕적 사회주의든 다 서구적 지성 철학의 전통이 낳은 쌍생아다. 본디 서구 지성 철학의 원조는 아리스토텔레스다. 그의 논리학이 지성적 사유의 원조와 같다. 그의 논리학은 동일성과 이타성을 확연히 쪼개는 이분법적 사유로서, 간단히 말해서 A와 비A를 완전히 별개로 취급하여 그 둘 사이에 어떤 애매모호한 중간 지대도 용납하지 않는 사유를 말한다.

그 논리는 택일적 사유를 기본으로 한다. 택일적 사유는 명사적 사유와 같다. 명사적 사유는 산은 산이고 골짜기는 골짜기로 여기는 사고방식으로서, 산과 골짜기가 불일이불이로서 이중적으로 연계되어 있는 것을 보지 않는다. 명사적 사유는 개념적 사유로 이어지면서, 인간 지성이 개념적으로 이 세상의 모든 것을 하나도 빠뜨리지 않고 파악하려는 소유 의식을 기본으로 하고 있다. 서구의 기독교 신학도 이 아리스토텔레스의 논리적 사유와 만나서 합리적 논리학에 어긋나지 않도록 정립되었다. 이런 업적이 바로 토마스 아퀴나스Thomas Aquinas에게서 시발된 토미즘Thomism이다.

무無에서부터 신神에 이르기까지 모든 것을 다 이성(지성)의 능력으로 에누리 없이 파악하는 철학이 헤겔의 사유다. 그래서 헤겔의 사유는 웃음을 빼고 역사와 자연과 사회의 모든 것을 놓치지 않고 파악한 철학이라고 풍자되기도 한다. 이것은 그의 철학이 너무 진지해서 인간이 웃는다는 것을 깜빡 잊었다는 우스개다.

아리스토텔레스의 지성적 논리학과 헤겔의 변증법적 논리학은 다르다고 항의할 이가 있을지 모르겠다. 그러나 전자가 반대되는 양자 사이에 택일을 주장하는 것이나, 후자가 모순되는 양자의 투쟁 사이에서 합일을 주장하는 것이나 종이 한 장 정도의 차이에 지나지 않는다. 두 논리학은 다 서구의 지적 전통의 뼈대로서, 지성이 어떠한 경우라도 세상을 혼미한 상태나 모순된 상태로 방임하지 않는다는 지적 소유의 강인한 소화력을 상징한다. 지성의 철학은 그 출발부터 소유 의식의 자부심이 강렬했다.

지성이 세상을 소유하려는 철학은 서구 지성사에서 둘로 나누어진다. 하나는 경제적·기술적으로 세상을 소유하려는 도구적 실용 철학이고, 다른 하나는 그 실용적 소유 철학이 회임하고 있는 이기적 속성을 싫어하고 반이기적 사회도덕을 중시하는 인도적 해방 철학이다. 이른바 인도적 해방 철학은 스스로의 이상주의에 심취해서, 자신의 지성 철학은 소유론이 아니라 인간을 물질적 소외에서 해방시키는 인간주의의 정상이라고 착각했다. 그래서 자신의 도덕주의가 곧 형이상학적 존재론이라고 착각했다.

나는 서양 지성사에서 이런 착각을 처음으로 명쾌하게 세상에 밝힌 이가 독일의 하이데거라고 생각한다. 자본주의적 실용주의만이 소유론이 아니라, 사회주의적 도덕주의 역시 지성 철학이 분비한 소유론이라는 것이다. 이 하이데거의 통찰은 사회주의적 이상주의가 짙게 피워 온 신비의 안개를 하루아침에 날려 보낸 셈이다. 아무튼 사회주의적 소유론은 물질적 소유론보다 더 지독한 정신적 소유론이라는 것이다. 그것은 정신적 소유론이기에 필연적으로 독재를 몰고 온다.

보드리야르가 소비사회를 비판하며 제기한 환영, 흉내 내기, 초과실재, 내파 등과 같은 용어는 모두 실재의 알맹이를 잃고 기호로 변해 가는 사회의 환상들을 비판한 것이다. 보드리야르의 사회학은 사회가 도덕적 가치를 잃지 않고 내용 있는 현실을 구성하기 위해서는, 교환가치보다 더 튼튼한 사용가치를 기반으로 존재의 알맹이가 있는 사회를 정립해야 한다는 것을 말하려고 한다. 하지만 그는 소비사회가 그런 존재론적 알맹이를 다 잃어버렸거나 상실해 가는 것을 통탄한다.

그의 사회학은 반자본주의의 사회학이 자본주의적 소비사회를 길들이지 못한 것을 한탄하는 소리와 같다. 그의 사회학은 두 가지 착각을 범한 셈이다. 첫째로 그는 자신의 사회학이 형이상학적 존재론의 요구라고 생각했다. 그러나 그의 요구는 정신적 소유론의 요구지, 결코 존재론의 요구가 아니다. 모든 정신적 가치론은 경제적 가치론의 은유화와 다르지 않다고 이미 지적한 바가 있다. 인간은 시장에서 매매가격의 은유적 표현으로 정신적인 사용가치나 교환가치를 상정한다. 따라서 정신적 가치도 인간이 세상을 소유하고자 하는 욕망의 은유적 생각을 벗어나는 것이 아니다. 보드리야르의 사회학은 세상을 사용가치로서 정초시키고 싶어 하는 지성의 도덕 의지가 바라는 소유학이다.

둘째로 그는 아직도 정신적·도덕적 가치론이 경제적·이기적 소유론을 길들일 수 있다고 착각했다. 도덕적 가치론은 당위적인 명령인데, 그 당위의 명령은 자연적 본능의 이기심을 이은 지능(지성)의 이익 추구라는 충동을 결코 이길 수 없다. 지성의 이기주의는 자연적이고 지성의 도덕주의는 당위적인데, 당위가 자연을 이기지 못한다는 것을 노자가 이미 풍자했다.

노자는 『도덕경』에서 "발돋움하고 있는 자는 오래 서 있지 못하고, 성큼성큼 걷는 자는 오래 가지 못한다"고 암시했다. 인위적인 노력이 자연적인 것을 능가할 수 없다는 것이다. 서구의 도덕적 사회주의가 경제적 자본주의를 이기지 못한 까닭은, 힘이 들어간 인위적 당위주의이기 때문이다. 서구의 반자본주의 사상은 자본주의의 병리 현상은 잘 지적했으나, 그 병리를 치유하는 생리적 처방은 아주 미흡해서 당위적 주장만 내놓은 추상성을 지적하지 않을 수 없다.

우리는 경제 기술적 자본주의의 장점을 살리면서, 그것이 갖고 있는 찌꺼기인 낭비와 배금주의를 씻는 길이 무엇인가를 사유하지 않으면 안 된다. 여기서 나는 하이데거의 존재론적 사유를 다시 그 처방으로 생각한다. 서구의 반자본주의적 지성이 범한 사유의 과오는 십자군적인 도덕주의의 사고에 너무 젖었다는 점이다. 십자군적 도덕주의의 사고는 선악을 이분법적으로 생각하여, 선악을 각각 분리된 별개의 것인 양 실체론적으로 생각한다. 보드리야르도 그런 십자군적 도덕주의의 착각에서 벗어나지 못했다.

대개 서구 지성은 습관적으로 이런 과오에 젖어 있다. 보드리야르의 비판도 그가 반소비적 물건 가치의 실재를 선으로 집착한 정신적 소유주의를 기본으로 깔고 있기에 생긴 이론이다. 선으로 악을 온전히 제거하겠다는 사상으로는 악이 사라지지 않는다. 악과 싸우는 선이 이미 내부에서 악을 분비하고 있다. 사회주의가 실패한 까닭이 바로 도덕주의의 허상 때문이다.

하이데거는 그의 『존재와 시간』에서 '존재론적 욕망의 부름인 양심'을 천명했다. 나는 이 뜻을 우리가 다시 깊이 새겨야 한다고 여긴다. 하이데거의 존재론적 사유를 철학자들이 하는 어려운 관념의 유희라고 오해하거나 일축해서는 안 된다. 그것은 가장 절실하게 세상의 병을 치유할 수 있는 생리의 길이다. 하이데거가 말한 '존재론적 욕망의 부름인 양심의 소리'는 흔히 도덕론자들이 즐겨 쓰는 선의 진군나팔 소리를 울리자는 뜻이 아니다. 그의 생각은 이렇다. 세상 사람들이 손익의 계산적 지성이나 또는 선악의 도덕적 지성 가운데 하나에 젖어서, 전자는 현실주의자들의 방패로 후자는 이상주의자들의 창으로 오랫동안 쓰였다는 것이다.

하지만 둘 다 소유주의 철학일 뿐이다. 소유주의적 문명을 존재론적 문명으로 되돌리려는 것이 하이데거 사유의 본질이다. 모든 것은 동시에 양가적이므로 선악을 분별적으로 생각하는 인간의 이분법을 버려야 한다. 모든 것이 양가적이고 이중적인 한, 세상을 구하는 길은 세상을 분별적으로 여기는 마음을 바꾸지 않으면 안 된다. 하이데거가 말하고자 하는 양심의 소리는 분별적인 세상 사람들의 마음을 본래의 본성적 마음으로 되돌리는 마음의 자기 소리에 귀를 기울이자는 것이다. 본성의 소리는 당위적인 도덕 명령이 아니라, 본능처럼 마음이 스스로 하고자 하는 기호적嗜好的 욕망을 말한다. 앞에서도 말했듯이 기호적 욕망에는 두 가지가 있다. 그 하나는 본능적 소유욕을 말하고, 다른 하나는 본성의 존재론적 욕망이다.

하이데거가 언급한 양심은 마음이 자기의 본성을 되찾은 자성自性의 목소리와 다르지 않다. 그 자성을 그리스도성이라 불러도 좋고, 불성이라 말해도 괜찮다. 그러므로 그 양심의 부름은 도덕적 당위를 요청하는 것이 아니라, 그리스도성이나 불성이 하고 싶어 하는 욕망을 부르는 것이다. 이런 부름을 하이데거는 『존재와 시간』에서 "현존재(마음)가 자신의 가장 고유한 존재가능성에 말을 건넴"과 같다고 언명했다.

소유론적 욕망은 이기배타적인 욕망이지만, 존재론적 욕망은 그리스도성이나 불성이 욕망하는 것이므로 자리이타적 욕망이다. 인간에게는 이런 욕망의 자발성도 있다. 이 자발성을 부르는 것이 양심의 부름이다. 이 욕망은 경제와 과학 기술을 위한 지혜도 부정하지 않고, 사회도덕도 파괴하지 않는다. 자리이타의 욕망은 자기 본성에 따른 재능의 계발이 곧 사회적 이타행과 다르지 않다는 것을 스스로 알기 때문이다.

그렇다면 소유론적 지성知性을 넘어선 존재론적 지성智性이 있어야 하지 않겠는가? 아슈바고샤는 『대승기신론』에서 이

지성智性을 중생의 마음속에 깃들어 있는 수염본각隨染本覺의
능력인 지정상智淨相과 그것의 불가사의한 활동력인 불사의업
상不思議業相이라고 명명했다. 본성의 욕망인 양심이 숨을 쉬
면, 이 본성의 능력들이 우리를 경제적·도덕적으로 이끌어
준다는 것이다. 하이데거는 양심의 부름을 다음과 같이 간결
하게 말했다. "양심의 부름은 나에게서 나오지만, 나를 넘어서
나온다. 그 부름이 어디로 가는가? 그것은 나에게로 온다." 이
것이 마음의 혁명이다. 세상을 혁명하려 하지 말고, 마음을 혁
명해야 한다.

# 명분주의와 속물주의를 넘어서

좋은 나라를 일구는 데는 반드시 정신문화가 배경으로 깔려 있다. 이것은 역사적으로 증명된 바다. 좋은 정신문화의 밑바탕 없이 좋은 나라를 이루었다는 것은 사상누각처럼 불가능하다. 우리도 우리나라를 좋은 나라로 가꾸기 위하여 그 바탕이 되는 정신문화의 터전을 깊이 생각해 봐야 한다.

　나는 조선 500여 년을 지탱해 온 주자학적 정신문화가 더 이상 21세기적인 정신문화의 기틀이 되기는 어렵다고 본다. 그러나 그 주자학적 정신문화의 뿌리는 땅속 깊이 박혀 있어서 우리나라 사람들, 특히 지식인들이 은연중에 주자학이 심어 놓은 순수주의적이고 도덕주의적인 흑백 사고를 하고 있는 것 같다. 그와는 정반대로 경제와 기술을 전담하고 있는 기업과 실업계에서는 주자학적 도학 사상보다 실용적이고 실사적인 실학적 사고를 더 좋아하는 것 같다.

전자는 한국 사회에서 좌파적 도덕주의가 높이 흔들고 있는 깃발로 상징되고, 후자는 우파적 실용주의를 대변하고 있다. 이는 마치 프랑스의 파리가 세느강을 끼고 좌안에는 대학가를 지배하는 좌파 사상이, 우안에는 금융실업가를 석권하는 우파 사상이 각각 우세하고 있는 것과 비슷해 보인다.

그러나 그 사회는 우리보다 격돌이 훨씬 덜하다. 좌파든 우파든 정신문화가 깊어야 고요히 사색하면서 좋은 세상을 창조하기 위한 지혜가 나온다. 그렇지 않고 철학적 사유를 결여한 감정적인 이데올로기로 세상을 시끄럽게 하는 것은 세상을 더욱 불행하게 한다. 좌파는 우파를 미워해 극좌적 공산주의와 한통속이 되거나, 우파는 좌파를 싫어해 극우적 파시즘을 동경해서는 안 된다. 나는 한국의 좌파와 우파의 사상적 근원이 외래에서 사회주의와 자유주의가 들어오기 전부터 이미 주자학적 도학과 반주자학적 실학의 유학 사상에 뿌리를 두고 있다고 본다.

도학 사상의 원조는 맹자고, 실학 사상의 원류는 순자라는 데 이의가 없을 것이다. 나는 우리의 정신문화가 21세기에는 맹자류의 도학적 도덕주의와 순자류의 실학적 실용주의를 넘어서는 제3의 길을 찾아야 한다고 여긴다.

여기서 나는 19~20세기에 걸친 독일의 사회학자 베버Max Weber의 이론(프랑스의 사회학자 쥘리엥 프뢴드Julien Freund의 저서 『막스 베버의 사회학』에 의거)에 잠시 의존하고자 한다. 맹자의 도덕주의는 베버가 말한 가치 합리성(rationality of value)과 연관되고, 순자의 실용주의는 목표 합리성(rationality of goal)과 관계되는 것으로 보인다.

목표 합리성은 돈 버는 목적, 승진하는 목적, 집 짓는 목적 등과 같이, 결과에 성공적으로 이르기 위하여 무엇을 해야 하는가 하는 행위를 분명하게 조직하고 자각하는 합리성을 말한다. 가치 합리성은 자기의 합리적 행위의 결과에 따라 가시적 결과를 얻으려고 생각하기보다, 오히려 동기적 가치의 순수성을 지키기 위하여 모든 것을 희생하는 행위다. 즉 행위자가 자기의 신념을 집행하기 위하여 어떤 어려움도 불사하는 행위다. 죽어 가는 부모를 살리기 위하여 손가락을 자른 옛 효자의 행위나, 나라를 위하여 기꺼이 목숨을 바친 애국 열사의 행위가 가치 합리성이다. 이것은 목표 합리성의 입장에서 보면 비합리적인 행위처럼 보이나, 행위자 당사자의 판단에서 보면 자기가 믿고 있는 신념의 가치에 합리적으로 봉사했을 뿐이다.

맹자의 사상이 가치 합리성이라는 이유는 '차마 하지 못하는 인간의 마음(不忍人之心)'인 측은지심惻隱之心에 바탕하여, 모든 행위를 도덕적으로 발양해야 한다고 생각하기 때문이다. 심지어 그는 정치마저도 측은지심과 연관되는 '차마 하지 못하는 마음으로 정치함(不忍人之政)'이 되어야 한다고 역설했다.

맹자의 도학 사상과 도덕주의는 인의충신仁義忠信과 같은

'하늘의 벼슬(天爵)'을 버리고 세속적 인간의 벼슬(人爵)을 탐하는 인간의 부도덕성을 질타하면서, 저 '하늘의 벼슬'을 불변의 황금률로 마음에 간직할 것을 권장한다. 그런 마음을 간직하는 것이 도심道心이고, 그런 마음으로 정치를 하는 것을 도학 정치라고 여겼다.

이것은 순자의 사상과 전혀 맞지 않는다. 순자도 유가이므로 인의충신의 덕목을 귀하게 여긴다. 하지만 그 이유는 내면적 가치를 실현하기 위해서가 아니라 사회생활에서 유효한 사회적 결과를 낳게 하는 데 중요하기 때문이다. 더불어 현재의 인고忍苦를 통하여 결과적으로 각 개인과 사회에 이익이 되는 결과를 성취하는 데 도움이 되기 때문이다. 즉 부모에게 효도하여 노후에 편하게 모시려는 목표가 인간에게 현재 각자의 일을 참아 가며 열심히 일하게 하는 동기를 부여한다는 것이다. 그래서 순자는 내면적 도덕 가치의 계발보다 사회적 제도를 예법禮法의 이름으로 잘 만들어, 제도를 목표 합리적으로 경영하여 사회 구성원들에게 이익을 제공해야 한다고 생각했다.

맹자와 순자의 각각 다른 합리성은 서로 다른 윤리 의식을 심어 준다. 이러한 윤리 의식은 합리성의 차이만큼이나 이율배반적이다. 베버에 따르면 맹자적인 도덕이상주의는 가치 합리성의 정신을 잇는 신념 윤리(ethics of conviction)에 상응하고, 순자적인 현실 실용주의는 목표 합리성의 정신을 존중하는 책임 윤리(ethics of responsibility)와 상관적이다. 그리고 이런 각 윤리

의식의 극단적이고 상징적인 대표자로 신념 윤리에는 칸트를, 책임 윤리에는 마키아벨리Niccolo Machiavelli를 대입시켰다.

마키아벨리는 고향 피렌체의 위대한 영광을 위하여 신념 윤리에게 비난받을 수 있는 수단을 사용했다. 이것은 행동인에게 필요한 목표를 달성하기 위한 책임 윤리의 의미를 수행하기 위함이다. 칸트는 어떤 경우에도 남에게 거짓말을 하면 안 된다는 가장 높은 도덕적 신념을 설파했다. 칸트의 신념 윤리는 사회적 이익을 옹호하기 위한 행동인의 윤리라기보다, 오히려 개인의 도덕적 양심의 차원이라고 말해야 옳다.

그런데 베버는 이 두 가지 윤리 의식이 극단적으로 이율배반적이지만, 서로 대립적으로만 실존하는 것이 아니라 대개의 경우 두 가지를 다 적절하게 병행하고 있다고 생각했다. 베버는 저 두 가지 합리성과 윤리 의식이 양립할 수 없는 모순은 아니지만, 서로 궁합이 잘 맞는 것은 아니라고 밝혔다.


가치 합리성과 신념 윤리가 너무 넘쳐서 조선의 도학 정치 시대처럼 실용적인 현실주의가 거의 숨을 죽이고 살았을 때는, 순수성이란 선의 탈을 쓴 악마가 세상을 지배한다. '순수성의 악마'라는 말은 프랑스의 가톨릭 철학자인 무니에Emmanuel Mounier가 쓴 말로서, 순수라는 명분으로 사회를 도덕적으로 지배하려는 사회의 도덕화 사상과 상통한다.

도덕주의자들은 이런 도덕주의적 지배 의지가 얼마나 악

마적인지 모른다. 그냥 순수한 도덕적 선의지가 전부라고 생각한다. 도덕적 동기의 순수성이 인의仁義라는 가치를 지키는 도심道心 자체가 되어서, 국가와 사회를 살리기 위한 거짓말과 변칙을 자행하는 행위를 불순하고 잡스런 것으로 비난한다.

조선 중종 때 조광조는 가치 합리성과 신념 윤리의 상징이다. 그래서 그는 조선 유학사에서 올곧은 선비로 높이 숭앙 받는다. 그는 여진족 추장 막고내가 침략해 올 때 위계를 써서 그를 생포하려는 군사전략을 맹렬히 비난했다. "어찌 군자의 나라에서 적을 물리치기 위하여 거짓부리인 위계를 쓸 수 있는가"라며. 이 조광조의 고사를 '순수성의 악마'와 같은 이야기로 보기는 어렵다. 아마도 사색당쟁의 대부분이 나의 순수가 상대방에게 악마로 둔갑하여 나타난 결과가 아니겠는가?

20세기 프랑스의 토미즘 철학자인 마리땡Jacques Maritian은 그의 『인간과 국가』에서 맹자적인 도덕이상론과 왕도 사상을 '정치의 도덕적 양식'이라 명명하고, 순자적인 실용현실론과 패도 사상을 '정치의 기술적 양식'이라고 언명했다. 그는 전자의 특징을 국가와 사회를 물질적으로 번영케 하기보다 정신적으로 자유와 정의를 사랑하도록 하여, 인류의 공동선에 이바지하는 국민정신을 유도하는 정치형태라고 규정했다. 또 후자의 특징을 국가의 대외적 외교 성공과 안보 역량의 강화, 국민 생활의 물질적 향상을 가져오는 정치에 주력하지만, 그 성공을 가져오는 수단이 도덕적이냐 아니냐에는 별로 개의치 않는 정치형태라고 설파했다.

그는 전자는 늘 과잉도덕주의(hypermoralism)의 위험성을 안고 있고, 후자는 사리사욕의 부패와 그 위험성을 은닉하고 있다고 지적했다. 과잉도덕주의는 독선주의의 표독한 독재를 불러오기 쉽고, 사리사욕의 부패는 금권정치의 타락상을 가까이 하게 된다.

순자의 철학은 자연의 본능을 대신한 친본능적 인간 지능의 경제 기술적 능력과 연결된 마디에서 세상과 인간을 보았다. 그에 비해 맹자의 철학은 자연의 본성을 대신한 인간의 반본능적 도덕주의와 연결된 마디에서 인간과 세상을 보았다. 경제주의와 도덕주의는 모두 철저히 지성주의의 작품이자, 인간중심주의의 산물이다. 그 기본에는 경제 기술적이거나 사회도덕적으로 인간이 이 우주의 지배자라는 의식이 깔려 있다.

순자적 예법주의나 맹자적 도덕주의는 이 세상을 지배하겠다는 인간 지성의 두 얼굴에 지나지 않는다. 인류는 그동안 두 지성주의의 택일로 세상을 다스리려 했다. 서로 이율배반적인 두 사상을 그나마 서로 덜 배척적으로 동거시키는 나라는 흥융했고, 우리처럼 수화불상용水火不相容으로 적대시하는 나라는 위기를 맞았다.

프랑스의 사학자 모루아André Maurois는 그의 『프랑스사』에서 영국이 근대화를 시작하면서 프랑스보다 덜 배척적인 정신문화의 길을 갔기에, 후발국이었음에도 불구하고 프랑스를 능가하는 선진국이 되었다고 기술했다. 나는 우리나라의 도덕적 명분주의는 지나치게 공허하여 내용이 없는 형식적 사고방식의 형해形骸에 집착하는 경향이 있고, 정반대로 현실주의는 너무 맹목적으로 타락하여 속물주의적 사고방식에 천착하는 어리석음을 보여주고 있지 않은가 걱정한다.

공허한 명분주의와 맹목적 속물주의의 두 극단을 피하는 것은 공산주의와 파시즘이란 두 극단에 젖지 않는 것에 못지않게 중요하다고 생각한다. 한국의 정신문화는 묘용妙用을 존중하면서도 동시에 극단적인 쏠림 현상을 노출하고 있다. 최근의 경향은 쏠림 현상을 더 많이 표출하고 있다. 이것이 한국 정신문화의 자기 함정이다.

"모든 살아 있는 것은 자기 생명과 함께 이미 또한 죽기 시작한다.
오히려 살아 있는 것만이 죽게 되어 있기에,
죽음은 하나의 삶이라고 보아야 한다. 그렇다.
죽음은 삶의 가장 높은 행위일 수 있다.
자연성은 자기 자신을 정시하면서 자기 자신을 치운다."

마르틴 하이데거Martin Heidegger의
『이정표』에서

# 운명과 자유

인간은 자기가 선택해서 이 세상에 온 것이 아니다. 또 그렇게 이 세상을 떠나는 것도 아니다. 이처럼 인생의 양끝은 모두 자유 선택과 무관하다. 이래서 사람들은 운명을 생각하게 된다. 인생의 모든 것이 자기 뜻대로만 되지 않는다. 이런 일들이 사람들에게 운명이 나의 인생을 지배하고 있는 것이 아닌가 하고 추정하게 만든다. 그러면서도 사람들은 하루하루를 운명의 장난으로 살지 않고, 자유스럽게 삶을 영위한다고 생각한다. 사람들은 인생이 자유와 운명 사이에서 흔들의자처럼 오가는 것이라고 짐작한다.

동서고금의 철학사에서 운명을 부정하는 극단적 자유행동론자는 기원전 중국 전국시대의 묵자墨子와 20세기 프랑스의 실존철학자 사르트르가 대표이다. 사르트르는 사람들이 흔히 운명이라 부르는 것은 인간이 스스로 만들어 가는 행동과 다르지 않다고 그의 저서 『시인 보들레르론』에서 밝혔다. 이런 초기의 자유행동론은 후기의 사회역사철학에도 적용된다. 그의 행동 철학은 철저히 인간주의적이다. 이 말은 자연적 필연의 요소를 완전히 지우려는 사유와 통한다. 그래서 그는 스스로 자신을 만들어 가는 초기의 실존철학에서나, 후기에는 스스로 역사를 만들어 가는 계급투쟁의 의식 철학인 마르크시즘에서 나 다 같이 인간의 자유의지적 능위론을 강조했다.

동양에서는 묵자가 철저한 비명론非命論을 펼쳤다. 비명은 운명이나 숙명을 부정한다는 의미다. 묵자는 「비악편非樂篇」에서 운명이 실천적인 노동 분업의 가치를 말살시키고, "팔다리의 힘을 다하고 생각하는 지혜를 다하게 하는 데" 큰 장애가 된다고 말했다. 묵자는 인간 근육의 힘과 생산 의지와 그 의식의 생각을 매우 강조했다. 묵자는 의식과 의지의 사상가로서 인간의 삶에서 운명을 완전히 배제시켰다. 묵자는 사르트르처럼 철저한 실천 의식의 사상가였다. 과거 마오쩌둥의 중국이 노자와 공자를 비판하면서 은근히 묵자를 좋아했던 것은 이 때문이다.

그러나 묵자와 사르트르는 인생을 너무 실천적 행동 위주로 보는 단순성으로 넘친다. 그래서 사유의 깊이에서는 아쉬운 점이 있다. 그리고 그들은 자의식의 의지를 너무 강조했다. 그러나 운명은 자유행동의 적이 아니라, 그 행동과 함께 동반하기에 우리에게 문제가 된다.

자유와 운명의 이중성을 잘 읽은 철학자를 꼽으라면, 나는 20세기 프랑스의 철학자로 해석학의 대가인 리쾨르Paul Ricoeur 를 들고 싶다. 그는 『의지의 철학』에서 자유의사(the voluntary) 와 운명의 무의식(the involuntary)을 이원론적으로 나누지도 않고, 일원론적으로 통합하지도 않았다. 그가 말한 의지(will)는 저 두 가지 요소를 다 지닌 현상이지, 사르트르처럼 운명을 배제한 인간의 자유의지가 아니다.

리쾨르는 생각한다. 인간 의식은 스스로의 생각을 자유자재로 그리지 않고, 그 의식이 뿌리박고 있는 무의식을 받아들이며 그것과 대화하는 조건에서 생활한다. 나라는 자의식은 무수히 많은 요인들(역사적·사회적·심리적·생리적)이 나에게 주어져 생긴 현상이지, 내가 자의식을 만든 장본인이 아니다. 나는 전적으로 내 것인 것만은 아니다. 내가 자유의사로 원하는 것은 내가 스스로 만든 것만이 아니다. 이렇게 그는 사르트르의 철학에 정공법을 가한다.

내가 자유의사로 원하는 것은 내 몸과 내가 살고 있는 세상이 주는 무의식과의 혼융에서 생긴 것이다. 나의 자유의사는 내 몸에 쌓여 있는 마음의 습관과 내가 살고 있는 생활 세계의 역사적 숙업宿業을 무시하고서는 설명할 수 없다. 이것은 피아니스트나 체조 선수가 자신이 받은 신체 조건과 생활환경을 무시하고서 그의 자유 활동을 설명할 수 없는 것과 비슷하다. 이 말은 자유는 필연의 운명을 떠나서 실존하지 않는다는 뜻이다.

　필연의 운명은 자유의 의식적 행위가 늘 안고 있는 업業의 무의식적 성격과 같다. 즉 내 의식의 자유 행위의 밑바탕에는 늘 특수한 운명의 색조가 도사리고 있다는 것을 뜻한다. 한국의 인문학과 사회과학은 이 점을 간과하기에 아무리 유식해도 한국학으로 등록될 수 없다. 왜냐하면 그 학문들은 한국인의 공동 업장과 무관한 지식들을 화려하게 남발하기 때문이다.

　리쾨르는 또 그의 『의지의 철학』에서 이렇게 말했다. "나는 선택하는 나 자신의 방식과 또 내가 선택하지 않는 나를 선택하는 나 자신의 방식을 다 갖고 있다." 이 말의 뜻은 자유로운 선택 행위에서도 남의 것과 다른 나의 특수한 방식이 있고, 또 심지어 나라는 존재조차 내가 선택한 결과가 아니라 태어나면서 주어진 것인데, 그런 나를 동시에 후천적으로 선택하는 나의 특수한 방식이 있음을 말한다.

　리쾨르의 저 언명은 나의 모든 자유행동의 이면에서는 특수한 성격이 나의 자유행동을 제약하고, 또 내가 선택한 것이 아닌 나 자신을 후천적으로 자유롭게 만들어 가는 와중에도 나의 특수한 운명이 깃들어 있다는 것을 말한다. 리쾨르의 철학은 운명의 성격이 나의 자유로운 사유와 행위를 특수하게 제한시키는 틀과 같아서, 나의 실존적 자유가 그 틀을 벗어나지 못한다는 것을 말한다.

　그런데 비록 무의식이 자유의사의 밑바탕에 은닉되어 있지만, 그의 철학은 무의식의 제약 속에서도 '코기토cogito'라는 자의식의 '재정복'과 '확장'을 도모하는 작업이다. 따라서 그의 철학은 데카르트의 '코기토' 철학을 무의식의 영역과 접목시킨 사유다. 무의식을 배제한 데카르트의 '코기토' 철학의 힘을 할 수 있는 한 무의식의 영역까지 확장시켜, 무의식을 의미로서 다시 정복하려는 사유다.

나는 더 이상 리쾨르의 길을 따르지 않으련다. 왜냐하면 리쾨르의 길은 무의식이란 제약을 극복하고자 하는 자아의 지성적 소유 의지를 반영하기 때문이다. 무의식이란 제약과 성격의 업은 자아의 이성적 합리성의 읽기로서 사라지는 것이 아니다. 예컨대 조급한 성격은 그것을 인식했다고 해서 사라지지 않는다.

나는 이 점에서 인도의 고승들인 바수반두(世親)의 유식 사상과 아슈바고샤의 기신론 사상에 더 의존하고자 한다. 이들의 주장에 따르면 자유는 리쾨르의 소론처럼 자의식을 확장하여 운명의 장애를 극복하는 데에서 오는 것이 아니라, 자의식의 힘을 소멸시키는 동시에 운명의 힘을 무력화시키는 데에서 이루어진다.

이런 주장은 내가 로댕의 '생각하는 사람'과 신라의 '미륵반가사유상'을 비유로 들었던 것과 비슷하다. 로댕의 '생각하는 사람'은 침통한 얼굴에 근육질의 몸을 갖고 있다. 그것은 자아의 세력을 확장하고자 하는 의지의 반영이다. 그러나 '미륵반가사유상'에는 그런 근육이 전혀 없을 뿐만 아니라, 고요히 미소를 짓고 있다. 각각에는 세상을 정신적으로 지배하고자 하는 소유 의식과 그 의지를 포기한 자의 화평이 깃들어 있다. 그 화평이 곧 자유다.

바수반두의 유식 사상에 따르면, 인간의 지각과 생각은 이미 오랜 세월 동안 쌓인 운명이나 숙업의 영향으로 작용하고 있다. 그래서 지각과 생각이 '내가 생각한다(cogito)'는 형식으로 표현되는 것처럼 보이지만, 사실은 숙업과 운명인 '그것이 생각한다'는 것에 지나지 않는다.

그 '그것'은 개인적 숙업일 수도 있고, 역사적 · 사회적 공동업(공동 운명)일 수 있다. 그러나 개인적 업은 사회적 · 역사적 공동업의 힘을 능가할 수 없다. 그러므로 자유의 철학은 역사적 · 사회적 공동업의 장애를 무력화시키는 일과 무관하지 않다. 공동업의 장애를 극복하기 위하여 리쾨르처럼 이성적 사유를 더 확장시키거나 정복하는 길을 가게 하는 근육질의 소유 철학으로는 성공하지 못한다.

그동안 줄곧 이 책을 통하여 주장한 사유는 선의 진군나팔을 불면 선은 반드시 악을 낳고, 사랑에 집착하면 등 뒤에 증오를 감추고, 광적으로 평화를 외치면 전쟁을 일으킨다는 것이다. 의식은 선과 사랑과 평화를 자각하고 확장하려 하지만, 무의식은 이미 그 반대의 것을 분비하고 있다. 의식은 이를 모른다.

이 무의식의 활동을 아슈바고샤는 삼세육추三細六麤라고
불렀다. 삼세는 가장 깊은 무의식인 제8식 아뢰야식에서 일어
나는 소유욕의 세 가지 미세한 현상들이고, 육추는 아뢰야식의
영향 아래 제7식인 말나식에서 생기는 거친 여섯 가지 소유욕
을 말한다. 이 말나식에서 아我 중심의 사고가 무의식으로 일
어나, 모든 인간의 의식 활동과 지각 활동을 지배한다. 지금 여
기서는 삼세육추의 무의식적 업을 자세히 말할 입장이 아니므
로 생략하겠다.

아무튼 아슈바고샤의 기신론 사상에서는 말나식에서 아
중심의 분별심이 상속되고 소유로 개념화되어, 의식의 모든 활
동에 장애를 일으키고 고통스럽게 한다고 한다. 모든 업의 운
명과 그 성격은 다 궁극적으로 소유욕의 발동에 기인한다. 아
중심의 소유욕의 발동을 무력화시키지 않으면, 인간은 화평한
자유를 맛보지 못한다.


나는 한국인들이 역사적인 어떤 공동업으로 고통을 당하
고 있다고 본다. 조선시대부터 지금까지 정치적으로 국가가
백성과 국민이 나라를 믿지 못하게 했다. 국가가 존립하는 이
유는 병화의 예방과 치안 유지, 국민을 물질적으로 부유하게
하는 경제정책, 국민의 눈과 마음을 드높게 열리게 하는 교육
의 배려 등 삼원 체제를 구축하여, 국민을 편 가르지 않고 요
람에서 무덤까지 성심으로 아끼고 보호하는 데 있다. 저 삼원

체제는 정권교체와 상관없이 지속적인 국가의 가치로 유지되어야 한다.

하지만 한국의 현실 정치는 정권교체 때마다 이전 정권을 송두리째 부정하면서, 무상하게 부침하며 새로 시작하므로 국민은 국가를 신뢰하지 않는다. 국민이 국가를 믿지 못하므로 국민은 저마다 자기가 알아서 살길을 찾기 위해 온갖 아 중심의 이기적인 사고를 전개하지 않을 수 없다. 각자가 자기의 살길을 눈치껏 찾는 아 중심적 사고가 한국인이 일체감을 갖고 결집하는 것을 방해하고 있다.

우리를 모래알처럼 산산이 분산시키는 공동 업장이 우리의 마음속에 있다. 공동 업장의 제약과 고통을 덜 받고 자유롭게 날개를 활짝 펴고 날기 위하여, 우리는 아 중심으로 뿔뿔이 살길을 찾으려고 부심하는 유아심唯我心을 진정시켜야 한다. 그것은 당위적 도덕주의의 설교로 이루어지지 않는다. 각자가 국가를 못 믿고 맹목적으로 자기 살길을 찾다 보니 우리 사회는 더욱더 상충하는 불행의 먼지바람이 강하게 일어난다. 우리는 어떻게 해야 할까? 다음 글에서 계속하자.

# 공空

나는 20대부터 철학을 공부했는데, 오랫동안 공空 사상을 제대로 이해하지 못했다. 그 까닭은 주로 의식 철학을 중심으로 공부했기 때문일 것이다. 나는 현상학적 실존주의에서 서양철학을 시작했고, 동양철학도 유학 사상을 주자학적으로 해석하는 것을 종지宗旨로 삼았다. 이 사상들은 모두 깨어 있는 의식의 형이상학과 도덕학에 해당한다.

의식 철학은 동서고금을 막론하고 세상과 역사와 신과 인간에 대한 진선미를 읽는 예리한 분별심을 키우는 학문이라 할 수 있다. 그런 의식학에 대한 회의가 레비스트로스로부터 시발된 구조주의에서 왔다. 구주조의에서는 의식은 자생적인 것이 아니라, 의식이 모르는 어떤 자연적·문화적 구조의 산물이라고 한다. 이 구조가 바로 무의식의 영역이다.

구조의 무의식이 갖는 중요성에 대한 나의 깨달음은, 기존의 의식학이 표명하는 진리는 모두 세상에 대한 표피적인 인식일 뿐 세상에 대한 심층적 통찰과는 거리가 멀다는 것과 직결된다. 17세기 네덜란드의 스피노자가 그의 『윤리학』에서 비유한 것처럼, 무의식의 원인을 모르는 사람들은 철없는 아기가 자유 선택으로 젖을 먹었다거나, 소년이 의식의 자유에서 분노의 복수를 했다거나, 겁 많은 아이가 자유 결단으로 도망갔다고 착각하는 어리석음과 같다.

구조주의에 이어서 나는 데리다 등이 대표하는 해체주의의 가르침으로 세상의 기본 무의식의 문법이 불교가 가르친 불일이불이의 이중적 교차법인 것을 깨달았다. 그리고 이 문법이 노자와 장자가 『도덕경』과 『남화경』(장자 내편)에서 각각 설파한 도의 본질과 비슷한 가르침이라는 것을 터득했다.

이어서 나는 이 이중적 교차법의 도가 불법이 말하는 연기법緣起法과 아주 비슷한 진리를 다른 방식으로 말한 것에 지나지 않는다고 생각했다. 말하자면 이 우주를 일관되게 관통하는 깊은 심층적 무의식의 도는 무를 바탕으로 하는 교차법의 존재 방식을 취하고 있다는 것이다.

교차적 존재 방식인 연기법은 모든 존재가 상관적 관계의 매듭임을 말하는 것으로서, 독존적 존재 방식을 거부한다. 이 세상의 어떤 것도 자기 스스로 홀로 서는 실체가 아니라, 반드시 다른 것과의 관계에 의하여 생기고 그 관계가 끝나면 사라진다. 따라서 존재는 명사로 지칭할 수 있는 고체처럼 딱딱한 단독개념이 아니라, 관계의 설정으로 무수히 많은 다른 것들이 들락날락거리는 유연한 해면체의 삼투작용과 비슷한 공동의 존재 방식을 지닌다.

'나무'의 존재도 많은 다른 것들과의 상관관계요, 심지어 '나'라는 존재도 내가 만난 무수한 인연들이 남긴 흔적들이 공존하는 세계다. 우리가 '나무'나 '나'라는 개념을 사용하지만, 사실 그 개념들은 편의상 지칭하기 위하여 사용하는 방편이지 실상을 지시하는 것은 아니다. 실상은 아주 복잡한 관계의 총화다. 이 복잡한 관계의 총화를 불교에서는 연기라 부른다.

제2의 붓다라고 불리는 인도의 고승 나가르쥬나(龍樹)의 유명한 저서 『중론』에 이 연기법의 의미가 나온다. 연기의 존재 방식은 "생기하는 것도 아니고, 소멸하는 것도 아니고, 영원한 실체도 아니고, 영원한 허무도 아니고, 동일한 것도 아니고, 다른 것도 아니고, 오는 것도 아니고, 가는 것도 아니다"라고 한다.

이 우주의 일체적 존재 방식은 서로 그물망처럼 상응해서 짜여 있는 상호관계 속에서 생기하면서 동시에 사라진다. 늘 있거나 늘 없는 것도 아니므로 존재하면서 동시에 없어지는 이 중성을 정시한다. 계속 동일한 존재 방식을 유지하는 것도 아니고, 그렇다고 서로 아주 다른 존재 방식을 나타내는 것도 아니다. 또 새 것이 오면 헌 것이 가는 신진대사를 끊임없이 행하고 있지만, 우주의 존재 방식은 오는 새 것이 가는 헌 것과 얽히고설켜 공존하기에 무엇이 가고 무엇이 오는지 정확히 분별할 수 없다. 그래서 나가르쥬나는 오는 것도 가는 것도 아니라고 말한 것이다.

연기의 존재방식은 생/멸生/滅(생기/소멸)과 상/단常/斷(실체/허무)과 동/이同/異(같음/다름)와 내/거來/去(옴/감)를 택일적으로나 분별적으로 말할 수 없는 반反개념적 사유를 지니고 있다. 반개념적 사유는 어느 것에 얽매이거나 집착하지 않는 사유를 의미한다. 심지어 어떤 것이 진리라 할지라도, 그에 얽매이고 집착하면 그것은 진리가 아니라 인간을 미망으로 빠뜨리는 마군이 된다. 진리도 자기의 이면에 악마성을 숨기고 있다는 것을 알아야 한다. 이것이 이 우주적 도의 본질이고, 그 본질이 무의식적이므로 인간의 의식은 이것을 보지 못한다.

나가르쥬나는 이 도를 공이라고 불렀다. 그래서 그는 연기법의 존재가 곧 공과 다른 것이 아니라고 설법했다. 공은 유무를 택일적으로 선택하거나, 변증법적으로 통일시키는 것도 아니다. 공은 유무를 비동시적 동시성으로 동봉시키고 있다. 이 비동시적 동시성의 의미에 대해서는 앞글에서 중국 화엄학의 대가 현수 법장 스님의 『화엄금사자장』의 글을 인용하면서 설명한 적이 있다. 황금사자상이 사자라고 생각하면, 황금이라는 생각은 약간 후퇴하여 안으로 들어간다. 또 그것을 황금이라 여기면, 사자라는 생각이 숨어 버린다. 황금과 사자는 동시에 공존하지만, 생각은 비동시적으로 나타난다.

유/무도 이와 같다고 할 수 있다. 가을 하늘에 떠 있는 뭉게구름은 높푸른 하늘의 허허로움을 바탕으로 나타나지만, 구름에 눈이 가면 허공은 뒤로 숨고, 허공에 마음이 가면 구름은 조금 뒤로 물러앉는다. 이것을 우리는 유/무의 비동시적 동시성을 동봉했다는 의미로 공이라 부를 수 있다. 그러므로 사실상 공은 유/무를 모두 동봉한 의미로서 유는 무에서 나타난 무의 욕망과 같은 현상이고, 무는 유가 늘 있는 존재자인 실체처럼 고착될까 봐 무로 사라지는 은적의 의미를 말한다.

존재자는 하이데거가 쓴 용어인데, 그것은 존재가 연기법처럼 이해되지 못하고 실체처럼 단독명사로서 고착되는 개념화와 같다. 존재를 늘 있는 실체적 존재자로 간주하면, 사람들은 존재를 소유물처럼 생각하게 된다. 왜냐하면 사람들은 늘 존재하는 것(존재자)들을 자기 것으로 장악하려는 탐욕을 의식에서 표출시키기 때문이다.

이 공 사상은 의식 철학으로 잘 이해되지 않는다. 왜냐하면 의식 철학은 논리적 자아의 힘인 지성의 보편성으로 세상의 모든 것을 다 장악하고 지배하는 주인의 위치를 고수하고자 하기 때문이다. 신의 지성이 우주를 창조했을 때, 무에서 유를 있게 했다고 한다. 창조는 무를 부정하여 유를 있게 하는 행위이므로 창조론은 무를 이해하지 못한다. 그래서 의식 철학에서 무는 존재의 결핍인 악과 동의어로 취급된다.

그러나 하이데거의 사상에 의하면 무를 배제한 의식의 철학은 유(존재)를 필연적으로 존재자로 인식하게 된다. 그런 철학에서 무는 유와 동거할 수 없는 유의 파괴자처럼 간주되고, 유는 무와 싸워 승리해야 하는 의지로 여긴다. 그래서 유는 무와 다른 '어떤 것'이라는 자기동일성을 단단히 무장한 존재자가 되지 않을 수 없다. 자기동일성으로 무장한 유는 앞에서 지적한 해면체처럼 우주의 모든 것과 삼투작용을 하면서 일체감을 느끼는 공동 존재 방식이 아니다. 그래서 존재자는 존재와 다르다. 의식은 자의식이고, 그 자의식의 철학은 존재자의 철학이다. 이것이 필연적으로 소유의 철학을 부른다.

중국 선종의 3대 조사인 승찬 대사는 그의 『신심명』에서 "유(존재)가 곧 무고, 무가 곧 유"라고 언명했다. 이것을 풀이하면 유는 무의 욕망이고, 무는 유의 은적과 같다는 뜻이다. 무는 허무가 아니고 고갈되지 않는 무한한 기氣의 힘을 말한다. 무한한 기는 자신을 표현하는 욕망과 같다. 무의 욕망은 자아의 욕망과 다르다. 자아의 욕망은 자아의 이기적 소유를 위한 탐욕을 말하지만, 무의 욕망은 세상에 한없이 공동 존재의 기쁨을 보시하고픈 증여 자체다. 그동안 우리는 그 욕망을 소유론적 욕망과 구별해 존재론적 욕망이라 불렀다.

유가 무의 욕망이라면, 무는 유의 은적이다. 은적은 숨는 것이다. 왜 숨는가? 존재(유)가 때가 되어 무로 숨지 않으면, 그

존재는 자기동일성의 강한 성채를 지어서 모두 존재자적인 소
유물로 미끄러지기 때문이다. 예컨대 인간에게 죽음이 없다면
인생은 존재론적인 사유로 이해되지 않고, 전적으로 소유론적
탐욕으로 가득 차게 되리라. 그때 세상은 끝을 모르는 소유의
투기장으로 변할 것이다. 그것이 바로 지옥이다. 죽음은 인간
에게 무를 삶의 한복판에서 생각하게 하는 양약이다.

유/무를 동시에 동봉하고 있는 공 사상은 탐욕의 병을 씻
어 주는 양약이다. 탐욕이 왕성하다고 국민 각자가 부자가 되
는 것도 아니고, 나라가 강해지는 것도 아니다. 지금 한국인은
치유하기 힘든 탐욕의 병을 앓고 있다. 특히 지도층의 탐욕은
도를 넘고 있다. 그들은 자신의 세속적 탐욕을 그럴싸한 명분
으로 치장한다. 그 위선의 껍데기를 벗어야 한다.

탐욕이 곧 성공의 길이 아니기에 탐욕스런 사람들은 사기
를 친다. 사기가 도처에 판친다. 마음을 비운 사람이 망하지 않
고 부자 기업을 일으키고, 입으로만 떠드는 것이 아니라 실질
적으로 국민의 괴로움을 더는 실상實相의 정치를 한다. 그런 사
람이 교육을 해야 유치한 이념의 노예나 개인의 출세라는 탐욕
으로 교육을 망가뜨리지 않고, 참으로 다음 세대의 국민을 훌
륭히 키울 수 있다. 또 그런 사람이 장군이 되어야 호국의 간성
인 강병을 육성할 수 있다.

국민의 마음을 어떻게 비우게 할 수 있을까? 그것은 부지
하세월不知何歲月이다. 가장 빠른 효과적인 길은 지도층이 솔선

수범하는 길이다. 옛 신라가 삼국 가운데 가장 후진국이었지만, 지도층의 솔선수범으로 삼국을 통일할 수 있었다. 보통 공은 마음을 비우는 무욕이라고 생각한다. 그러나 그 무욕은 사리사욕을 없애는 것이지, 힘을 지우는 것이 아니다. 공에서 무욕의 힘이 솟는다. 그 힘을 나는 무의 욕망이라 불렀다. 무의 욕망은 일체를 이롭게 하고 복되게 하는 무사심의 존재론적 욕망이다.

# 업業

나는 "내가 생각한다"는 데카르트의 철학이 실상이 아닌 허상
이라고 여러 번 지적했다. 내가 생각하는 것이 아니라, 오히려
"그것이 생각한다"고 앞글에서 언명했다. 좀 어려운 내용이지
만 이를 이해하는 것이 인생과 세상을 이해하는 데 매우 중요
하다.

보통 우리는 '내가 생각하는 것'이라고 여긴다. 그러나
『유식삼십송』을 쓴 인도의 고승 바수반두(世親)의 가르침에 따
르면 전오식前五識의 지각 활동으로 제6식인 의식이 발동하는
데, 그 의식이 발동한 것인 생각은 서양철학에서 말하는 것처
럼 이성의 소산이 아니라, 제1차 무의식 상태로 의식되지 않고
있는 제7식인 말나식의 영향이라고 한다. 말나식은 생각하고
계산하는 사량식思量識이라고 번역하기도 한다. 그것은 말나식
이 온갖 의식의 표상表象을 무의식적인 자기의 심상心象대로 그

리게 하는 진원지라는 것이다. 이 제7식인 말나식이 사량하는 대상은 외부의 대상이 먼저가 아니라, 제7식보다 더 깊숙이 저장되어 있는 가장 심층적인 제8식인 아뢰야식(藏識)이다. 물론 제9식의 순수 불심인 아말라식(無垢識)을 말하기도 하나 여기서는 중요치 않다.

아뢰야식이 저장식인 것은 내가 태어나기 이전부터 있었던 과거의 생각과 행동의 습관들이 저장되어, 지금의 내 생각과 행동에 영향을 미치기 때문이다. 단적으로 오감의 자극으로 내가 지금 느끼고 생각하는 것은 아주 오래 전부터 생기된 업의 습관과 다르지 않다는 것이다. 과거의 경험과 기억의 습관이 지금 나의 생각을 결정하는 숙업宿業으로 작용을 미치고 있는 셈이다.

하이데거도 이와 비슷하게 인간의 마음을 습기習氣(disposi-tion)라고 지칭하고, 마음의 습기가 현재완료형(having beenness)의 본질을 지닌다고 『존재와 시간』에서 갈파했다. 현재완료형의 본질은 과거가 지금까지 계속 작용하고 있다는 뜻이다. 인간의 생각과 느낌도 과거부터 아뢰야식 속에 저장된 습기의 종자가 자아라는 생각을 불러일으키는 말나식의 사량으로 현행화現行化되어, 그 말나식의 무의식적 심상心象이 의식과 전오식의 표상表象에 영향을 미친다. 그리고 또다시 요별경식了別境識(의식과 전오식)의 새 활동들이 아뢰야식에 종자로 저장된다. 이처럼 아뢰야식과 요별경식은 서로 돌고 도는 윤회의 바퀴를 형성한다.

　여기서 잠깐 아뢰야식의 종자에 대하여 설명하겠다. 아뢰야식에 저장된 종자는 3인칭 단수인 '그것'이다. 이 '그것'은 특수한 기질氣質로서 어떤 성향의 욕망을 지니고 있다. 우주는 기(에너지)의 힘이다. 지공무사한 기의 힘이 무無의 욕망이다. 이 무의 욕망이 곧 부처의 기氣다. 그 기는 지공무사하기에 삼라만상에게 존재의 힘을 보시하는 대자대비의 힘과 같다.

　그러나 중생의 기는 지공무사하지 못하고, 부분적이며 편파적이다. 그 까닭은 중생이 무의 욕망을 잃고 너와 대립된 사회적 분별심인 소유욕으로 채색되어 버리기 때문이다. 사회생활의 경쟁과 질투가 이런 아상我相을 갖게 한다. '나'라는 아상은 '너'라는 생각이 있기에 생긴다. 이것이 소유적 기의 시작이다. 소유적 기는 말나식의 무의식에서 자란다.

　비록 말나식이 아뢰야식의 종자들을 대상으로 하여 '그것'을 늘 '내 것'이라고 사량하기에 오염되어 있지만, 업을 짓기 전에는 중립 상태로 보존되어 있다. 더구나 아뢰야식에는 선악의 업이 저장되어 있지만, 모두 오염되지 않은 중립 상태로 머물러 있다. 그러기에 인간은 결정된 숙업이지만, 또한 마음의 새로운 기획 투사에 따라 과거의 종자도 변하게 하는 가변적 존재다. 다만 그것이 중립 상태이긴 하지만, 과거에 선의 종자가 많았으면 선을 일으킬 수 있는 증상연增上緣(도와주는 인연)이 많은 만큼 좋은 경향성을 가질 수 있다. 그 반대의 경우도 마찬가지다.

아뢰야식에는 결정과 자유가 모순 없이 공존하여, 부처 종자와 중생 종자가 함께 동거하고 있는 셈이다. 중국의 6조 혜능 선사가 그의 『단경』에서 "미혹하면 부처가 곧 중생이요, 깨달으면 중생이 부처"라고 거듭하여 밝혔다. 이것은 아뢰야식 속에 저장된 종자가 중립 상태이므로, 그것을 잘 활용하면 부처고 그렇지 못하면 중생이라는 말이다.

인간은 생각하고 느끼지만, '내가 생각하고 느끼는 것'이 아니라 아뢰야식 속의 종자가 생각하고 느낀다. 그래서 "그것이 생각하고 느낀다"는 말이 옳다. '그것'이 부처의 길로 나아가기도 하고, 중생의 길로 나아가기도 한다. '그것'의 종자는 곧 욕망의 힘인 기의 다른 이름이다.

그럼 '그것'이 어째서 윤회하면서 저장되는가? 중생의 기인 '그것'은 소유론적 욕망이므로, 탐욕의 갈망이 쉽게 사라지지 않는다. 부처와 같은 존재론적 욕망(원력)인 기는 무의 욕망이므로, 소유론적 탐욕이 없다. 그래서 부처는 모든 것을 무한히 보시하려는 대자대비의 기 자체라서 자기 것이 전혀 없는 허공의 기와 같다. 그러나 중생의 기는 집착으로 엉켜 있다. 이것은 육신이 죽어도 윤회한다. 이 탐욕적 기의 덩어리가 다시 육신을 빌려 태어나고 싶어 한다.

그것은 인간으로 태어날 수도 있고, 삼악도(축생, 아귀, 지옥)

에도 태어날 수 있다. 천상의 신들이나 인간이나 축생도 다 같은 기의 다양한 욕망에 지나지 않기 때문이다. 지옥의 아귀들도 거기가 좋아서 태어나고 싶어 안달하는 기의 욕심이 그랬을 뿐이다. 소유의 욕망을 존재의 욕망으로 바꿔야만 부처가 되어 소유의 탐욕이 갈망하는 윤회에서 벗어나 해탈을 얻는다. 우리의 관심은 이런 불교의 교학보다 오히려 그 철학적 상징에 있다.

바수반두는 가르친다. 업의 생각과 느낌과 행동을 바꾸는데 가장 중요한 것은 말나식이다. 우리는 의식의 수준에서 알고 있지만, 마음대로 잘 안 된다. 그 까닭은 의식의 표상이 말나식의 무의식적 심상에 지배되고 있기 때문이다. 말나식에 잠재되어 있는 네 가지 번뇌인 아치我痴, 아견我見, 아애我愛와 아만我慢에 의식이 사로잡혀 있기 때문이다. 우리가 이성적 판단으로 행동하려 해도, 이성적 판단이 이 네 번뇌의 집합인 아상我相의 소유욕에서 자유롭지 못하기에 별로 효과를 내지 못한다. 이성적 의식이 무의식을 억압하면, 오히려 말나적인 아상은 더 흥분하여 사태를 악화시킨다. 그러므로 우리가 숙업의 영향을 지우기 위해서는 이 말나식의 영향을 줄이는 길을 가야 한다.

업의 종자는 우리가 공동으로 살아온 삶의 역사 기록과 같다. 오늘의 우리는 업을 통하여 어제의 우리를 본다. 오늘의 우리는 갈기갈기 찢기는 길로 치달아 가고 있다. 계급으로, 지연으로, 이념으로, 종교로, 성별로, 나이로 서로 등을 돌린다. 이것은 점잖은 표현이다. 토론하면 할수록 더욱 멀어질 뿐이다.

우리는 아상이 너무 강하다. 저마다 살기 위해 모래처럼 분주히 흩어진다. 왜 그런가? 나는 들었다. 과거 전통 사회에서는 계급적 차별이 중국보다 우리가 더 심했다고 한다. 중국에서 서자는 우리처럼 극심한 차별을 당하지도 않았고, 심지어 관노의 자식에게도 사회생활을 하도록 벼슬길이 열려 있었다고 한다. 일본도 우리처럼 계급 차별이 심했지만 일본 사회학자인 무라카미 야스스케가 지적했듯이, 봉건영주의 일가一家 문화에 바탕을 둔 일가계약정신(kintractship)으로 영주가 자기의 봉토 안에 있는 모든 계급들을 철저히 보호하고 생계를 유지케 했다고 한다. 우리는 불행히도 백성들이 국가의 은혜와 보호를 제대로 받지 못하고 버림받아 왔다는 불행한 기억을 간직하고 있다. 문중 의식은 있었으나, 그것이 혈연을 벗어나 국가와 사회의식으로 확산되지 못했다. 그래서 일본과 우리는 가家의 개념이 서로 다르다.

우리는 역사적 공동업의 무의식 때문에 서로 비슷하게 생각한다. 이성적 의식은 허울 좋은 장식일 뿐이다. 아상이 강한 우리의 공동 숙업은 국가적 일가를 형성해 보지 못한 마당에 저마다 자기 생각을 철저히 옹호하는 자가성自家性의 명분을 튼튼히 하고, 옹고집으로 자기를 수호하는 수밖에 다른 길이 없었다. 자가성 옹호의 명분은 동시에 자존배타성을 키우는 것과 같다. 이 옹고집과 같은 아상을 극복하지 않고는 우리가 일심一心으로 화쟁和諍하는 국민상을 창출할 수 없으리라.

철옹성과 같은 자가성의 역사와 그 숙업에서 자유롭게 되는 길은 혜능 선사의 가르침처럼 "선도 생각하지 않고 악도 생각하지 않는" 마음에서 가능하리라. 약과 독이 별개가 아니듯이, 시/비와 선/악과 정/사도 본디 아뢰야식이 진망화합식眞妄和合識이기에 가능한 대대법에 지나지 않는다. 번뇌를 떠나서 보리를 생각하지 못하는 것은, 선은 악의 선이고 시와 정은 비와 사의 반작용에 대한 작용인 것과 같다. 선과 시, 정의 이면이 악과 비, 사인 줄 알아야 한다.

하나가 없으면 다른 하나도 생기지 않는다. 이 말은 하나가 다른 하나를 결코 지우지 못한다는 것을 뜻한다. 세상의 사실이 대대법이라는 것은 아뢰야식이 곧 부처와 중생이 함께 동거하고 있는 진망화합식임을 아는 이치와 같다. 혜능 조사가 가르친 것은 "어둠이 스스로 어둡지 않고 밝음 때문에 어둡고, 어둠이 스스로 어둡지 않고 밝음이 변화함으로 어둡고, 어둠으로서 밝음이 나타나는"(무슨 뜻인지 확인 필요) 상관적 차이가 세상의 대대법이라는 것이다. 그러므로 어느 하나에 집착하는 것은 어리석은 노릇이다. 왜냐하면 '선'과 '시'와 '정'에 집착한다고 그렇게 되는 것이 아니기 때문이다.

아뢰야식이 진망화합식이라는 것은 중생과 부처가 동시에 대대법으로 작용한다는 것이다. 중생은 이 대대법을 대립

투쟁의 마음으로 집착하여, 스스로는 옳고 타자는 틀렸다고 배척하는 전투의 마음을 갖는다. 하지만 부처는 대대법을 택일하지도 않고 또 거기에 집착하지도 않는 마음이다. 택일하면 말나식이 '험해지고', 그러면 중생이 된다. 둘을 환영으로 보며 어느 하나에도 얽매이지 않으면, 곧 말나식이 '평온하여' 부처가 된다.

부처가 된 마음은 그리스도가 된 마음과 다르지 않다. 종교는 교세 확장에 기를 쓰지 말고, 마음의 공통적 본성을 찾는 데 집중해야 한다. 남북이 통일되기 전에 먼저 갈기갈기 찢긴 우리의 마음을 화합시켜야 한다. 그렇지 않으면 우리는 과거보다 더 큰 업장을 후대에 다시 물려주는 어리석은 선대가 될 것이다.

# 신실사구시

동양 사상에서는 실사구시實事求是라는 말을 자주 쓴다. 사실에서 진리를 구한다는 저 말이 철학적 담론으로 성하게 된 것은, 청나라 말기에 고증학파가 등장하면서 문헌 고증에 의거해서 확실한 진리를 구하려는 요구 때문이다. 그런 고증학의 정신이 점차 학문 일반의 이념으로 퍼지면서, 현실 생활의 이익에 이바지하지 않는 허학虛學을 배격하는 실학實學의 정신으로 실사구시의 의미가 정착했다. 그래서 실학자 다산 정약용은 나라의 부국강병에 이바지하는 학문인 실학(기술학과 경세학 등)을 하지 않고, 오로지 과거 시험에 합격하기 위하여 사장詞章에만 전념하는 학문을 경멸했다.

다산 사상을 음미해 보면, 그는 단적으로 행사行事(일함)의 철학으로 일관했다. 그는 자기 시대의 현실을 혁파하는 데 도움이 안 되는 주자학의 사변思辨을 멀리하고, 현실의 비리와 부조리를 근절하는 원시 유학 사상인 공맹학으로 되돌아가자고 주장했다. 일함의 정신을 강조하는 그의 행사학은 두 가지 각도로 나뉜다. 하나는 지성적으로 과학 기술적 사고를 권장하는 실용적 지성론이고, 다른 하나는 시대의 도덕적 해이와 타락을 극복하려는 도덕적 의지론이다. 하지만 이 두 가지 관점이 그의 철학에서 세련되게 접목되어 있지는 않다.

이 글은 다산의 사상을 평가하려는 것이 아니다. 다만, 그의 행사학적 초점불일치가 참으로 인류의 두 조류의 실학 사상을 대변하기에 언급한 것이다. 인류의 실학 사상은 첫째로 경제 기술적 지성의 강화로 세상을 편리하게 만들어 가는 실용적 지성을 의미한다. 둘째로 그와는 달리 사회도덕적 선의지의 칼날을 예리하게 갈아 세상을 정의롭게 만들려는 도덕적 의지를 뜻하기도 한다.

서양철학에서 실학 정신의 실용적 지성이나 도덕적 의지는 모두 근대화의 여명기에 일어난 계몽주의적 진보 의식에 바탕을 둔다. 아마도 동양의 실학과 실사구시론도 서양 과학 기술 문명의 밀물 앞에서 주자학적 사변학에 대한 반작용으로 일어난 것이 아닐까 한다.

똑같이 계몽주의의 자식이면서 실용주의는 세상의 경제 기술적 어려움을 단번에 해결하는(solving) 도구적 지식인 편리의 진리에 초점을 모았고, 도덕주의는 세상의 사회도덕적 불의를 영구히 해소하려는(resolving) 목적적 선의지인 정의의 진리에 그 이념을 두었다. 이것이 도구주의와 목적주의의 철학 사상을 가르는 분기점이다.

실용주의는 경제 기술적 편리의 측면에서 세상에 많은 이익을 주었다. 하지만 그 독성을 놓쳐서는 안 된다. 편리의 진리가 기능주의와 인간의 끝없는 상품화를 촉진시켜, 필연적으로 소유를 위하여 존재를 마멸시키는 부작용을 낳았다. 기능주의는 인간을 문제를 해결하는 기능으로만 평가하고, 실용주의는 소유의 증대를 가져오는 성공만 진리로 간주한다.

소유적 성공 신화가 인간을 가장 비싼 기능적 상품으로 만들어 준다. 성공적이지 않은 상품은 기능적 가치가 없다. 늙은 이와 연약한 이의 상품가치는 점점 줄어든다. 늙지 않아 보이려고 모두 안간힘을 쏟는다. 기능가치가 없는 것은 폐품 처리된 쓰레기와 같다. 죽음은 기능이 완전 정지된 가치상실에 지나지 않는다. 죽음에 어떤 존재론적 의미도 없다. 편리의 진리는 인생에서 소유적 기능과 성공만을 전부로 보게 한다. 또 인생에서 고요와 허심의 의미를 지워 버리게 한다. 거기에서 문명의 병이 생긴다.

그렇다면 도덕적 의지론으로 사회를 정의롭게 만들려는 정신적 실사구시는 실학적으로 성공했는가? 세계사에서 사회를 자유와 평등이 지배하는 정의 사회로 만들려는 운동이 1789년에 일어났다. 그것이 이른바 프랑스 대혁명이다. 자유와 평등 사회를 이루려는 사회정의의 이념이 많은 의식의 긍정적 변화를 수반한 것은 사실이다. 인류사는 그 혁명 이후로 점진적으로 자유와 평등의 실현에서 큰 족적을 남겼다. 계급의 불평등 철폐, 성별에 의한 불평등 폐지, 종교와 인종에 의한 불평등의 부정 등으로 후천적 억압과 불평등의 요소를 대폭 감소시키거나 제거했다.

그러나 자유의 선은 개인주의의 성역화와 함께 방종의 악을, 평등의 선은 사회적 공동체라는 명분 아래 질투와 대등 의식의 악을 불러왔다. 나와 너는 사회생활에서 서로 다르면서 엮이는 일체적 존재다. 하지만 자유는 다르다는 것만을 강조하는 개별 의식의 성채를 쌓았다. 그리고 평등은 서로 상관적인 상응성을 동등성으로 오해하여, 나보다 나은 것을 참지 못하고 시기하며 질투하는 대등 의식으로 미끄러졌다.

계몽주의 사상은 인류를 진보케 하는 자유와 평등이 오로지 선의 진보일 것이라고 낙관했다. 하지만 실제 인류의 역사에서 그런 일방적 낙관은 허상이고, 반드시 좋은 가치에는 반(反)가치가 동반된다는 것이 드러났다. 자유와 평등에 의한 정의의 가치도 이기적 방종과 한풀이와 같은 대등 의식의 반가치를 동반했다는 역사적 사실에서, 우리는 무엇이 진정 실사구시의 정신에 부합하는 것일지 다시 숙고하지 않을 수 없다.

이제 경제 기술의 실용적 지성과 사회정의의 도덕적 의지가 실학이고 실사구시라는 생각이 당연하다고 받아들일 수 없는 역사적 분기점에 도달했다. 우리는 과거에 불교와 노장 사상은 실학이 아니라 현실도피적인 허학이라고 간주했다. 그래서 그 사상들은 사회과학적으로 별 도움이 되지 않는 것이라고 여겼다. 그러나 이제 불교와 노장 사상이야말로 진정한 실학이고, 새로운 실사구시의 정신이라고 읽어야 한다.

불교와 노장 사상은 세상을 판단하고 제조하려는 지성과 의지의 철학이 아니다. 인류는 그동안 지성과 의지로 세상을 편리하게만 만들 수 있다거나, 정의롭게만 바꿀 수 있다고 주장해 왔다. 이는 모두 계몽주의의 영향이다. 동양의 주자학도 이 점에서 계몽주의와 비슷하다. 그러나 불교와 노장 사상은 세상이 일방적인 가치로 발전하지 않고, 늘 대대법적인 상관관계로 얽히는 천짜기와 같다고 주장했다.

불교는 부처와 중생은 이중적이어서 중생이 없으면 부처가 실존하지 않고, 또 부처가 없다면 중생이 생기지도 않는다고 본다. 노장 사상에서는 선은 악에 대한 선이고 악도 선에 대한 악이라서, 둘이 늘 양가적으로 발생하지 일방적으로 선의 승리만 일어나지 않는다고 한다. 예컨대 아주 편리한 문명의 이기利器인 컴퓨터가 동시에 인성을 망가뜨리는 해기害器가 되는 것과 같다.

편리와 정의는 모두 지성의 소유론적 철학의 산물이다. 그 철학은 세상을 일시적 진리나 영구적 진리로 바꾸려는 의도를 품어 왔다. 세상에 진선미를 설치하고 위악추를 걷어 내겠다는 의도가 그동안 실학과 실사구시의 정신이었다. 그러나 실제로는 그렇게 되지 않았다. 문명의 이기가 동시에 문명의 해기가 되듯이, 선도 악과 별거하지 않는다. 이익과 선에 집착하면 그만큼 상실과 악도 거세게 덤벼든다.

불교의 아뢰야식이 부처 종자와 중생 종자가 동시에 있는 진망화합식이듯이, 세상에는 늘 양가성이 공존한다는 것이 불교의 사실론이다. 이런 양가적 사실에 바탕하여 세상을 경영하는 것이 새 실학이고, 새 실사구시다. 한국의 서산 대사는 『선가귀감』에서 "중생심을 버리려고 애쓰지 말고, 다만 스스로 자성을 더럽히지 말라. 정법을 구하는 것도 곧 삿됨"이라고 밝혔다. 이는 진리를 구하려고 애쓰는 것도 또한 미망이라는 말과 같다.

진선미를 가려서 선택하면, 그와 동시에 세상에 위악추가 덩달아 온다. 사람들은 전자를 좋아하고, 후자를 미워한다. 그러면서 후자를 미워하는 것이 정의라고 착각한다. 미워한다고 후자는 없어지지 않고, 좋아하는 마음이 그 미워하는 마음을 닮는다. 역사에서는 정의의 이름으로 수백만이 죽임을 당했다. 현대사의 소련과 중공에서, 독일과 캄보디아에서 이런 일이 일어났다.

불교는 저런 이중적 세상사를 모두 환영으로 보라고 일렀고, 장자는 그것을 망량罔兩이라고 명명했다. 장자의 주석가인

위진魏晉 시대의 곽상郭象은 저 망량을 "그림자를 둘러 싼 엷은 막"이라고 주해했다. 그 엷은 막(罔)이 둘로 쪼개졌다(兩)는 것은 세상사가 대대법적으로 상반된 차이의 관계로 이루어져 있다는 것을 의미한다고 봐도 괜찮지 않을까?

종래의 실학에서는 세상사를 환영이나 망량으로 보는 것을 허탈하고 초연한 탈속적 심성으로 세상에서 은둔하는 것과 같다고 해석했다. 그러나 세속을 위하여 하나를 얻으면 필연적으로 또 다른 하나를 잃고, 선을 생각하면 반드시 악이 뒤따라 불청객으로 따라온다. 재래의 실학적인 택일법의 철학은 결국 세상에 이해利害의 종자와 선악의 종자를 동시에 흩뿌리는 결과를 빚는다.

이것은 사실에서 진리를 찾는 실사구시의 길이 아니다. 오히려 "선도 생각하지 말고, 악도 생각하지 말라"는 혜능 조사의 생각이 더 실학적이고 실사구시적이다. 세상에 사실적으로 선악이 동거하고 있으므로, 선의 생각이 강렬하면 반드시 악의 생각도 그만큼 치열하게 일어난다. 선악의 동거나 동봉의 사실은 선악을 동시적인 이중긍정으로 다 인정한다는 것이다. 이 이중긍정은 선악을 이원적인 실체로 보지 않고, '환영'이나 갈라진 그림자인 '망량'으로 보는 사유와 다르지 않다.

이것은 지킬 박사와 하이드를 동일 인물의 이중성으로 보는 것과 같다. 두 측면이 다 그림자이므로 환영의 이중긍정은, 즉 이중성에 얽매이지 않기에 이중부정의 마음과 같다. 이중부정의 초탈한 마음이 새로운 실학과 실사구시의 참 뜻이다. 부처나 성인이 되기 위한 노력이 부처병이나 성인병을 자초한다.

중생의 번뇌를 버리려 애쓴다고 부처가 되는 것이 아니듯, 무선무악한 본디 본성으로 되돌아가는 공부가 바로 가장 세상을 복되게 하고 세상을 크게 이롭게 하는 실학이다. 우리가 경제 기술적으로 잘 살되 탐욕의 노예가 되지 않고, 우리가 불평등하지 않되 차이를 대등의 질투 대상으로 보지 않으며, 자유로운 회통으로 한마음의 일체감을 형성하도록 가는 길이 신실사구시의 길이다. 그러기 위하여 마음 닦기의 국민운동이 가장 빠른 실사구시 운동이 아닐까?

# 모든 것이 환상이라는 것

모든 것이 다 환영이고 환상이라고 한다면, 언뜻 보기에 매우 허무적이고 염세적인 세계관처럼 들린다. 모든 것이 환상이니 돈은 벌어서 무엇 하며, 살아서 무엇 하냐고 생각할 수도 있다. 그동안 세상은 이런 생각을 허무적이고 염세적인 도피주의와 통한다고 가르쳐 왔다. 그러나 저 말은 모든 소유를 마치 아침 이슬처럼, 번개처럼, 환상처럼, 물거품처럼 여기라는 의미를 가르치는 것이지, 존재를 무상하게 여기라는 말이 아니다.

실제로 일체개환一切皆幻(모든 것이 다 환상)이란 생각을 허무론의 길잡이라고 주장했던 철학은 모두 소유론적 지성의 철학이다. 인생을 소유론적 관점에서 보는 것을 최고의 가치로 여겼기에, 그 가치가 아침 이슬처럼 덧없이 사라지는 꿈이라는 것을 받아들일 수 없었을 것이다. 우리는 일체개환의 사유가 소유론적 인생관을 극복하는 존재론적 사유의 길잡이라고 보아야 한다.

일체개환의 사유는 패배주의를 자초하는 것이 아니라, 오히려 어떤 소유의 상실도 두려워하지 않고 일체 존재를 위하여 헌신하는 무사심의 용기가 솟아나게 한다. 우리는 그동안 가치라는 개념을 매우 숭고하게 생각하는 교육을 받아왔다. 그 가치는 상품이 시장에서 비싼 가격으로 팔리는 것과 비슷한 성질을 지닌다. 따라서 가치와 가격은 상통한다. 내 인생도 남들이 부러워할 만큼 비싼 것을 소유해야 가치 있는 인생이라고 여긴다. 물론 그 가치가 정신적 가치이지만, 정신적 가치도 시장가격처럼 남들이 우러러보기를 바란다. 따라서 자연히 소유론적으로 가치 있는 인생은 가치가 별로 없는 인생에 비하여 귀중품을 가진 인생이라고 평가할 수 있다.

가치론은 소유론이고 택일론이다. 가치 있는 것과 가치 없는 것을 가려서 전자를 선택하려는 욕망은 가치론의 심리학과 뗄 수 없는 관계를 맺는다. 가치는 인간의 지성이 좋다고 평가하는 값어치와 밀접히 연관되어 있다. 그 값어치가 물질적이든 정신적이든 모두 소유하기를 바란다. 그런 값어치는 두 가지로 대별된다. 하나는 도구적 값어치고, 다른 하나는 목적적 값어치다.

도구적 값어치는 생활을 윤택하고 편리하게 하는 데 도움을 주는 것이고, 목적적 값어치는 생활의 정신적 목표를 달성하는 데 기여하는 것을 일컫는다. 도구적 값어치는 주로 경제 기술적인 차원에서 편리의 가치와 연관되고, 목적적 값어치는 주로 정신의 형이상학적 가치와 직결된다. 도구적 가치는 그것을 사용해서 편리라는 혜택을 받기 때문에, 사람들은 그것을 소유하고자 한다. 또 목적적 가치는 정신적으로 세상을 그런 가치로 전향케 하여, 사람들은 그런 가치를 갖고 살고자 한다.

정신이 지향하는 바는 좋은 선이기 때문에, 그 선이 세상의 주인으로서 지배하기를 원하는 것이 목적의 가치다. 이런 목적의 가치론을 구원주의라고 부르기로 하자. 지금까지 동서고금을 막론하고 지성의 철학은 이런 가치로써 세상을 구원하고자 했다. 아무튼 가치는 선이다. 그것이 도구적 가치든, 아니면 구원적 가치든 다 선임에는 틀림없다.


모든 것이 환상이라는 사유는 그러한 가치론에 집착하는 삶을 풀어 주는 해독제 역할을 한다. 이런 생각은 그동안 받은 일반적 교육 이념과는 다르다. 그동안의 일반적 교육론은 소유론적 삶의 방식에 집중된 의미론을 부각시켜 왔다. 그러나 가치론에 거리를 두려는 생각은 가치론이 필연적으로 반反가치의 배설물을 낳는다고 여긴다.

모든 생명체는 타자의 것을 취득해야만 살 수 있다. 이것은 어쩔 수 없는 자연의 필연적 법칙이다. 타자의 것을 취득했으니까 배설하는 것은 어김없다. 자연의 배설물은 자연 스스로 다 정화시킨다. 이것은 자연 생태계에서 인간이 저질러 놓은 사고를 제외하면, 자연사한 주검을 거의 볼 수 없고 저절로 다 청소되는 것을 보면 알 수 있다.

그러나 인간의 세계에는 음식물을 가치로서 먹으면 필연적으로 반가치의 배설물과 찌꺼기가 쏟아져 나온다. 이것이 자동적으로 처리되지 않고 남아서 타자들을 괴롭힌다. 가치와 반가치가 자연에서처럼 자동적으로 해결되지 않는다. 도구적 가치든, 구원적 가치든 모두 반가치의 배설물을 낳는다. 이것을 지성의 철학은 외면해 왔다. 일체개환의 사유는 가치와 반가치를 다 환상으로 여겨, 거기에 너무 목숨을 걸지 말라고 가르친다. 이 점을 좀 더 살펴보자.

도구주의의 배설물은 곧 기능주의와 물신숭배 사상과 상통한다. 기능주의의 어둠에 대해서는 앞글에서 이미 언급했기에 여기서는 생략하고, 물신숭배 사상만 언급하겠다. 본디 물신숭배주의(fetishism)는 종교인류학의 용어로서, 어떤 자연물에 주술적 능력이 있다고 믿는 원시 종교 사상을 가리킨다. 그 용어를 마르크시즘에서는 자본주의에 적용시켜, 인간이란 존재가 돈과 돈이 되는 일체에 의해 주술이 걸려 인간 존재가 그 물신숭배에 의해 소외된 상태를 말하는 개념으로 변용됐다. 말하자면 인간성이 소유물 때문에 소외되어 가는 상태를 물신숭배화되어 간다고 한다.

이 물신숭배주의는 곧 배금주의(mammonism)와 같은 의미로 쓰인다. 돈은 인간 생활을 윤택하게 하고, 의식주의 어려움을 해결하는 귀한 가치다. 그럼에도 불구하고 바로 그 때문에 돈의 노예가 되어 인간이 돈을 물신으로 숭배하는 반가치가 반드시 도래한다. 이 도구주의의 반가치인 기능주의와 물신주의의 독성을 고발한 사람은 많다. 이것은 아마도 자본주의의 어둠을 극복하려는 사회주의나 도덕주의의 영향 때문이라고 생각한다.

그런데 목적주의인 구원주의의 허상을 말하는 이들은 별로 없다. 그것은 아마 목적주의적 구원주의가 세상을 정신적 선으로 전회시키려는 숭고한 행위처럼 보이기 때문이 아닐까? 목적주의나 구원주의는 세상이 공동선의 목적을 지향하게끔 인간의 선의지를 발동한다든지, 아니면 인간의 선의지가 세상의 불의를 씻고 정의의 선으로 세상을 재편해야 한다는 사명감을 고취시킨다.

이러한 구원주의는 꼭 정치적 구원만을 말하지 않는다. 종교적 구원도 넓은 의미에서 일종의 정치적 구원 의식과 함께 간다. 많은 이상주의자들이 이 구원주의의 법집에 빠져 투신하는 경우가 많았다. 그래서 프랑스의 사회학자 레이몽 아롱 Raymond Aron은 이런 구원주의의 이상을 일컬어 '지식인의 아편'이라고 명명했다.

이 세상은 반드시 정의가 이기는 것도 아니고, 또 역사의 곳곳에 부조리가 도사리고 있어서 이 세상의 구원이 인간의 가장 성스러운 사명처럼 보이기도 한다. 그러한 세상의 부조리에 대하여 두 가지 실존적 태도가 있다. 그 하나는 카뮈Albert Camus의 태도고, 다른 하나는 사르트르의 것이다.

전자는 세상의 부조리를 극복할 수 있는 뾰족한 방도가 없기에, 양심의 이름으로 그에 항거하다가 죽음에 이르는 반항의 철학이다. 부조리를 철저히 의식하면서 죽자는 것이다. 그래서 카뮈는 『반항적 인간』에서 "나는 반항한다 고로 우리는 존재한다"고 외쳤다. 카뮈는 철학적 사유의 질서에서 반항이 "나는 생각한다(cogito)"에 해당한다고 전제한다. 그러면서 이 반항이 인간으로 하여금 자신의 고독에서 벗어나, 모든 인간에게 최초의 가치를 정립하게 하는 공통분모가 되기에 "우리가 존재한다"는 의미를 낳을 수 있다고 한다. 반항이 부조리한 세상에 공동선의 존재를 정립한다는 것이다.

후자는 사르트르의 사상이다. 그는 세상의 부조리와 무의미에 항거하되, 스스로 의미를 만들어 가자는 적극적 사상을 전개했다. 그래서 그의 만년은 계급 혁명을 찬양하는 마르크시즘으로 흘렀다. 그는 『문학이란 무엇인가』에서 "자기 시대를 선택하는 것이 문제가 아니고, 자기 시대에서 스스로를 선택하는 것이 중요하다"고 외쳤다. 이 말은 그의 또 다른 저서인 『상황 II』에서 "만든다는 것은 존재한다는 것을 계시한다"라는 말과 상통한다. 카뮈의 반항과 사르트르의 혁명적 행동은 뉘앙스가 다르다. 사르트르가 '만들어 간다는 것' 은 '역사를 만들어

간다(making history)'는 구원주의를 말한다. 이런 역사 만들기 작업이 사르트르를 마르크시즘과 만나게 했다.

목적주의는 역사 속에서 구원주의로 나타난다. 카뮈와 사르트르, 마르크스가 모두 철학적 무신론자다. 그러나 나는 이들 무신론적 구원주의가 본질적으로 기독교의 역사신학적 구원주의와 다르지 않다고 생각한다. 무신론이든 유신론이든 모든 구원주의는 세상을 절대선의 목적의식으로 개조할 것을 발의한다. 그런 구원주의의 어둠과 배설물은 무엇일까? 나는 그것이 투쟁주의라고 생각한다.

투쟁주의는 역사를 철저히 선과 악의 대결 구도로 보고, 선의 승리를 위하여 투쟁하는 성전을 독려하는 사상이다. 선을 위한 선전 선동가는 곧 투쟁가다. 카뮈만이 그런 투쟁의 대결 구도를 불신했지만, 사르트르나 마르크스 그리고 역사신학은 택일적 선택 구조 속에서 의미와 선이 세상을 지배해야 한다는 권력의지인 강력한 진리의지를 펴고 있다. 마르크시즘은 세속의 역사신학이다.

일체개환의 의미는 도구적 아집과 구원적 법집의 어리석음을 알리는 의미를 지닌다. 왜냐하면 이 세상은 선의 혁명을 위한 고집으로 선의 세상이 되지 않고, 오히려 지나간 동서고금의 역사가 말하듯 혁명이 낳은 신악이 구악에 못지않게, 아니 그보다 더 세상을 괴롭힌다는 것을 알려주기 때문이다. 21세기는 도구주의와 구원주의의 허상을 깨달아야 하는 시점이다. 그동안 지성주의가 이 세상을 만들어 왔으나, 이제 지성의 소유론이 지닌 배설물을 심각하게 생각해 볼 때다.

일체가 환상이라는 생각은 허무를 부르지 않고, 바깥의 문제에 집착하는 것이 헛된 꿈에 지나지 않음을 가르쳐준다. 승찬 대사가 『신심명』에서 "일체 두 가지 생각은 사량 짐작에서 나온 것이니, 꿈속의 환영과 공화空華(헛꽃)를 어찌 애써 잡으려 하는가? 얻고 잃음과 옳고 그름을 일시에 놓아 버려라"고 언급했다. 저 말은 인생을 소유론에서 존재론으로 전향시키는 단초端初가 된다.

"'그것'이 있는 곳에 하느님이 있다.
창조는 하느님이 '그것'을 주는 것이다.
그리고 이것은 어떤 피조물도 하느님을 표현하는 곳에
왜 하느님이 되는가를 말하는 까닭이다.
'그것'은 아주 고상하다.
어떤 피조물도 '그것'을 결핍할 만큼 그렇게 하찮지 않다."

마이스터 에카르트Meister Eckhart의
『명상집』에서

# 지성에서 본성으로

맹자는 철학적으로 매우 주목할 만한 점을 지적했다. 그는 이 세상의 도를 두 가지로 분류하여, 요·순의 도와 탕·무의 도를 구분했다. 요와 순은 중국 역사의 새벽에 있었던 전설 같은 성군들이고, 탕왕은 무도한 하夏나라의 걸桀왕을 징벌하여 은殷나라를 세운 임금이고, 무왕 역시 무도한 은나라의 주紂왕을 토벌하여 주周나라를 건설한 성군을 말한다.

맹자는 요순의 도는 생이지지生而知之로서, 그들의 마음이 바로 자연의 도와 일치하여 백성이 유순한 풀처럼 그 도의 덕화에 감응되었다고 한다. 그리고 그 요순의 덕을 성자性者(마음의 본성 자체)나 성지性之(본성이 그대로 작용함)라고 읊었다. 반면에 탕무의 도는 학이지지學而知之로서, 그들은 후천적으로 마음을 가다듬고 노력하고 배워서 세상을 후덕한 성선性善으로 다스렸다는 것이다. 이런 탕무의 도를 맹자는 반지反之(본성을 돌이켜

되찾음)나 신지身之(몸으로 본성을 닦으려 노력함)라고 말했다.

맹자의 저 분류는 성인의 세계를 두 가지로 분류한 것으로, 철학적으로 큰 의미를 지닌다. 요순의 도는 무위적無爲的 성선의 도를 뜻하고, 탕무는 능위적能爲的 성선의 도를 말한다. 무위적 성선의 도는 자연의 자발성으로 나타나는 성선의 도를 말하고, 능위적 성선의 도는 사회의 인위적 학습으로 이루어지는 성선의 도를 가리킨다고 봐도 좋다.

탕무는 후천적 노력으로 요행히 요순의 경지에 이르렀겠지만, 모든 인간이 저렇게 해서 자연적 본성인 성선을 회복하는 것은 아니다. 그 증거로는 유가의 역사에서 중국 고대의 신화적 성현들을 제외하면 저 본성을 되찾은 화신들을 찾아보기 힘들다는 점이다. 주자도 특출한 대학자이지 성인으로 추대되지는 않는다. 그렇다면 주자학에서 성학聖學을 공부한 그 많은 학자들도 성인이 못되고, 다만 지성인의 수준으로 끝난 이유가 무엇인지 자문해 보지 않을 수 없다.

맹자가 모든 인간은 다 요순이 될 수 있다고 가르쳤는데, 실제로 요순이 된 사람은 얼마인가? 공자를 제외하고 요순과 비슷한 위치에 오른 분이 있는가? 유가적 성인 공부의 후천적 방식에 어떤 문제가 있는 것이 아닌가? 탕무의 공부는 요순처럼 자연적이고 자발적인 인간 본성의 발로가 아니고, 이미 사회적인 문명의 구도 안에서 일어난 본성의 회복 공부다.

자연적 무위와 사회적 능위는 다르다. 자연적 무위는 자연의 본래적 존재 방식을 말한다. 18세기 프랑스의 철학자 루소는 본래적 자연의 상태를 '좋은 야생(le bon sauvage)'이라고 읊었다. 주위에 경쟁하는 사람들이 별로 없기에 남들과 생존 경쟁심에 불타서 질투 어린 소유욕이 일어나는 것도 아니고, 그냥 어떤 이웃이 도움을 요청하면 자기 일처럼 헌신적으로 도와주는 마음의 성향이 그대로 나타난다고 할 수 있다. 그런 자연 상태에서 마음은 늘 여유 있고 고요해서, 성선의 본성을 그냥 그대로 발양할 수 있다.

루소나 하이데거가 잘 묘사했듯이, 거기에서 인간은 '놀이하는 아이'처럼 즐기면서 존재할 수 있다. 그렇다고 자연을 순수 낭만으로 보려는 것은 아니다. 자연도 생존하기 위하여 타자의 생명을 빼앗는다. 처절하다. 그러나 그 생존 법칙은 생물학적 본능에 충실할 뿐이지 그 이상의 악의가 없다.

자연에서는 생존의 상극적 본능과 존재의 상생적 관계가 다르지 않다. 동식물은 서로 먹고 먹히는 동시에 서로 존재하도록 도와준다. 생사일여生死一如와 같다. 존재의 상생 관계는 자연에서 타자가 존재하도록 도와주는 상즉상입相卽相入의 작용을 가리킨다. 자연은 본능적 상극과 본성적 상생의 두 가지 법칙이 천짜기처럼 오가는 이중성의 모습을 지닌다.


그런 인간이 사회생활을 형성하게 되었다. 사회생활은 인간이 자연생활을 떠나 문명을 만들기 시작했음을 뜻한다. 문명은 인간이 만들어 가야 하는 능위적 세계를 말한다. 자연이 보시해 주는 것으로 만족하지 못하고, 인간이 주인이 되어서 자연을 종속시키는 행위를 시작했다. 인간이 자연의 주인이 되고 사회의 지배자가 되기 위한 무기는 지성(지능)과 의지다.

그동안 높은 지성과 강한 의지를 가진 인간이 역사와 사회의 주인이 되어 왔다. 지성과 의지가 그동안의 인류 역사를 설명하는 원동력이라 해도 지나친 말이 아니다. 지성과 의지의 철학은 인간이란 주체와 세상이란 객체를 둘로 나누는 이분법을 논리적 원칙으로 여겨 왔다. 그래서 지성(지능)은 과학을 불렀고, 의지는 도덕을 만들었다. 앞에서 거론한 탕무를 맹자는 지성과 의지의 노력으로 요순의 도를 복원시킨 인물이라고 기술했다. 그러나 실제 역사에서 탕무와 같은 능위적 도가 인간을 요순의 본성으로 되돌린 성공 사례는 매우 희박하다. 여기서 나는 지성과 의지의 노력으로 과연 본성의 성선을 회복할 수 있는지에 대한 회의를 갖지 않을 수 없다. 지성과 의지가 인간이 본성을 회복하게 하지 않는다는 것이다.

지성은 주체적 인간의 활동에 방해가 되는 문제를 해결하기 위한 과학 기술을 낳았고, 의지는 인간사회에서 마음의 탐욕을 해소시킬 수 있는 당위적 도덕 규칙을 가까이 했다. 지성은 늘 주체에 문제가 되는 객체를 공략하는 전투적 공격성을 버린 적이 없고, 의지는 선의 세상을 만들고 악을 제거하기 위한 선의지의 전투 정신을 선양하는 데 모든 정력을 쏟았다. 이것이 서양의 정신과 그 철학의 기본 정신이다. 그래서 서양철학은 과학 기술의 발전을 도모하고, 도덕은 자기 것이 아닌 것을 악으로 규정하며 그것을 개종시키든지 아니면 항복시키든지 하는 전략을 성전의 사명이라고 역설했다.

최근 이런 서양 사상의 자기중심주의를 철학적으로 반성하는 운동이 일어났다. 데리다와 같은 프랑스 철학자는 그런 서양 중심주의를 '백색 신화(white mythology)'라고 풍자했다. 독일의 하이데거는 서양의 지성과 의지의 철학을 만듦의 철학으로 규정하고, 그 사상이 결국 세상을 서양 중심으로 집단 심문(Ge-stell)하는 의도와 다르지 않다고 했다. 인간 중심이라고 말하지만, 그것은 백인 중심주의적 사상을 보편성이 있는 양 알리기 위한 수사학적 장식에 지나지 않는다. 인간중심주의는 곧 백인 중심의 자아주의와 다르지 않다는 것이다. 서양이 만든 지성의 과학이 지금 세계를 지배하고 있다.

하이데거는 자신의 저서 『무엇이 사유라 불리는가』에서 "과학은 사유하지 않는다"라고 언명했다. "과학이 사유하지 않는다"라는 말은 충격적이다. 왜냐하면 과학은 지성적 사고의 정상인데, 그런 과학이 사유하지 않는다는 것은 말이 안 되기 때문이다. 그러나 하이데거가 말한 사유는 "내가 생각한다"는 그런 자아의 문제 해결식 사고를 말하는 것이 아니라, 본성의 사유를 일컫는다. 그동안 지성이 모든 사고를 전담함으로써 본성이 사유하는 기회를 잃었다는 것이 하이데거의 지론이다. 지성적 사고는 인간 주체가 객체를 문제로서 설정하고, 그 문제를 해결하기 위한 객관적 사고가 전부다. 주체인 인간은 바깥의 문제를 과학 기술적으로 해결하면, 모든 문제가 자동적으로 해소된다고 착각해 왔다.

하이데거는 또한 그의 사상에서 도덕을 말하지 않았다. 그가 비도덕적이라서 도덕을 그의 사유에서 제외시켰는가? 아니다. 그는 세상의 악과 불의를 선의지로 극복하겠다는 도덕주의의 구원론적 생각을 허망한 짓이라고 여겼다. 왜냐하면 악과 불의는 선의지의 주체 앞에 선 객체의 문제가 아니고, 오히려 마음이 어떤 미망(errancy)으로 생긴 집착(insistence)의 결과와 다르지 않다고 보기 때문이다.

하이데거는 과학도 본성의 사유가 아니고, 도덕도 악에 대한 선의 승리를 기약하는 결의로 봐서도 안 된다고 본다. 그는 '진리의 본질(the essence of truth)'을 '본성의 진리(the truth of essence)'와 유사한 의미로 읽어야 한다고 그의 논문 『진리의 본질에 관하여』에서 강조한다. 이제 진리의 본질을 과학적이거나 도덕적이라고 여기지 말고, 본성의 진리로 깨달을 것을 종용한다. 그렇다면 무엇이 본성인가?

그가 말한 본성은 인간 본성만을 지칭하지 않고, 이 우주의 자연성과 일치하는 그런 차원을 뜻한다. 그 본성은 마치 아슈바고샤 대사나 원효 대사가 말하는 일심一心과 비슷한 뜻이다.

일심은 우주 자연의 삼라만상이 다 한 마음으로 일체적 상응을 이루고 있다는 것을 말한다. 그런 점에서 요순의 마음은 이 일심의 마음처럼 일체 자연과 상응하는 그런 형제애를 말한다.

그러한 요순의 마음은 부처의 마음이나 그리스도의 마음과 다르지 않다. 이것이 바로 본성이다. 앞으로 인류의 사유는 인간의 마음속에 이미 와 있는 이 본성의 마음이 스스로 사유하고 활동하도록 돕는 데 있다. 이것이 미래 종교와 철학의 역할이다. 하이데거는 이 본성의 마음을 허공의 무를 닮은 자유(無碍)의 마음이라 불렀다. 무를 닮은 마음은 인간의 지성적·의지적 소유욕을 버린 마음이다. 무를 닮은 마음은 인간을 포함한 자연의 일체 존재를 한없이 아끼고 보살피는 너그러움과 다르지 않다.

그 마음은 자아가 조금이라도 거기에 작용하면 일체 존재가 깨져, 자아 중심으로 세상의 존재가 다 박살난다는 것을 안다. 도덕적 선이란 자의식으로 무장된 도덕적 인간에게는 그런 무를 닮은 본성의 마음이 나타나지 않는다. 결의에 찬 인간의 마음은 물이나 공기처럼 자연스럽게 유연하지 않고, 고체나 얼음처럼 딱딱하기 때문이다. 본성은 자아에 의하여 만들어지지 않고, 자아가 사라지는 곳에서 홀연히 등장하는 지혜고 자비다.

나는 그 본성이 베르그송이 말한 '공평무사한 본능(disinterested instinct)'과 같은 것이라고 생각한다. 자연에서 본능과 본성은 일치한다. 자연성인 본성은 사욕이 전혀 없는 공평무사한 본능과 다를 바가 없다. 본능이기에 그것은 좋은 것을 자발적으로 실천하는 힘을 지녔고, 공평무사하기에 그 본능은 이기적인 짓을 하지 않는다. 그래서 '공평무사한 본능'은 자리이타적인 사유를 결행한다. 그것이 본성의 사유다.

# 성욕과 에로티시즘

20세기 프랑스의 구조주의 철학자 푸코는 자신의 저서 『성욕의 역사』 3부작에서 성욕의 영역이 역사에서 어떻게 이성과 지식의 권력에 의하여 억압되었는지 분석했다. 우리나라에서는 이 책을 『성의 역사』라고 옮겼는데, 이것은 잘못이다. 성(sex)과 성욕(sexuality)은 다르다. 전자는 중성적 의미를 띠고, 후자는 성을 통한 인간 욕망의 분출을 뜻하기 때문이다.

그는 성욕의 고고학적 계보를 추적하면서, 서양이 추구해온 이성주의의 학문이 성욕을 광기와 유사한 위험스런 비이성적 대상으로만 취급한 이성적 사회의 권력을 비판한다. 그는 이를 통해 이성과 비이성이 분리되기 이전의 인간의 진실을 찾고자 했다. 또 그는 고대 그리스가 그런 분리 이전의 인간 이해를 이루었다고 평가하면서, 로고스logos(이성)와 히브리스 hybris(몰이성)가 대립과 모순으로 나뉘기 이전에 원초적으로 통합된 인간을 찾으려 했다.

푸코의 이러한 요청은 철학적으로 중요한 아포리아aporia (풀리지 않는 난제)를 던진다. 의식의 표면에서 인간은 이성적이고 도덕적인 것 같다. 하지만 인간은 무의식의 심층에서는 성욕이란 용암을 분출하고, 광란의 가능성을 몸속 깊은 곳에 은닉하고 있다. 때로는 저 이성적 훈련에 의한 억압보다 폭발하는 몰이성의 말에 따라 거짓 없는 진실을 토하기도 한다. 그러나 성욕의 말은 진실하기도 하지만 위험하기도 하다. 푸코가 남다른 혜안으로 성욕과 비이성의 지하 세계를 구조적인 인식론으로 밝혀냈지만, 그는 동성애로 에이즈에 걸려 50대의 이른 나이에 죽었다.

프로이트의 심리학 이후로 20세기의 서양철학자들은 대개 이 성욕을 주요한 테마로 다루었다. 20세기 후반에 철학의 큰 화두는 몸과 그 욕망이었기 때문이다. 이 주제를 가장 심도 있게 다룬 철학자는 프랑스의 메를로퐁티다. 인간의 의식이 타자의 의식과 상호관계에서 구체화되듯이, 몸도 타자의 몸과 관계를 맺으며 잠을 깬다. 그 순간이 바로 에로틱한 느낌을 갖는 때다.

에로틱한 느낌은 꼭 성인 남녀의 몸 사이에서 생기는 것이 아니고, 아기의 몸에 대한 가족의 사랑에서도 일어난다. 아기가 너무 귀여워서 발가락이나 뺨을 어루만지고 싶은 욕망을 느낀다. 인간의 몸은 타인과 관계를 맺을 때, 객관적 대상이 아니라 살(肉)로서 나타난다. 내 몸과 타자의 몸 사이에 주관도 아니고 객관도 아닌, 그런 애매모호한 사이 세계를 공유하고픈 욕망을 각자의 몸이 느낀다. 메를로퐁티는 이 사이 세계가 바로 '살(flesh)'이라고 말했다.

이러한 성욕의 에로티시즘은 나의 몸이 타자의 몸과 일체를 이루고 싶은 욕망의 발로다. 모든 인간관계가 다 성욕으로 환원되는 것은 아니지만, 성욕을 제외하고는 인간관계를 해명할 수 없다. 메를로퐁티가 그의 『지각의 현상학』에서 든 예를 보자. 어떤 처녀가 애인과 사귀는 것을 어머니에게 금지 당한 이후, 그녀의 몸은 스스로 먹고 자기를 거부하고 외출도 마다하다가 드디어 실성하여 말도 하지 못하는 상태에 이르렀다고 한다. 이처럼 성욕의 금지는 모든 다른 일반적 관계마저 스스로 차단시키는 결과를 빚는다.

성욕의 에로티시즘은 좁은 의미의 성관계만을 지칭하는 것이 아니라, 모든 타자 지향적 운동을 거부하는 원동력으로 이어진다. 적어도 성욕이 인간관계의 모든 성취감을 가능케 하는 가장 저변의 원동력이라는 것이 메를로퐁티의 견해다. 그것이 없다면 모든 인간관계가 목석이나 얼음과 같아진다는 것이다. 몸의 성욕은 모든 것을 의미화한다. 메를로퐁티는 그것이 없어지면, 인간에게 의미마저 사라진다고 생각한다.

모든 종교와 도덕은 성욕의 억압을 요구해 왔다. 푸코는 특히 서양의 기독교 율법이 성욕의 억압을 정상상태의 척도로 세워 놓았다고 신랄하게 비판했다. 종교와 도덕은 에로티시즘의 적이다. 어느 종교 수행자는 자꾸 성욕이 발동되어 마음에 에로틱한 생각이 가득해져 자신의 성기를 잘랐다고 한다. 결과적으로 그는 성자가 되려는 욕망도 차단되었을 뿐만 아니라, 모든 의욕도 상실했다. 성욕은 성기를 자른다고 사라지지 않는다. 인간관계의 무의식의 원동력인 성욕은 성기에서 비롯되는 것이 아니다. 성기는 그 성욕을 실현하는 도구일 뿐이다.

성자나 현자는 이 성욕에서 해방될 수 있을까? 메를로퐁티는 그럴 수 없다고 한다. 성욕은 물건처럼 창고에 가둘 수 있는 것도 아니고, 영원히 무화無化시킬 수 있는 것도 아니기 때문이다. 성욕은 몸을 지닌 마음이 영구히 벗어나지 못하는 욕망이다.

그럼 혹시 몸을 떠난 마음은 성욕을 갖고 있을까? 불교에서는 마음을 습관화된 업業으로 본다. 그 때문에 탈육脫肉한 마음도 그럴 수 있다. 그래서 그 업을 바꾸지 않으면, 윤회의 바퀴를 벗어날 수 없다고 한다. 불교도가 아닌 메를로퐁티가 자신의 저서 『지각의 현상학』에서 그 성욕이 우리 몸의 것도 아니고 우리 의식의 것도 아닌, 어떤 알 수 없는 것에서 나오는 것이 아닐까 하고 불교도처럼 짐작한다. 아무튼 성자와 현자도 성욕을 지우지 못하고, 그 성욕을 다른 방식으로 변용시켰을 뿐이라고 추측한다.

그는 성욕의 살을 철학적으로 언명하면서, 성욕은 몸이 타자의 몸과 일치하고픈 관여의 욕망이라고 표현했다. 이 일치의 욕망이 소유론적인가, 아니면 존재론적인가? 그는 이 점을 분명하게 밝히지 않고, 그의 특유한 애매모호성(ambiguity) 이론으로 성욕의 본질을 기술한다.

한편 프랑스의 정신과 의사였던 라캉은 성욕을 소유론적으로 해석했다. 아기는 이미 무의식적으로 어머니의 남근(Phallus)으로 존재한다고 착각한다는 것이다. 아기는 어머니의 자궁에서 탯줄로 연결되어 존재하다가, 어쩔 수 없이 세상에 나오면서 탯줄을 자르는 엄청난 고통을 겪는다. 그와 동시에 아기는 자기 몸이 산산조각으로 갈라진다고 느낀다. 그런데 치유할 수 없는 정신병자도 자기 몸이 갈가리 찢겨진다는 환상을 떨치지 못하고 평생 괴로워하며 지낸다는 것이다.

예컨대 15~16세기 벨기에 프랑드르 지방의 화가인 보슈 Hieronymus Bosch의 그림 '성 안토니오의 유혹'에는 지옥의 고통과 에로틱한 분위기가 뒤섞여 있다. 거기에는 사지가 절단된 광인들의 환상이 그려져 있다. 라캉은 이 그림이 인간의 원초적 괴로움의 무의식을 반영한다고 본다. 정상적 아기는 거울을 통하여 자기 몸이 온전함을 보고 매우 기뻐하는 반면, 정신병자는 거울을 보는 것을 아주 싫어한다고 한다. 아무튼 정상적 아기는 자기가 그 어머니와 일치 상태에 있게 하는 남근이라고 착각하면서, 남근으로서 어머니를 소유하고픈 욕망에서 벗어나지 못한다는 것이다.

여기서 아기를 남녀로 구분하는 것은 별 의미가 없다. 이 착각을 깨는 것은 아기가 사회생활로 들어가는 순간에 이루어진다. 그 착각을 깨고 아기가 사회생활에 들어갈 수 있게 하는 것이 '아버지의 법'이라는 것이다. 아버지라는 무서운 상징적 법이 아기가 어머니를 소유하려는 욕망을 금지하기에, 아기는 직접 소유하기를 포기하고 간접적인 우회의 길을 밟아 언어를 배우면서 늘 상징적인 에로틱한 소유적 합일을 꿈꾼다. 아기는 스스로 '이상적 자아'가 되기를 멈추고, 아버지의 상징이 허용하는 '자아의 이상'을 찾아 자아실현의 길을 찾아간다. 그러므로 인간이 커서 자기의 이상을 실현하는 것은, 모두 원초적 어머니와의 소유를 우회의 길을 통하여 간접적으로 이루려는 욕망에 지나지 않는 셈이다.

에로티시즘에 대한 라캉의 소유론과 상징론은 이성의 노동으로서 일체의 모든 것을 의미와 지식으로 구성하려는 헤겔철학과 비슷한 데가 있다. 실제로 라캉은 철학적으로 헤겔을 좋아했다.


그러한 헤겔적인 일체 의미와 논리를 정면으로 부정하는 20세기 프랑스의 해체철학자 바타이유가 있다. 바타이유는 그의 저서 『에로티시즘』에서 심신의 모든 에로티시즘을, 존재의 격리와 단절에 대하여 깊은 연속의 감정을 대체시키는 것으로 읽었다. 옷을 벗은 나체는 자기 폐쇄의 단절을 살아가는 인간이 그 한계를 넘어서려는 교환 상태라는 것이다.

그에 따르면 인간의 성욕은 바다의 파도가 서로서로 주고받듯이, 혼융의 새로움으로 합일하고자 하는 자기부정의 황홀과 같다는 것이다. 이 황홀감의 욕망은 곧 죽음에 몰입하는 것과 다르지 않다. "에로티시즘은 죽음에게 문을 열어 준다." 여기서 말한 죽음은 자기 폐쇄적 고집이 소멸됨을 일컫는다.

성욕은 자기를 무화시키는 황홀과 직결된다. 자기 무화인 죽음은 곧 모든 분별력을 넘으려는 욕망을 말한다. 여기서 바타이유는 성욕을 황홀감의 종교적 신비주의와 비교한다. 그는 성욕과 신학적 신비주의가 모두 자기를 잊는 황홀감이란 점에서 비슷하지만, 후자는 자기를 잃으면서 신에게 더 큰 것을 얻으려는 지배권(mastership)의 소유론을 버리지 못한다고 비판한다.

그는 이런 신학적 신비주의를 부정하면서, 에로티시즘과 자기의 비非신학적 신비주의(atheological mysticism)를 모든 지성의 파멸과 논리의 와해를 상징하는 무지無知와 무아無我와 비어 있는 하늘을 닮은 자유의 지상권(sovereignty)에 비유했다. 바깥에 대하여 '오직 모를 뿐'이라는 20세기 한국의 고승 숭산 대사의 가르침은 곧 자아의 주체 의식을 해체시키고, 이 해체가 마음을 자유로운 해탈의 지상권으로 이끈다는 바타이유의 사유와 일맥상통한 데가 있는 것 같다.

그렇다면 성자는 육체의 성욕에서 일체 존재와 교환하는

마음의 황홀로 욕망의 자리를 바꾼 것에 지나지 않아 보인다. 에로티시즘이 죽음으로 이끈다는 것은, 세상에 대하여 잘난 체하는 자아의 모든 분별적 지식을 포기한다는 것과 같다. 결국 그가 '무의 사유는 사유의 무'라고 말한 것은 모든 지성적 사고의 포기를 유도하는 허심虛心이 '비신학적 황홀(atheological ecstacy)'이라는 말과 같다. 허심의 비신학적 황홀은 세상을 인간이 부과하는 의미로 채우려는 의지의 철학이 아니라, 놀이로서 자기를 잊고 만물과 교감하려는 자기 죽음의 사유와 동의어다.

# 공간과 시간

외국을 여행하다 보면, 공간과 시간에 따라 사람들의 팔자가 달라진다는 것을 역력히 체험한다. 무엇이 시간이고 공간일까? 인생살이의 공간과 시간을 철학적으로 중요하게 생각한 두 철학자가 있다. 18세기 독일의 칸트와 20세기의 하이데거가 바로 그들이다.

칸트는 그의 『순수이성비판』에서 공간과 시간을 인생의 경험을 가능케 하는 선천적 조건으로서 직관의 형식이라고 생각했다. 즉 공간과 시간은 인간의 모든 감각적 경험을 가능케 하는 선천적 조건이라는 것이다. 따라서 공간의 지리적 조건과 시간의 역사적 조건은 경험적으로 형성된 관념이 아니다. 모든 경험적 관념이 그 조건 위에서 자란다.

그에 따르면 시공이 없는 경험은 생각할 수 없다. 한국인은 한국인의 지리적·역사적 조건을 떠나서 한국인의 경험을 생성할 수 없다. 모든 한국인의 사고방식의 기저에는 한국적 지리와 역사의 선천적 조건이 이미 스며들어 있다. 대평원에서 자란 사람들의 경험과 산악 지대에서 자란 사람들의 심리가 다르듯이, 남을 지배해 본 경험이 있는 나라의 사람들과 그렇지 않은 나라의 사람들이 동질적인 문화를 향유할 수 없다.

또 칸트는 공간과 시간을 개념이 아닌 직관이라고 규명했다. 먼저 개념은 많은 다른 것들을 전제하고, 그 다른 것들을 모아서 공통적인 의미를 추출해서 형성된 것이다. 이를테면 나무라는 개념은 소나무, 잣나무, 버드나무 등 여러 나무들을 모은 뒤, 공통적인 요소를 뽑아서 나무라는 개념을 만든 것이다.

그러나 공간과 시간은 다양한 공간과 시간들을 모아서 공통된 의미의 개념을 형성한 것이 아니다. 오히려 감각적으로 모든 공간과 시간이 하나의 공간적 연속이고 하나의 시간적 연장이라는 것을 단번에 깨닫는다는 점에서 직관이다. 공간과 시간이 감성적으로 단번에 알아보는 직관이되, 선천적으로 이미 인간의 경험을 가능케 하는 주어진 터전과 같으므로 칸트는 공간과 시간을 감성의 선천적 직관 형식이라고 불렀다. 즉 감성적 경험의 내용은 그 터전 아래 이루어지는 생활의 질료와 같으므로, 공간과 시간은 그 경험의 내용을 성립시키는 선천적 형식과 같다는 것이다. 칸트가 말한 선천적(apriori)이라는 낱말의 뜻은 천부적이라는 것이 아니라, 대상적 경험보다 앞서는 형식적 조건이라는 의미로 이해해야 한다.

공간과 시간이 경험을 가능케 하는 감성적 직관 형식(조건)이라 할지라도, 둘은 서로 차이가 있다. 칸트는 공간의 조건은 외적 현상을 보는 형식이고, 시간은 내적 현상을 보는 형식이라고 구분했다. 공간은 감성적 의식이 외적 현상과 접촉하는 형식이고, 시간은 감성적 의식이 내면의 개념적 인식을 가능케 하는 오성의 현상과 만나는 형식을 말한다. 여기서는 칸트의 인식 이론에 대해 더 자세히 말할 수 없다. 아무튼 칸트의 인식 이론은 세상을 어떻게 인간이 과학적 지식으로 인식하는지 알려주는 의식 철학의 금자탑인 것만은 사실이다.

칸트의 인식 철학의 기본 정신은 경험에서 출발한다. 그 경험적 인식은 경험을 가능케 하는 선험적先驗的(transcendental, 경험에 앞서 그것을 논리적으로 정립시키는) 인식의 형식적 조건과 분리되어 존재하는 것이 아니다. 공간과 시간은 경험적으로 실재한다. 그 실재는 과학적 지식을 가능케 하는 의식의 선천적 형식으로 가능한 선천적 관념성과 다른 것이 아니다. 이 점을 잘 기억해야 한다. 공간과 시간은 의식의 선천적 형식과 조건이 없으면 실재하지 않기 때문이다.

이런 시공에 대한 칸트의 의식 철학은 하이데거에게 변용되어 전해진다. 공간과 시간을 의식의 선천적 직관 형식의 산물이라고 보는 칸트의 사상이, 하이데거에게는 공간과 시간이 마음의 탈자성脫自性(자기를 벗어나 바깥으로 향하는 본성)의 표현으

로 변질되어 나타난다. 칸트의 의식이 하이데거에게서는 무의
식적 마음으로 변용된다. 하이데거는 이미 의식의 철학자가 아
니다. 그것은 하이데거가 칸트처럼 세상을 과학적 대상으로 읽
지 않음을 말한다.

하이데거의 무의식적 마음은 의식의 과학 세계보다 더 깊
이 내려간 존재론적인 차원에서 해석된다. 하이데거는 그의
『존재와 시간』에서 현존재Dasein(인간 존재)인 마음의 본질을 관
심(care)이라고 해명했다. 이는 곧 마음이 관심이라는 것이다.
그 관심은 불교적인 의미에서 연려심緣慮心(인연을 맺으려는 생각)
이나 능연심能緣心(인연을 걸려는 마음)과 비슷하다. 즉 마음은 계
기만 있으면 바깥으로 인연의 고리를 걸고 싶어 하는 탈자적
운동과 같다.

마음은 인연을 맺고 싶어 하는 능연심이므로, 공간은 그
탈자적 능연심의 관심을 벗어나지 않는다. 하이데거는 공간을
마음의 능연심이 방향을 잡아가면서 거리를 좁히려는 관심과
욕망의 산물로 해석했다. 좌우左右라는 방향 잡기도 좌우가 먼
저 실재하는 것이 아니라, 마음이 방향을 잡으려 하는 관심의
결과에서 생기는 현상이다. 그리고 마음이 능연적 관심이기에
공간을 마음의 거리에서 가급적 좁히려는 생각이 일어난다. 그
래서 거리를 좁혀 공간을 단축하려는 모든 과학 기술의 탄생도
다 마음이 세상으로 나아가 공간을 좁히려는 인연의 결과다.

이러한 마음은 주관도 아니고 객관도 아니다. 하이데거는

마음은 세상으로 인연을 맺으려는 욕망이므로, 주관과 객관 사이에 해당한다고 읽었다. 마음은 주관적인 것도 아니고, 세상에 대한 모든 관심의 전체다. 그래서 마음이 가는 곳에 그 공간의 방향도 정해지고, 공간의 거리도 마음과 가까이 맺어지기 위하여 단축된다. 그래서 능연심인 마음이 세상인 공간을 수놓는다.

시간도 마음의 관심과 밀접한 관계를 맺는다. 현존재인 마음은 자신의 관심을 끊임없이 앞으로 내보내면서 시간 속에 자기를 전개시킨다. 즉 마음은 시간적으로 미래를 향하여 관심을 투사해 나가면서, 늘 '아직 ~아니다(not~yet)'의 미완성과 '더 이상 ~아니다(not~more)'라는 죽음 사이에서 살아간다. 인생의 미완성은 초승달이 보름달을 기다리는 것과 다르다. 초승달은 미완성이지만 이미 보름달이란 완성을 간직하고 있다. 그리고 과일의 죽음은 과일이 완전히 성숙했다는 종결을 말하지만, 인생의 죽음은 과일의 완성과 다르다.

인생은 마음의 존재에서 늘 시간적으로 가능성을 갖고 죽음을 향하여 달려가면서 살아간다. 이 가능성을 하이데거는 마음이 스스로 관심을 앞으로 던진다고 한다. 마음은 미래를 향하여 앞으로 달려가되, 자기의 미래를 기획하는 기도가 과거의 습기가 주는 경향과 무관하지 않다고 느낀다. 미래에 대한 모든 기획에 과거 업의 무게가 작용하고 있음을 느낀다.

마음은 자기의 미래 구상이 과거 '습기의 경향성(mood)'과

무관하다고 보지 않는다. 그래서 하이데거는 마음의 관심인
능연심이 과거의 습기와 미래적 가능성 사이에서 왕복운동을
한다고 본다. 이런 이중적 시간을 품고 있는 마음을 하이데거
는 '던져진 기획(thrown projection)'이나 '사실적 기능성(factual
possibility)'이란 용어처럼, 서로 상반된 의미를 한 단위로 엮어
서 표현하고 있다. 시간은 절대로 객관적으로 존재하는 명사가
아니라, 마음이 인생을 살아가면서 자기 자신을 시간적으로 표
현하는 것이다. 마음이 자신을 스스로 시간화한다. 그래도 인
생의 마음에서 가장 중요하게 여겨지는 것은 미래적인 가능성
의 시간이다.

　여기서 하이데거는 마음의 본래적 관심의 시간성과 비본
래적 관심의 시간성을 구분한다. 마음의 본래적 관심은 마음이
세속의 소유적 이익에 얽매이는 관심을 끊고, 죽음이 마치 '나
의 면전에 서 있는 것(impending)'처럼 죽음의 순간에 직면한
듯한 마음가짐을 말한다. 그 순간 마음은 모든 세속적 소유의
탐욕을 끊어 버리면서 우주의 존재 일체와 상응하는 자세로
되돌아간다. 하이데거는 인간의 마음이 죽음 앞의 순간적 결
단을 통하여 자신의 가장 본래적인 본성으로 되돌아간다고 진
단한다.

　하이데거가 말한 본성은 불교적 불성이기도 하고, 자연성
이기도 하며, 신학적으로는 그리스도성이기도 하다. 그는 본

래적 본성으로 돌아가는 마음의 시간성을 '순간(moment of vision)'이라고 불렀다. 이 순간을 불교식으로 옮기면 돈오頓悟라고 부를 수 있다. 이 '돈오의 순간'은 마음이 자신의 유한성을 철저히 자각하는 것과 동시적이고, 또 과거의 업인 '흠(indebtedness)'에 대한 철저한 참회를 수반한다. 본래적 미래를 기도하는 마음만이 과거의 흠을 현재완료형으로 생생하게 느낀다.

하이데거는 이와 반대로 비본래적 마음의 시간을 '현재화(making present)'라고 불렀다. 그런 현재화의 시간은 과거마저 망각하고, 세속적으로 어떤 소유를 지금 기대하는 시간을 말한다. 현재화는 현재 바라는 것을 미래에 기대하는 것(expecting)을 뜻한다. 비본래적 마음은 미래적 소유의 기대를 현재 만들기(현재화)의 전부라고 보기에, 자연히 모든 현재를 미래적 소유의 기대로써 채울 뿐이다. 그래서 비본래적 마음은 그런 소유적 미래가 올 때까지 늘 현재적 관심을 연장시키는 함닉陷溺의 타락한 시간을 보낸다.

타락한 시간은 도덕적 의미에서가 아니라, 존재론적인 각도에서 이해해야 한다. 마음이 본성의 존재를 찾는 일에는 관심도 없고, 오로지 소유론적 일상의 이해관계만 따진다. 현재화는 속물적 목적을 채우기 위한 기대의 시간이다. 오늘도 내일도 모레도 똑같다. 이런 인생의 시간을 꼭 도덕적으로 타락한 것이라 보기는 어렵다. 단지 존재를 망각하고 오직 소유에만 탐닉할 뿐이다.

하이데거가 생각한 시간성(temporality)은 현존재인 마음이 스스로 시간화(temporalizing)한 것이다. 시계의 시간, 달력의 요일 등도 모두 마음의 시간화가 정한 부산물이다. 마음의 관심이 시간적으로 나타나기에 이 세상에 시간이 도입되었고, 공간도 마음의 친소감親疎感과 그 방향성을 표시하기 위한 것이다. 칸트에게 경험적 인식의 형식적 조건인 시공성이 하이데거에 와서는 마음의 욕망―본래적이든 비본래적이든―을 나타내는 현상이 되었다.

# 인간이란 무엇인가

고대 그리스 신화에 의하면 스핑크스가 지나가는 나그네들에게 한 목소리를 갖고 있으면서 네 발에서 두 발로 다시 세 발로 걸어 다니며, 발이 많으면 그만큼 허약한 동물이 무엇이냐고 물었다고 한다. 그 수수께끼에 답변을 못하면 스핑크스가 잡아먹었다는 것이다. 아기 때는 네 발, 어른이 되어서는 두 발, 늙어서는 지팡이와 함께 세 발로 걷는 인간이 스스로 그 답이 인간임을 알지 못하면 인간 자격이 없어서 잡아먹혔다는 것이다. 아무튼 인간은 오랜 세월 동안 철학적으로 과연 인간이 무엇이냐는 문제에 골몰해 왔다.

서양철학보다 먼저 동양의 유가 사상에서 활발하게 인간의 본질을 탐구했던 것 같다. 유가의 인간 이해는 은유적이어서, 서양 지성 철학의 논리적 정의보다 쉽게 와 닿지 않는다. 하지만 그 유가적 인간 이해가 상당한 사유의 깊이를 품고 있는 것으로 보인다. 유가의 경전인 『예기』 「표기편表記篇」에 이미 '인자인야仁者人也(인이 인간)' 라고 표명되어 나오는데, 이 사상이 유가에서 인간을 이해하는 기준이 되었다. 왜냐하면 유가의 경전인 『중용』과 『맹자』에도 똑같은 진술이 반복되어 나오기 때문이다.

그런데 유가 철학은 한 가지 초점불일치를 안고 있다. 즉 자연철학적 유가와 도덕철학적 유가 사이에 일종의 초점불일치 현상이 있다는 것이다. 자연철학적 유가 사상은 자연의 일체적 무위 사상으로 도를 해석하는 경향이고, 도덕철학적 유가 사상은 사회의 인륜적 당위 사상으로 도를 해석하는 경향을 말한다.

전자의 사상은 인성이 자연성이 보여주고 있는 상생적 성선性善과 같은 계열에 속하므로, 인간의 마음이 자연성의 상생적 질서를 어기지 않는 한 인간이 자연적 인과 다르지 않다고 본다. 이 사상은 송 · 명나라 때에 이르러 육왕학陸王學의 계보를 형성했다.

후자의 사상은 이와 좀 다르다. 후자는 인간을 자연으로 환원하지 않고, 오히려 사회로 전환시킨다. 자연 상태로 인간을 방임하면 금수와 같아진다고 간주하기 때문이다. 그래서 후자는 인간이 사회생활을 잘 영위해야 하는 도덕적 규범의 실천 의지라고 생각한다. 인간의 현실적 기질이 혼탁하기에 공동체 생활을 잘 영위하지 못하고 늘 이기적 충동에 휩싸인다. 이 이기적 충동을 이겨내기 위하여 인간은 인과 같은 덕목을 실천하는 법을 당위적으로 배우고 실천해야 한다는 것이다. 이 사상은 주로 정주학程朱學에서 옹호되었다.

전자에게 인의 개념은 자연의 상생적 존재 방식을 말하고, 후자의 경우에는 사회적 인륜 도덕의 덕목으로서 효제孝悌와 같은 의미를 내포하고 있다. 전자의 경우에 인간은 이미 자연처럼 그렇게 존재하기만 하면 되는 존재고, 후자의 경우에는 사회적으로 인간이 되는 공부를 익혀야 금수를 면한다는 사상을 담고 있다.

이런 유가적 인간 해석의 두 길이 실상 인간을 해석하는 철학의 두 방향을 상징한다고 볼 수 있다. 전자의 길은 인간을 그 자연적 본성에서 보려는 자연주의 철학을 낳고, 후자의 길은 인간을 그 사회적 도덕성의 형성 정도에서 성찰하려는 인간주의 철학을 가까이 했기 때문이다.

전자는 자연성이 어떤 것이 좋은지 본능적으로 알고 단박에 실천하는 직관적 돈오의 태도를 유지하므로, 인성도 이와 조금도 다를 바가 없다고 한다. 자연주의 철학에서 '선은 곧 좋은 것(善卽好之)'이다. 여기서 지행합일知行合一이 동시에 일어난다. 이 지행합일은 그렇게 되어야 하는 것이 아니라, 사실적으로 그렇게 되어 있다는 것이다. 이와는 반대로 인간주의 철학에서는 인간이 인간으로서 존재하는 것이 아니라, 먼저 사회적으로 인간이 되어야 한다. 그래서 무엇이 도덕적 선인지 알고 그 다음 실천해야 하기에, 늘 선지후행先知後行의 입장을 견지한다.

양명학과 주자학의 차이가 여기에 기인한다. 인간주의는 자연주의와 달라서 인간을 사회 안의 내재적 존재로 읽으려는 관심이 크다. 그동안 인간을 사회의 내재적 존재로 읽으려는 측면이 우세했고, 그에 따라 인간주의 철학은 지성과 의지를 강조해 왔다. 인간주의 철학에서 '선은 곧 옳은 것(善卽義之)'이다.

독자들은 앞글에 나온 로댕의 '생각하는 사람'과 신라의 '미륵반가사유상'을 떠올리기 바란다. 로댕의 '생각하는 사람'은 온몸이 근육질로 덮여 있다. 그것은 '생각하는 사람'이 세상을 지성과 의지의 노력으로 대상화하려는 인간상을 반영한다. 근육은 저항하는 힘을 이겨야겠다는 극복 의지와 지성의 발동을 상징한다. 인간을 사회 안으로 거두는 철학은 인간을 지성과 의지의 주체로 본다. 서양의 전통적 지성과 의지의 철학은 늘 세상을 인간의 지성과 의지의 대상으로 다시 정리하겠다는 굳센 근육의 주체인 인간을 생각해 왔다.

동양의 주자학도 이런 근육의 철학과 그렇게 멀리 있지 않다. 사회를 인륜화하겠다는 주자학의 발상도 이런 당위적 도덕주의의 근육을 도포 속에 감추고 있다. 그래서 경직되기 쉽다. 주자학도 자연철학의 측면으로 가까이 가면 양명학과 별 차이가 없다. 그러나 주자학의 주악상主樂想은 역시 인륜학에 있기에, 당위적 지성주의를 그 생명으로 삼는다.

아무튼 우리가 기억하고 있는 서양철학의 인간 정의는 거의 모두 이 지성주의와 의지주의 철학 사상의 산물임에 틀림없다. 예컨대 인간은 '이성적 동물' '언어를 사용하는 동물' '사회적 동물' '정치적 동물' '도구를 사용하는 동물' 등의 정의는 거의 아리스토텔레스적인 지성주의의 소산이다. 여기서 의지는 그 지성의 판단 결과를 행동으로 옮겨야 하는 실천 능력을 상징하는 개념이다. 그래서 늘 선지후행은 선지성先知性 후의지後意志로 읽어야 한다.

저 아리스토텔레스적인 인간 정의에 공통적인 의미가 분명히 드러난다. 그것은 인간에게서 '이성적' '사회적' '정치적' '도구적'이라는 접두어를 제거하면 동물로 환원된다는 의미를 함축한다. 이 말은 인간이 인륜적이지 않으면 금수로 되돌아간다는 주자학의 발상법과 거의 비슷하다.

최근 이런 지성적·의지적 인간 이해의 길을 문제 삼기 시작한 철학 사조가 바로 해체주의다. 즉 인간을 지성과 의지의 주체로서 보는 것을 해체시켜, 다시 자연으로 복원하려는 것이다. 현대 서양철학에서 그런 사유를 열기 시작한 이가 하이데거다. 보통 하이데거의 철학을 실존적 현상학이라 부르는데, 그것은 전적으로 하이데거를 잘못 이해한 결과다.

하이데거의 스승인 현상학의 창시자 후설이 하이데거의 『존재와 시간』을 읽고서, 이것은 현상학이 아니라고 화를 내며

책을 던졌다는 일화가 전한다. 내가 볼 때 후설이 하이데거를 정확히 본 것 같다. 하이데거는 이미 의식학인 현상학의 세계를 떠났기 때문이다. 또 역설적으로 후설은 영구히 하이데거를 이해하지 못했을 것이다. 하이데거는 후설과 같은 의식 철학을 전개하지 않고, 마음의 철학을 담으려 했기 때문이다.

의식과 마음이 다른가? 그렇다. 마음에 자의식이 도입되는 순간, 그 마음은 곧바로 의식으로 변한다. 의식은 오직 인간의 것으로서 늘 "내가 생각한다"는 주체 의식을 안고 있다. 그러나 마음은 자연적 욕망과 같아서 자의식이 돋아나지 않고, 자연처럼 저절로 자리이타의 길을 따라간다. 도덕학에서는 이익과 의리의 개념이 상반적이다. 하지만 자연학에서는 자기 이익과 타자의 이익이 서로 상반되지 않고, 서로의 이익을 위해 교류하는 존재론적 욕망인 상보성을 일으킨다. 이 욕망에 자의식이 등장하면, 이기적 자의식과 반反이기적 공동체 의식 사이에서 반목이 일어난다.


존재론적 마음의 욕망이 자의식의 생각을 일으키자마자, 그것은 소유론적 욕망인 탐욕이 된다. 자의식이 없는 마음은 자연처럼 존재와 무를 가장 중요한 화두로 삼지, 소유와 결핍에 집착하지 않는다. 의식의 철학에서는 존재를 소유로 오해하고, 무는 결핍으로 여겨 기피한다. 유교가 깊은 사유의 흔적을 남겼음에도 불구하고 마음의 철학을 떠나 의식의 철학에 머물려는 경향을 강하게 지니는 가장 큰 원인은, 유교가 무와 죽음을 인생의 한복판에서 사유하기를 꺼려했기 때문이다.

공자는 『논어』 「선진편先進篇」에서 "아직 삶도 모르는데, 어찌 죽음을 알겠는가"라고 술회했다. 저 말은 죽음을 삶에서 차단시킨 계기가 되었고, 죽음이 차단됨으로써 유가에서는 생사일여生死一如와 유무일여有無一如의 사유가 거의 단절되었다. 죽음이 뒤로 미루어지면 삶의 존재가 거의 소유론적으로 평가되고, 죽음도 허전한 결핍처럼 간주되어 삶에서 생각하기를 유예시킨다. 마음의 철학에서는 인간을 지성과 의지의 자의식으로 높이기는커녕, 인간이 존재와 무의 자연적 문법에 겸허하게 종속되기를 바란다.

하이데거가 그의 논문 『휴머니즘에 관하여』에서 인간을 기술하면서 '존재의 목자牧者(shepherd)' '존재의 이웃' '무의 빈자리를 지키는 자(the empty seat-guard)' 등으로 표현한 것은 깊은 의미를 던진다. 저 표현들은 단지 문학적 수사학이 아니다. '존재의 목자'란 인간이 소유의 주체가 아니라, 자연 일체의 존재를 편안히 존재하도록 돌보는 목자라는 뜻이다. 그리고 '존재의 이웃'이란 일체 두두물물의 존재를 보호하기 위한 상징적 집을 지어 주는 목수와 같은 이웃이라는 뜻이다. 또 '무의 빈자리를 지키는 자'란 자연과 인간사人間事에서도 무의 빈자리를 사랑하고 아끼는 여백의 예찬자로 인간을 해석한다는 뜻이다. 여기서 이미 지성과 의지를 가진 인간 주체의 개념이 사라진 지 오래다.

거기에는 인간이 자연의 한복판으로 되돌아가 자연 속에서, 자연에 의하여, 그리고 자연을 위하여 살고 고요히 죽으려는 그런 안심입명安心立命의 사유가 깃들어 있다. 오직 그런 인간만이 인류에게 미래적 희망을 전하는 본성의 인간이고, 부처의 길을 가는 인간이며, 그리스도의 마음을 닮으려는 제자다. 인간이 스스로 자연의 지배자요 주인이라고 여기지 말라. 그동안 지성 철학과 어떤 종교는 사람들에게 이런 헛된 신화를 잘못 심어 주었다.

# 철학이란 무엇인가

나는 지금 고교생 때 읽은 대학 은사 열암 박종홍 선생님의 글을 떠올린다. 그 글은 철학을 공부하고픈 학도들에게 보내는 글이라고 기억한다. 다른 모든 학문들(경제학, 정치학, 생물학, 수학 등)은 학문의 대상이 그 이름에 새겨져 있는데, 철학은 학문의 대상이 명기되지 않은 유일한 학문이라는 내용이 있었다. 이 말은 철학의 본질을 아주 적실하게 지적한 것이라 생각한다. 철학은 어떤 특정한 연구 대상이 없다. 그것은 모든 것이 곧 철학의 대상이 될 수 있다는 말과 같다. 그렇지만 철학은 여타의 학문처럼 대상학일 수 없다. 철학은 대상학이 아니라 사유학이다.

그러면 철학은 논리학과 같은 것인가? 아니다. 논리학이 사유의 학처럼 보이지만, 논리라는 대상을 연구하는 학문이므로 그것 역시 하나의 대상학이다. 더구나 논리학은 비논리적인 것을 배척하지만, 철학은 비논리를 배척하지 않는다. 단적으로 철학은 세상에 존재하는 모든 것을 보고, 생각하는 방법과 사유하는 길을 탐구한다. 그래서 보는 방법과 사유하는 길이 다르면 결국 철학이 달라진다.

이 세상에 사람마다 생각이 다르기에 그만큼 다양한 철학이 존재하지 않는가 하는 의문이 떠오른다. 사실 대학에 들어가서 철학을 공부하면서 느낀 첫 의문은 과연 철학적으로 진리가 가능한가라는 것이었다. 왜냐하면 철학사에 등장하는 각종 철학들이 천차만별이어서, 철학사가 마치 이미 죽은 철학자들의 무수한 묘지명 같다는 생각이 들었기 때문이다. 이런 회의 속에서도 다른 학문보다 철학이 더 재미있어서 철학 공부를 떠나지 못했다. 늦어서야 나는 세상의 철학이 그렇게 복잡다단하지 않고, 대체로 두 가지 사유 방식이 동서고금의 철학사를 관통하고 있다는 것을 깨달았다.

그 두 가지 사유 방식은 구성적(constructive) 사유와 해체적(deconstructive) 사유를 말한다. 전자는 세상의 진리를 인간이 구성한다고 여기는 철학을 말한다. 후자는 인간이 세상의 진리를 구성한다는 생각을 해체시킴과 함께, 이미 자연 그대로 놓여 있는 진리와 한 몸이 되기만 하면 된다는 생각을 말한다. 구성적 진리를 흔히 인간주의라 부르고, 해체적 진리를 흔히 자연주의라 명명하기도 한다.

그런데 인간주의는 인간중심주의라는 말로 번안되지만,

자연주의는 자연중심주의라는 의미로 사용되지는 않는다. 자
연의 세계에서 중심이란 존재하지도 않고, 또 자연은 인간처럼
제왕의 입장에서 군림하기를 욕망하지 않기 때문이다. 그들을
각각 구성주의와 해체주의라고 요약해서 말하기도 한다.

구성주의가 인간중심주의고 해체주의가 자연주의라면, 신
중심주의는 어디에 귀속할까? 신중심주의는 인간중심주의와
같은 계열에 속한다. 신 중심이나 인간 중심은 모두 중심주의
사상이고, 다만 중심의 주체가 신이냐 인간이냐는 차이만 있을
뿐이다. 구성주의는 신이나 인간이 세상의 진리를 창조하거나
제조한다는 사상을 담고 있다. 거기에서는 신과 인간이 진리를
가능케 하는 원인이고, 결과인 자연과 역사는 언제나 신과 인
간에게 종속된 부산물에 지나지 않는다.

신과 인간의 원인 행위는 언제나 타동사적이고 비가역적
(irreversible) 인과율의 의미를 지닌다. 신과 인간이 세상에 진선
미를 던진다. 자연과 역사는 이 진선미의 적용 대상이고, 신과
인간은 진선미의 주체가 된다. 주체는 주인이고 객체는 종이
다. 타동사적이고 비가역적 인과율은 주종主從 관계를 지우지
못한다. 신이 주인이면 인간과 자연과 역사는 신의 종과 부가
물이고, 인간이 주인이면 자연과 역사는 인간에게 종속된다.


해체적인 사유에서는 그런 주인과 종의 이분법이 성립하
지 않는다. 자연으로 인간을 해체시켰으니 누가 자연의 주인이

고 좋이겠는가? 일체 자연의 세계에서는 원인과 결과가 위계 질서로 구별되지 않고, 자연의 자기 원인은 본체가 되고 결과는 원인의 현상에 해당한다. 그리고 원인의 본체와 결과의 현상은 서로 돌고 돌기 때문에, 그런 인과율을 가역적(reversible)이라고 말한다. 바닷물과 하늘의 구름은 원인과 결과의 상관성을 지닌다. 하지만 원인인 바다가 결과인 구름이 되고 또 결과인 구름이 원인인 바다로 변하기도 하므로, 거기에 일체가 돌고 도는 가역성이 자동사적으로 이루어진다.

이처럼 구성주의와 해체주의는 필연적으로 각각 타동사와 자동사(또는 재귀동사)의 세계관을 안고 있다. 구성주의는 신과 인간이 스스로 설계한 세계를 장악하는 것을 진리라 여기므로, 이런 진리를 철학적으로 소유론적 진리라 부를 수 있다. 해체주의는 자연이 자동사적(재귀동사적)으로 나타내는 일체 존재의 진면목을 인식하려고 하므로, 존재론적 진리라 부를 수 있다. 소유론적 진리에는 지성(이성)과 의지가 가장 중요한 진리 창조의 근간이 되고, 존재론적 진리에는 자연과 함께 살게끔 되어 있는 자연성(본성, 불성)이 곧 진리의 본질로 등장한다.

구성 철학은 세상을 새롭게 만들려는 행동이 가장 중요한 진리 척도일 때 환영받는다. 그러나 해체 철학은 행동으로 세상을 만든다는 생각은 헛된 망상이고 인간이 세상을 관조할 때 더 세상의 복이 된다고 여기는 시절에 매력적으로 다가온다. 배를 타고 오대양 육대주를 누비던 시절에, 말을 타고 서부를 개척하기 위하여 치달릴 때에는 해체적 관조의 철학이 요구될 리 없다. 거기에서는 오직 신의 손에 모든 것을 맡기며 행동하는 의지와 지성(이성)의 판단이 살길을 제공한다. 그러나 거칠기도 한 행동의 시대가 가고, 고요히 사색하고 관조하면서 마음을 살피는 것이 더 중요해지는 지금과 같은 21세기에는 해체적 사색의 요구가 더 절실히 와 닿는다.

철학적으로 구성적 진리에는 서양의 전통적 주류 철학과 신학, 그리고 동양의 정주학적 도덕주의가 귀속한다. 해체적 진리에는 동양의 불교와 노장 사상, 그리고 유가의 육왕학적 자연주의와 서양철학에서 비주류로 푸대접을 받던 해체주의가 같은 그룹을 형성한다. 그렇다면 동서고금의 철학이 결국 구성주의와 해체주의라는 두 가지 사고방식으로 대별된다고 할 수 있다.

이렇게 보면 철학사를 통하여 우리가 접하던 그 무수한 묘지명과 같은 학설들도 다 세상을 구성적 또는 해체적으로 읽었다는 세상보기의 이중성과 다르지 않다. 이 이중성은 세상을 무위적無爲的으로 놓아두느냐 또는 능위적能爲的으로 간섭해야 하느냐 하는 문제와 결부된다.


철학적 진리의 이중성은 세상의 이중성과 상관적이다. 언어학에서도 이중적 구조로 음운론을 설명한다. 언어학자 야콥슨에 따르면, 지구상 모든 언어의 음운은 반드시 두 개의 대립된 구조가 한 쌍으로 이루어져 있다고 한다. 즉 '무거운/예리한' '유성有聲의/무성無聲의' '비음鼻音의/비비음非鼻音의' 등을 말한다. 이것은 수사학의 법칙이 '공시적이고 계열체적 은유법(synchronic paradigmatic metaphor)'과 '통시적이고 결합체적 환유법(diachronic syntagmatic metonymy)'으로 이중적 대대법의 구조를 띠고 있는 것과 유사하다.

철학사적으로 이상주의(맹자)는 늘 현실주의(순자)와 대대적 구조를 띠고서 나타나고, 수학적 관념성의 진리(플라톤)는 경험적 즉물성의 진리(아리스토텔레스)와 대칭성을 띠면서 자신의 모습을 드러내며, 쾌락학파(Epicureanism)는 반드시 금욕학파(Stoicism)를 낳는다. 같은 유학 안에서도 엄숙주의적 정주학程朱學은 자연주의적 육왕학陸王學의 반작용을 불러왔고, 같은 서양 중세기 이성 철학에서도 지성주의적 토미즘Thomism은 역설적으로 욕구주의적 스코티즘Scotism을 탄생시켰다.

서로 횡적으로 연결되지 않았음에도 불구하고 주자학과 토미즘이 아주 비슷한 것은, 양명학과 스코티즘이 서로 닮은 것과 함께 철학의 본질을 이해하는 데 특기할 만하다. 즉 동서고금의 철학이 그렇게 다양함에도 불구하고, 결국 아주 기본이 되는 몇 개의 철학소들(philosphemes)로 유형화된다는 것이다. 이 세상의 언어가 아무리 많아도 결국 유한한 몇 개의 음소들(phonemes)로 제한되듯이, 그리고 무한한 물질도 결국 유한한 원소들의 유사한 집합으로 계열화되듯이, 다양한 철학들도 유한한 몇몇 철학소들의 집합으로 짜여져 있다는 것이다.

동서고금의 철학들이 서로 회통했다는 증거가 없음에도 서로 비슷한 사유의 구조적 틀을 함축하여 유형화된다는 것은, 결국 인간의 철학적 사유가 몇 개의 유한한 철학소들의 집합으로 이루어진다는 것을 증명하는 것이다. 그러면서 서로 대대법적인 대칭으로 철학사가 나뉜다. 이 점은 불교 철학도 마찬가지다. 교종이 선종과 대대법적으로 얽혀 있고, 교종 가운데 성기설性起說(우주 현상은 다 지선至善인 법성의 표현)을 주장하는 화엄종과 성구설性具說(불성에도 선악의 종자가 깃들어 있음)을 말하는 천태종이 쌍벽을 이룬다. 선종에서도 화두선과 묵조선이 대대법적인 상관성을 띠고 분류된다.

이 모든 것이 마치 컴퓨터의 언어가 '0과 1'로 나뉘는 것과 같은 양가성과 상통한다. 이런 사실을 프랑스의 베르그송은 그의 저서 『도덕과 종교의 두 원천』에서 이중성의 법칙(the law of dichotomy)이라고 명명했다. 그것은 인간의 사유는 시계처럼 두 극단 사이에서 왕복한다는 사실을 철학사적으로 진단한 것이다. 동서고금의 철학사를 가장 압축적인 철학소로 요약하자면, 아마도 그것은 '구성과 해체'의 이중성일 것이다.

근대사 400여 년(17~20세기)은 행동과 소유가 지배적인 구성주의 시대였다. 지리의 발견과 과학 기술 문명, 서양 종교의 세계 지배, 땅과 바다를 넓히기 위한 팽창 등이 그동안의 역사였다. 하이데거는 그의 저서 『무엇이 사유라 불리는가』에서

"지금까지의 인간은 몇 세기 동안 이미 너무 많이 행동했고, 너무 적게 사유했다"고 언급했다.

나는 인간이 이제 물질적으로나 종교적으로 더 많이 소유하기 위해 자기 것을 바깥으로 확장시키는 절대주의의 열광적 심취보다, 깊이 사유하고 고요히 숙고하면서 마음의 평정을 터득하는 법을 배워야 할 때라고 본다. 인간은 이제 지난 시대와 같은 절대 진리의 설교보다, 고요히 본성으로 귀향하는 사유를 익혀야 할 때다. 지금은 철학적으로 절대 진리를 해체시키는 시절에 이르렀다.

# 정치란 무엇인가

공자는 『논어』 「안연편顏淵篇」에서 "정치는 올바른 것(政者正也)"
이라고 정의했다. 이 말은 공자가 만년에 노魯나라로 돌아와
권력자인 계강자의 물음에 답한 것이다. 이어서 공자는 계강자
에게 "귀하가 올바르게 백성을 이끈다면, 누가 올바르지 않을
수 있겠는가"라고 반문했다. 정치는 백성을 올바르게 이끄는
길과 같다. 계강자가 다시 도둑이 많은 것을 걱정하면서 공자
에게 묻자, "귀하가 진실로 탐욕스럽지 않다면, 상을 주어도
백성들이 도둑질을 하지 않을 것"이라고 언급했다. 또다시 계
강자가 반사회적인 무도한 죄인들을 사형에 처하여 백성들이
올바르게 나아가도록 한다면 어떠냐고 공자에게 물었다. 이에
공자가 "귀하가 정치를 하는데 어찌 살인이 필요하겠소? 귀하
가 선을 추구한다면, 백성들이 저절로 선해질 것이오. 군자의
덕은 바람이요, 소인의 덕은 풀과 같은지라, 풀은 바람을 맞으

면 반드시 눕게 되어 있소"라고 응대했다.

이와 같은 공자의 정치론은 맹물처럼 밋밋해 보이지만, 대단히 깊은 예지력을 함의하고 있다. 공자가 좀 더 구체적으로 정치의 본질을 언급한 대목도 있다. 공자의 제자인 자공이 정치에 관하여 묻자, 공자는 정치는 세 가지 기능을 수행해야 한다고 언급했다. 그 세 가지 기능은 "첫째, 백성들이 경제적으로 잘살게끔 하고 둘째, 백성들이 전쟁의 참화를 당하지 않게끔 군비를 튼튼히 하고 셋째, 백성들이 믿게끔 하는 것"이라고 상세히 지적했다. 저 세 가지 기능 가운데 무엇을 우선하냐고 묻는 자공에게, 공자는 "믿음과 경제와 국방" 순서라고 밝혔다. 이것은 정치의 기능을 묻는 중요한 대목이다.

또 제나라의 임금인 경공이 정치를 묻자, 공자는 "임금은 임금답고, 신하는 신하답고, 아버지는 아버지답고, 자식은 자식다워야 한다"고 술회했다. 이것을 공자의 정명正名 사상이라 부른다.

이러한 공자의 소론들을 종합하면, 백성을 먹여 살리는 경제 정책과 백성이 전쟁의 참화를 입지 않도록 사전에 예방하는 국방 정책과 정부를 믿게 하는 신뢰 정책이 실패하는 경우, 그 정치는 올바르지 못하다는 것이다. 그 가운데 국민의 신뢰를 얻는 것이 가장 중요한 정치다. 요컨대 실패한 정치는 나라의 재앙이 된다. 저 세 가지 올바른 정치의 기능은 공자가 주유천하하면서 각 나라의 실정을 성찰한 다음 내린 결론이다. 더구나 공자는 임금부터 각계각층의 모든 국민에 이르기까지 다 제 위치에서 해야 할 몫을 아낌없이 신명나게 하도록 정치를 하는 것이 정치의 요체라고 언명했다.

나는 공자가 말한 "군군君君 신신臣臣 부부父父 자자子子(임금은 임금답게, 신하는 신하답게, 아버지는 아버지답게, 자식은 자식답게)"라는 구절이 올바른 정치의 본질을 밝히는 아주 중요한 대목이라고 생각한다. 저 구절은 임금과 신하와 아버지와 자식이 각각 제 이름에 맞는 역할을 의무적으로 담당하는 것이 아니라, 신명이 나서 모두가 자기에게 맞는 몫을 즐겁게 하는 자발성을 북돋우는 경지가 곧 정치의 궁극목적임을 말한 것이다. 당위적으로 옳기 때문에 해야 하는 국민의 의무가 아니라, 신명이 나서 자발적으로 즐겁게 일하는 경지를 이끌어 내는 것이 정치의 목적인 셈이다. 국민들이 사회주의 독재 체제에서처럼 무겁고 어두우며 침울하게 사는 것이 아니라, 밝고 생기발랄하게 저마다 자기의 특장特長을 자유롭게 살릴 수 있는 자유 사회를 창조하는 것이 정치의 존재 이유다.

전국시대 양나라의 혜왕은 자신을 찾아 온 맹자에게 자기 나라를 위하여 어떤 이익을 줄 수 있냐고 물었다. 이에 맹자는 대뜸 퉁명스럽게 어찌 왕이 인의仁義를 묻지 않고 이익만 챙기느냐고 힐난했다. 맹자의 저 말은 두 가지 뜻으로 해석할 수 있다. 하나는 임금과 같은 지도층이 나라를 공평무사하게 다스릴 생각은 하지 않고, 사리사욕을 챙기는 수단으로 권력을 이용하려는 사고방식을 질타하는 것이다. 다른 하나는 정치는 이익을 멀리하고 오로지 인의의 도덕만 숭상해야 한다는 도학 정치의 본령을 말한 것이다.

만약 맹자의 소견이 첫 번째 것이 아니라 두 번째 것이라면, 나는 그 소견을 받아들이기 어렵다. 인의의 도덕으로 정치를 한다는 것은 실현할 수 없는 이상이고, 따라서 그것은 유치한 낭만적 공상에 지나지 않을 터이기 때문이다. 인의를 당위적인 도덕으로 강조하면 사회에는 자발적인 신명이 솟아나지 않는다. 사회생활에서 사람들은 이익으로 생기를 얻는다. 이런 나의 소견에 대해 사람들은 공자가 말한 '정치는 올바른 것' 또는 '정치는 백성을 올바르게 이끄는 것'이란 정의와 걸맞지 않다고 이의를 제기할 것이리라.

무엇이 올바른 것(正)인가? 공자는 지도층이 선을 추구하면 백성들은 저절로 올바른 선을 실행할 것이며, 상을 주어서 나쁜 일을 하라고 해도 하지 않을 것이라고 했다. 백성을 올바로 이끄는 지도층을 바람에 비유하고 바람을 자연스럽게 따르는 풀로 백성을 은유한 것은, 정치가 당위적 도덕주의와 다른 행로를 간다고 암시한 것이다. 정치가 백성들의 본래적 본성에 자극을 주는 좋은 바람만 불게 하면, 백성들은 쉽게 자신들이 좋아하는 선을 실행할 수 있다는 양명학적 관점을 공자가 미리 언질한 것이기 때문이다.

본디 정치는 인간이 양질의 사회생활을 유지하게 하는 경영과 다르지 않다. 양질의 사회생활은 인간이 타자에게 괴로움과 피해를 주지 않도록 하는 규칙을 준수할 때 가능하다. 그래서 실정법이 필요하다. 정당한 이유 없이 타자를 괴롭히지 않도록 하고, 그것을 어긴 경우에는 처벌하는 것이 법이다. 그 법이 발동하기 이전에 자발적으로 위법행위를 하지 않도록 하는 것이 공자가 본 올바른 정치의 존재이유다.

그런 정치의 효과는 당위적인 의무감으로 그렇게 해야 한다고 강조하는 것보다, 오히려 자발적으로 그런 사회적 선의 경지를 신명나게 시행하는 데에서 더 빛난다. 나는 이 후자의 길이 공자가 강조한 진정한 정치의 길이라 생각한다. 이 길은 양명학에서 말한 양지良知(배우지 않고서도 저절로 알 수 있는 타고난 인간 본성의 신령한 능력)의 발현과 다른 것이 아니다. 양지는 인간이 본래 지니고 있는 자발적인 본성의 가르침을 말한다.

도덕이나 정치도 양지의 발현과 다르지 않다. 15~16세기 명나라의 왕수인王守仁(왕양명王陽明)은 주자학의 8조목(격물格物, 치지致知, 성의誠意, 정심正心, 수신修身, 제가齊家, 치국治國, 평천하平天下)이 조목조목 8단계로 나누어지는 것이 아니라, 인간의 타고난 양지를 발양시키기만 하면 단번에 저절로 다 해결된다는 주장을 폈다. 이것을 왕수인은 치량지致良知(양지를 발현시킴)라고 불렀다.

나는 정치의 요체가 왕수인이 말한 치량지라고 생각한다.

인간은 일체 만물처럼 이익을 좋아한다. 인간이 선천적으로 이익을 좋아하는 심성을 양지라고 부르지 않을 수 없다. 이 이익을 반反도덕적이라고 생각해서는 안 된다. 이익에는 두 가지 종류가 있다. 하나는 이기배타적 이익이고, 다른 하나는 자리이타적 이익이다.

전자는 인간만이 실행하는 것이지, 동식물의 자연 세계에서는 저런 이기배타적인 본능이 없다. 동물이 살생을 하더라도 그것은 자기 생존의 냉엄한 법칙일 뿐이지, 이기적 탐욕이 아니다. 실로 금수에는 도덕이 적용되지 않는다. 생물학적 자연의 생존 본능을 존재론적으로 보면, 그것은 자연의 상생적 본성의 이면과 다르지 않다. 이 자연적 본성을 왕양명은 곧 양지라고 불렀다. 본능처럼 인간의 본성은 상생적으로 존재할 수 있는 선천적 능력이다.


이 치량지의 정치는 결코 공상적 이상도 낭만적 꿈도 아니다. 그것은 인간이 가장 효율적으로, 또 실현할 수 있는 좋은 나라를 가꾸는 방편이다. 선은 옳기 때문에 선이 되는 것이 아니라, 좋기 때문에 사람들이 선을 행하려 한다는 사실을 염두에 두어야 한다. 선은 좋은 것이지 옳은 것이 아니다. 그래서 선의 실천은 의무가 아니라 기호다. 선과 이익은 같은 개념이다. 다만 그 이익을 실현하는 방법이 이기배타적이 아니고, 자리이타적일 뿐이다.

선은 왕수인이 『전습록』에서 밝힌 것처럼, "호호색好好色(좋은 색을 좋아함)하고 오악취惡惡臭(악취를 싫어함)하는" 것과 같은 자발적인 기호다. 누구나 다 이익을 좋아하지만 그것을 일체를 위하여 쓸 때, 그런 열린 마음이 곧 선이 된다. 이익을 더 넓게 쓸수록 그 이익은 소유론적 차원에서 존재론적 차원으로 이행한다. 이익이 나의 이익에서 우리의 이익으로 넓어지고, 우리의 이익이 국민의 이익으로 확장되고, 또 인류의 이익과 자연의 이익으로 더 넓어지면 그 이익은 곧 소유론적 영역에서 점차 존재론적 영역으로 탈바꿈한다. 선악은 이익을 다루는 마음의 활용에 달려 있다. 선이 이익과 무조건 적대적인 것은 아니다. 이것은 왕수인의 사상이 우리에게 전수하는 이치다.

정치가 곧 '치량지'라는 것은, 국민들이 저마다 타고난 재주를 자신의 분야에서 신바람 나게 발현하도록 도와준다는 것과 같다. 국민들을 도덕적 의무감으로 무겁게 누르는 것보다, 적극적으로 신명나게 일할 수 있도록 도와주는 것이 치량지적 정치다.

그러기 위해서 절대로 지도층은 자기의 사리사욕을 챙기려는 탐욕심으로 이익을 사취하지 말라고 하는 것이 공자가 가르쳐주는 지혜다. 공자가 언명한 정치의 본질은 지도층이 모범적으로 국민들이 자발적으로 일으킨 이익을 자리이타적으로 쓰도록 유도하는 데 있다. 이것은 각자가 자기 이름에 알맞은 직업을 신명나게 빛내는 일과 같다.

이것이 바로 공자가 말한 정명正名 사상이다. 정명은 이데 올로기적인 명분이 아니라, 나라에 복락을 가져오는 직업의 다 양한 이름을 말한다. 업業을 잘못 쓰면 우리를 괴롭히는 업장 이 되지만, 자리이타적으로 쓰면 우리 모두를 복락하게 하는 직업職業이 된다. 올바른 정치는 싸움판에서 정의正義를 따지는 사법적 기능이 아니고, 우리를 즐겁게 하는 복락福樂을 주는 적 극적 신명의 기능과 다르지 않다.

# 병리의 자각이 곧 생리

　내가 한평생 철학 공부에 매진해 오면서 깨달은 몇 가지가 있다. 이는 한국의 일반적 철학 풍토에 대한 자기반성 같은 것이다. 첫째, 철학은 과학과 달라서 전공의 벽에 갇혀서는 안 된다는 것이다. 과학은 대상학이기에 전공으로 세밀화될 수 있으나, 철학은 그렇게 공부하면 결코 소기의 성과를 거둘 수 없다. 그런데 한국의 일반적 철학 풍토는 너무 전공의 벽에 갇혀 사유의 날개를 펴지 못한다. 동서고금에 그 이름을 받을 만한 가치가 있는 철학자치고 좁은 전공의 벽에 갇혀 천착한 이는 단한 명도 없었다.

　둘째, 한국의 철학 풍토는 사유는 적게 하고, 개념적 지식을 쌓는 일을 능사로 여기는 경향이 있다. 하지만 그런 지식은 과학 지식처럼 실용성이 없어서, 철학 교실을 벗어나면 별로 여운을 남기지 못한다. 이것이 한국에서 철학이 소멸하는 계기가 될 수 있다.

셋째, 한국의 철학 풍토는 각자가 전공하는 영역의 이론을 중심으로 한국의 현실을 증발시키므로, 늘 현재완료진행형인 한국의 역사적 업業은 은폐하고 이론적 당위성만으로 현실을 재단하는 안이한 길을 간다. 불행히도 우리에게 당위적 주장은 넘치도록 많았지만, 우리의 운명적 업을 풀어 우리를 훨훨 자유롭게 하는 철학적 지혜는 출현하지 않았다.

실제로 당위적 주장은 약이 되지 않는다. 우리를 행복하고 자유롭게 하는 철학 사상의 출현은 다른 나라 사람들이 이해할 수 없는 괴이한 사설적私說的 처방전이 아니다. 그것은 한국의 역사적 운명 속에서 움텄지만, 그 운명만이 아니라 인류의 깊은 지혜로 등록될 만한 정신적 깊이를 지녀야 한다. 히말라야의 고봉이 하루아침에 솟아나지 않고 점진적으로 쌓여서 그렇게 되었듯이, 한국의 철학적 사유의 깊이도 그런 과정을 밟아야 한다. 그러기 위해서 우리는 죽더라도 다음 세대가 우리의 무덤 위에 올라서게 하는 발판이 되어야 한다.

우리는 마음이 아프기 때문에 철학을 공부한다. 헤겔의 지적처럼 인간은 아픈 동물인지 모른다. 나는 동서고금을 막론하고 철학에는 두 가지 종류밖에 없는 것 같다고 지적했다. 그것은 바로 구성철학과 해체철학이다. 즉 마음의 병을 치유하는 도道에는 구성과 해체라는 두 가지 계열이 있는 셈이다. 그런데 왜 역사적으로는 그렇게도 다양한 철학이 있는가? 그 까닭은 병을 낳는 시대적·역사적 인연들의 결합이 각각 다르게 출현하기 때문이다.

인연들의 결합이 제각기 다르더라도, 그 기본 본질의 계열로 보면 단 두 가지가 있을 뿐이다. 하지만 현실적으로는 다양한 철학 사상이 결합되어 나타난다. 그래서 철학의 질병 진단은 역사적 인연들을 무시하면 안 된다. 나는 인류가 그동안 너무 구성을 많이 축적해서 그 짐에 짓눌려 고생한다고 생각한다. 그래서 나는 이 책을 통하여 해체주의적 시각에서 철학적 산책을 했다.

구성주의의 철학에서 보면 내가 쓴 글들을 납득하기 어려웠을 것이다. 그러나 나는 우리의 시대가 해체를 결행해야 하는 그런 시절인연에 이르렀다고 믿는다. 더구나 한국은 역사적 업이 너무 많이 쌓여 있어서, 이 무거운 업을 용해시키는 것이 한국 철학의 길이라는 생각을 한시라도 놓친 적이 없었다.

우리의 역사적 업보는 유교적 구성주의와 뗄 수 없는 관계를 맺고 있다. 지금 우리는 유교 시대를 살지도 않고, 그것이 생활의 희미한 흔적으로만 남아 있다. 하지만 우리의 집단 무의식의 흐름에서는 아직도 그것이 강력히 작용하고 있음을 도처에서 느낄 수 있다.

나는 유교적 구성주의의 업 가운데 특히 대표적인 한국적 업이라고 생각하는 순수주의를 예로 들겠다. "까마귀 싸우는 곳에 백로야 가지 마라/ 성낸 까마귀 흰빛을 새오나니/ 창파에 좋이 씻은 몸 더럽힐까 하노라." 이는 어머니가 지었다는 정몽주의 시조다. 순수성을 아끼고 찬양하는 의미로 가득 차 있다. 이런 순수성의 가치가 우리 무의식의 맥락에 연면히 흐르고 있는 것 같다. 그래서 윤동주의 「서시序詩」를 가장 애송하는 시로 꼽고, 서정주의 「동천冬天」도 한국적 서정의 순수함을 반영하기에 널리 회자된다.

순수함을 그토록 사랑하기에 한국 문화는 잡된 것을 싫어하고 순정품을 고귀한 것으로 여긴다. 나는 고려 말기의 충신 우탁부터 조선 중기의 기생 송이에 이르기까지 150수의 시를 조사하면서, 순수성을 애착하는 시가 무려 50여 수나 되는 것을 보았다. 이화, 명월, 광백, 백월, 광명, 은한銀寒, 고죽, 청풍, 창랑, 시냇물, 백로, 백골, 백운, 매화, 청산, 풍월, 청초, 청운, 은구銀鉤, 연화, 명주, 송죽 등과 같이 깨끗하고 순수하며 절개를 지키는 의미를 상징하는 의미소들이 50여 수의 시조를 채우고 있었다.

자기의 심신을 더럽히지 않으려는 순수성의 정신은 역설적으로 매우 편협하고 배타적인 성향으로 흐를 수 있는 위험성을 지닌다. 20세기 프랑스의 의학철학자 캉길렘의 주장처럼, 병은 정상적인 것의 부재나 고장이 아니라 정상적인 생리의 과잉이나 과소에서 발생한다. 순수성의 생리적 과잉이나 과소가 오히려 병이 된다는 것이다.

한국병은 저 순수성의 과잉에 기인하는 것 같다. 순수성의 과잉이 곧 흑백 논리로 세상사를 재단하는 병이 된다. 순수성이 과잉이면 사람들의 생각이 순수라는 원리적 가치에 집착해, 일체의 창조적 변용을 잡된 것이라고 여기기 쉬워진다. 그래서 주어진 사상의 근본적 핵심에 사람들의 사고가 응결되어 버리면, 그것 말고 다른 일체는 불순한 것으로 배척하는 생리가 흐른다. 이런 교조적 순수를 지키려는 생리가 한국인의 사고방식에 근본주의적 사고방식(fundamentalism)을 뿌리내리게 하는 것 같다.

한국에 주자학이 유입되어 근본주의적 주자학이 판을 치면서, 그와 조금이라도 맞지 않는 것을 이단으로 배척하는 사고방식이 중국이나 일본에 비하여 매우 강력했다. 그래서 조선 유학사에서 양명학이나 순자학은 발붙일 수 없었고, 심지어 노장 사상이나 불교는 공식적으로 완전히 추방되기에 이르렀다. 그것만이 아니다. 공산주의가 들어와도 일본 공산당은 자국의 이익에 따라서 가변적으로 융통성 있게 공산주의를 운영했는데, 조선 공산당은 온전히 국제적 코민테른의 지시를 철칙으로 삼는 근본주의를 선택했다.

나는 우리의 민주주의도 근본주의적 태도를 벗어나지 않았다고 본다. 민주주의의 불변적 정신을 살리면서 어떻게 가변적으로 유효하게 그것을 구체화시킬지는 애당초 생각해서는 안 된다. 그것은 민주주의의 순수성을 훼손시키는 잡생각에 지나지 않기 때문이다. 나는 우리의 종교도 그런 근본주의의 요인을 안고 있다고 생각한다. 한국만큼 종교를 근본적으로 바꾼 나라도 드물다. 조선시대에는 불교국에서 유교국으로 바뀌더니, 지금은 기독교국으로 개변되었다 해도 지나치지 않다. 보통 종교와 관습은 쉽게 바뀌지 않는데, 급격하게 바뀌었다는 것은 근본주의적 마음의 태도와 무관하지 않다고 본다.

우리는 구시대의 관습법도 완전히 뜯어고쳐야 직성이 풀리는 급진성을 노출하고 있다. 근본주의와 성질 급한 급진주의는 같이 간다. 종교나 관습이 시대의 요구에 미흡한 점이 있으면 구체적으로 상황에 따라 점진적으로 수정하면 될 일을 근본적으로 새판을 짜려고 한다. 이것은 정당정치에서도 마찬가지다. 아마도 한국처럼 정당이 시시각각 부침하는 나라도 드물 것이다.

우리의 정신문화는 이 근본주의적 요구 때문에 늘 외국의 수준에 기준을 둔 당위의 주장들로 채워져 있을 뿐이다. 이 때문에 이 땅의 사실과 운명에 따른 구체적 진단에 상응하는 식견과 지혜가 움틀 수 있는 분위기를 조성하지 못하고 있다. 정신문화적으로 어떤 사상이 우리의 정신 풍토의 병을 치유하는 약이 되는지 심사숙고하는 자기소화의 과정을 거쳐야 한다. 어떤 사상이라도 자기 것으로 소화시키는 오랜 숙고의 시간을 거쳐야 한다. 그렇지 않으면 모든 사상이 다 공허한 당위의 틀을 벗어나지 못한다.

　정신문화는 『유마경』에 나오는 '응병여약應病與藥(병에 따라 약을 줌)'의 철학을 견지해야 한다. 추상적 원론이 쉽게 흑백 논리를 부른다. 그것이 우리의 급진적이고 급한 성격과 잠재적인 광기와 만나면, 미증유의 단순 소박한 추상적 구호가 광풍의 회오리바람을 일으키면서 온 나라를 단순 무식하게 만들어 버릴 위험성을 띤다. 거기에서는 깊은 사유와 구체적 처방의 창의가 죽어 버린다.

　하이데거가 역사를 공동존재로서 민족에게 파송된 '공동 운명(common destiny)'이라고 한 말은 의미심장하다. 역사는 각 민족의 공동업의 존재 양식이 깃들어 있는 곳이다. 역사의 반성은 각 민족의 공동 마음의 생리와 병리를 읽는 순간이다. 역사는 단순한 과거의 지식이 아니라, 현재완료진행형으로 살아 있는 과거의 유산을 깨닫는 것이다. 그 공동 운명인 업이 곧 생리와 병리다. 생리와 병리는 분리되어 있지 않고, 생리가 곧 병리다. 생리의 다과多寡가 곧 병리를 불러온다는 캉길렘 Georges Canguilhem의 지적을 잊지 말자.

　역사의 치유는 과거를 근본적으로 뜯어고치는 것이 아니라, 무엇이 우리에게 지나치고 모자라는지 아는 자각에서 이루어진다. 그동안 우리는 한편으로는 지나치게 과격했고, 다른 한편으로는 지나치게 모자랐다. 이것을 뼈저리게 깨닫자.

# 마음 혁명 김형효 철학 산책

| 펴낸날 | 초판  1쇄  2007년  6월 20일 |
| | 초판  6쇄  2013년 12월 18일 |

| 지은이 | 김형효 |
| 펴낸이 | 심만수 |
| 펴낸곳 | (주)살림출판사 |
| 출판등록 | 1989년 11월 1일 제9-210호 |

| 전화 | 경기도 파주시 문발동 522-1 |
| 전화 | 031-955-1350    팩스  031-624-1356 |
| 홈페이지 | http://www.sallimbooks.com |
| 이메일 | book@sallimbooks.com |

ISBN    978-89-522-0657-2    03100

※ 값은 뒤표지에 있습니다.
※ 잘못 만들어진 책은 구입하신 서점에서 바꾸어 드립니다.